중남부 아프리카 선교연구 글모음

아프리카여
일어나라

Arise, Africa!

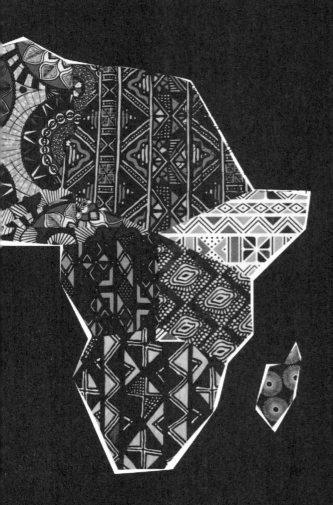

중남부
아프리카
한인선교사회

남아프리카 공화국
레소토
에스와티니
나미비아
보츠와나
짐바브웨
모잠비크
앙골라
잠비아
말라위
마다가스카르
모리셔스
코모르

드림북

아프리카여 일어나라

·**초판 1쇄 발행** 2024년 11월 29일

·**지은이** 중남부아프리카 한인선교사회
·**펴낸이** 민상기
·**편집장** 이숙희 **편집** 민경훈
·**펴낸곳** 도서출판 드림북
·**인쇄소** 예림인쇄 **제책** 예림바운딩
·**총판** 하늘유통

·**등록번호** 제 65 호 **등록일자** 2002. 11. 25.
·경기도 양주시 광적면 부흥로 847 경기벤처센터 220호
·Tel (031)829-7722, Fax 0504-269-6969

권두언

중남부 아프리카 한인선교사회가 2002년 7월 결성되어 제1회 선교사 대회로 모인 이래 중아선 20회까지 오는 동안 총 6차례의 선교 전략세미나가 있었습니다.

그 중 2차 전략세미나시 그 동안 발제한 선교사들의 연구 자료를 모아 더 많은 선교사들과 나누며, 한국에도 아프리카의 선교적 실상을 알려서 선교 동원의 기회로 삼자는 의견이 모아져 6명의 선교사의 연구 자료를 모아 2010년 7월 [아프리카를 위로하라]를 출판하게 되었습니다.

[아프리카를 위로하라] 출판한지 15년이 지나며 그 후속 선교 자료집의 필요성이 꾸준히 대두 되던 차에 중아선 20회를 맞게 되면서 여러 후원자의 도움의 손길과 선교사들의 적극적인 동참으로 "아프리카 선교부흥을 위한 효율적인 선교전략"이라는 주제로 제7차 선교 전략세미나를 열게 되었고 거기서 발제된 연구자료를 중심으로 두 번째 선교 자료집인 [아프리카여 일어나라]를 출판하게 되었습니다.

이 책은 선교현장에서의 생생한 경험과 연구 결과를 통해, 아프리카 선교의 필요성과 그 방향성을 제시합니다. 또한, 다양한 문화적 배경을 가진 사람들과의 소통과 이해를 통해, 선교의 효율성을 극대화할 수 있는 방법들을 모색하기에, 이 책은 독자로 하여금 아프리카의 선교적 현실을 이해하고 선교적 도전과 과제를 깨닫는 계기가 되게 할 것입니다.

끝으로, 이 책이 세상에 나올 수 있도록 선교 현장에서 체험하고 연구한 자료를 통하여 귀한 글로 섬겨주신 9명의 저자들에게 감사를 드립니다. 또한 원고를 감수해 주신 전병희 목사님과 거친 문장들을 깔끔하게 다듬어 주신 교정위원(김은주 박경은 박현철 심성보 안순근 양대순)들과 추천사를 통하여 격려해 주신 박재신 목사님, 나삼진 목사님 그리고 정운교 선교사님께도 감사를 드립니다.

모쪼록, 본 책을 통하여 아프리카 선교사에게는 신선한 선교정보와 도전의 계기가 되기를 바라며 또한 아프리카를 위해서 기도하고 후원하는 한국교회와 또 내일의 선교를 꿈꾸는 아프리카 예비선교사들에게는 귀한 선교적 마중물 역할을 할 수 있기를 소망합니다.

강병훈 선교사
중남부 아프리카 한인선교사회 20대 회장

사랑하는 중남부 아프리카 선교사회 선교사님들과 이 책을 접하게 될 모든 독자 여러분,

하나님의 크신 사랑과 은혜가 여러분의 사역과 삶 가운데 함께하시기를 기도합니다.

이번에 출판되는 선교 전략 자료집은 단순히 글과 정보의 모음이 아니라, 하나님의 부르심에 따라 아프리카 땅에서 헌신하며 복음을 전하는 선교사님들의 땀과 눈물이 담긴 소중한 기록입니다. 이 자료집은 그 자체로 아프리카 선교를 위한 하나님의 섭리와 역사하심을 증거하는 책이 될 것입니다.

15년 전, [아프리카를 위로하라]가 출판되었을 때, 그 책은 아프리카 선교의 현실을 한국 교회와 전 세계에 널리 알리며 선교 동원에 큰 역할을 했습니다. 이제 우리는 그로부터 또다시 한 걸음 더 나아가, 아프리카 선교의 미래를 위한 새로운 전략과 비전을 이 자료집에 담아내었습니다. 이 책은 하나님께서 우리에게 주신 선교 사역을 더욱 효율적으로, 그리고 더 큰 비전으로 이루어가기 위한 중요한 나침반이 될 것입니다.

이번 자료집은 아프리카 13개국에서 활동 중인 다양한 선교사님들의 사역 경험과 깊은 통찰을 바탕으로, 선교 현장에서 어떻게 하나님 나라를 확장해나갈 것인가에 대한 구체적이고 실질적인 전략을 담고 있습니다. 각

국의 상황에 맞는 선교 전략을 나누고 적용하는 과정 속에서, 하나님께서 아프리카 대륙에서 이루실 놀라운 일들을 기대합니다.

이 책이 단지 정보와 지식으로만 머무르지 않고, 아프리카 선교의 미래를 고민하는 모든 이들에게 깊은 영적 도전과 격려가 되기를 소망합니다. 또한 이를 통해 더 많은 이들이 아프리카 선교의 사명을 깨닫고, 함께 동역하며 하나님의 비전을 이루어가기를 바랍니다.

이번 출판을 위해 기도하며 헌신해주신 중남부 아프리카 선교사회와 후원자들께 깊은 감사를 드립니다. 또한 아프리카 선교의 새로운 도약을 위해 힘쓰시는 모든 선교사님들께 하나님께서 크신 위로와 축복을 더해주시기를 기도합니다.

이 자료집이 앞으로의 아프리카 선교의 부흥을 위한 귀한 도구로 사용되기를 간절히 바라며, 하나님께서 모든 사역지에서 하나님의 나라를 세우는 도구로 쓰임받는 여러분의 헌신을 기쁘게 받으시고, 그 결실을 맺어주시기를 기도합니다.

격려사 / 박재신 목사
예장합동총회 임원, 총회세계선교회(GMS) 이사장 역임하고 한국성시화운동본부 대표회장, GM선교회 대표회장, 그리고 양정교회 담임목사로 섬기고 있다.

《아프리카여 일어나라》 발행을 축하합니다

제가 처음 아프리카를 방문한 것이 2008년 남아공 스텔렌보스에서 열렸던 '희망봉 포럼'이었습니다. 대학 은사였던 필리핀 김형규 선교사가 남아공에서 학위를 한 후 아프리카에서 계속 선교사역을 했는데, 사역 10년 만에 개최한 교단 아프리카 선교대회였습니다.

그가 선교대회를 준비하면서 제가 일하던 총회교육원을 방문하였는데, 그의 고민은 10년 동안 아프리카 선교사로 사역하였지만, 사람이 바뀌지 않는다는 것이었습니다. 중남부 아프리카 여러 나라에서 기독교 인구 비율이 60%를 상회하고, 남아공은 80%가 넘는 데도 많은 아프리카 그리스도인들이 전통적인 민속신앙을 같이 가지고 있으므로 신앙의 성숙과 가치관의 변화가 없다는 것이었습니다. 그래서 '새 사람'을 주제로 정하고, 그 문제를 기독교 교육 측면에서 진단하고 방향을 제시해 달라고 특강을 부탁하였습니다.

강의를 준비하면서 아프리카 선교에 대한 자료를 찾아보았지만 많지 않았습니다. 당시에도 선교대회나 선교사들의 연구 모임에서 발표되었던 자료들이 많이 있었겠지만, 널리 알려지지는 않았습니다. 저는 기독교교육의 이론과 실천 경험에다가 몇몇 선교 관련 아티클의 도움을 받아 '새사람, 새 아프리카를 위한 기독교 교육'이라는 논문을 발표하였습니다.

2019년 아프리카미래재단 미국법인이 설립되면서 사무총장을 맡게 되어 아프리카를 좀 더 배우고 체계적인 연구가 필요하다고 생각해 여러 자료를 찾기 시작했습니다. 다행히 《아프리카를 위로하라》를 만나 여러 차례 읽으면서 아프리카 선교에 대한 기초를 준비할 수 있었습니다. 아프리카미래재단 미국본부 사역이 자리를 잡으면서 잠비아와 짐바브웨, 남아공 등 몇 나라에서 사역이 이루어지고, 2022년에는 중남부 아프리카 한인선교사대회에 참여하면서 여러 선교사들과 만나 교제하기 시작했습니다.

이번에 중남부 아프리카 한인선교사회에서 15년 만에 다시 선교전략 세미나를 열고 치열한 작업을 통해 《아프리카여 일어나라》를 출간함을 축하합니다. 편집인이 보내온 원고를 살펴보면서 전편인 《아프리카를 위로하라》보다 연구가 한층 깊어진 것을 볼 수 있었습니다. 전략회의에서 발표된 선교사들의 연구는 물론 차세대 문제, 선교 전략, 신학교육, 캠퍼스 사역, 유치원 교육 등 다양한 사례를 만날 수 있었습니다. 이런 연구들은 동료 선교사들에게 영감을 주고, NGO기구에서 일하는 사역자들이나 선교사 후보생들에게도 좋은 길잡이가 될 것이라 믿습니다.

한국 교회의 아프리카 선교가 역사를 더 해 가면서 사역이 풍성해지고 있는 이때, 우리들의 작은 섬김으로 먼저 걸어가면서 길을 만든 선교사들의 스토리가 책으로 출판되어 널리 읽히게 되어 기쁘게 생각합니다. 선교사님들의 연구 활동을 감사합니다.

추천사 / 나삼진 목사

고신교단의 총회교육원장과 한국복음주의기독교교육학회장 역임했으며 현재, 미국 Evangelia University 교수(행정처장), 아프리카미래재단 미국본부 사무총장으로 섬기며 오렌지카운티샬롬교회를 담임하고 있다.

추 천 사

2015년 튀르키예의 이스탄불에서 시리아인 난민교회가 요청한 아버지 학교 강의를 하러 가서 난민교회에 예배당을 빌려준 튀르키예인 목사의 간증을 들으며 교제한 적이 있었습니다. 꿈에 나타나신 그 예수를 믿는 믿음으로 인해 겪은 수많은 어려움과 교회의 목사라는 이유로 인근 모스크의 종교재판에 수없이 불려 가서 위협과 핍박을 받으면서 굴복하지 않고 당당히 자그마한 교회를 이끄는 그를 보며 경외심을 가졌습니다. 그의 신앙의 담대함이 시리아 난민들의 교회까지 품어주고 보호하고 있었습니다. 그의 고백을 들으며 새삼 선교는 우리 하나님이 주도하신다는 사실을 깨달았습니다.

그렇습니다!

선교는 삼위 하나님께서 주도하시는 사역이기에 실패할 수 없습니다. 그리스도의 종인 우리 선교사들은 비록 당장에 나타나는 결과가 미미하여도 선교의 완성과 그리스도의 궁극적 승리에 대한 절대 긍정의 믿음을 가지고 묵묵히 전진해 가야 합니다.

이번에 중남부 아프리카 지역에서 사역하는 한인 선교사들이 요하네스버그에서 선교전략 세미나를 하고 그 결과물을 책으로 출판하게 되었습니다. 동방의 작은 나라 한국에서 김치찌개 된장찌개 먹으며 살던 분들이 수많은 종족이 사는 드넓고 거친 아프리카 대륙의 곳곳에 떨어져 믿음으로 묵묵하게 사역하시는 선교사 여러분들의 소중한 땀과 눈물과 고심이 글로 묶여진 역작입니다. 아프리카 대륙과 문화 전반에 대한 통찰력이 있는 글들, 아시아와 아프리카의 차세대 선교 동원에 관한 귀한 글, 남아공과 나미비아의 어린이 사역 매뉴얼, 대학생 제자사역, 이동 신학교 사역, 에스와티니 의료 사역자의 아프리카 가정에 관한 소중한 글, 등 아프리카 선교사와 아프리카 선교에 관심을 가진 사람이라면 꼭 정독을 권하고 싶은 주옥같은 글들입니다.

2010년에도 중남부 아프리카 선교사회에서 "아프리카를 위로하라"는 선교자료집을 목양 출판사에서 출판한 적이 있습니다. 많은 선교사들이 어려운 상황 속에서도 자신의 사역을 글로 정리하는 수고를 하셔서 힘들게 책을 만들었던 기억이 있습니다. 우리가 성경을 통해서 영생의 믿음을 얻고 신앙을 점검하듯이 선교사들이 자신의 선교를 문서로 정리해 자료로 남기는 일은 너무나 귀한 일이며 누군가는 꼭 해야 하는 가치있는 사역입니다. 이번 두 번째 출판되는 선교 자료집을 읽으며 연륜에 따라 진일보한 중남부 한인 선교사들의 사역의 무게감이 느껴졌습니다. 교보생명의 창립자 신용호씨가 남긴 "사람은 책을 만들고 책은 사람을 만든다"말은 매일 성경을 읽는 우리 선교사들에게는 얼마나 귀한 삶의 진리인지 모릅니다. 기도의 사람으로 전 세계에 널리 알려진 고 조용기 목사님은 사실 늘 책을 손에 들고 사시며 독서하는 분이셨습니다.

김삼성 선교사는 "비전이 없는 사역은 방향이 없고, 전략이 없는 사역은 열매가 없다"고 했습니다. 한인 선교사님들이 아프리카 사역 현장에서 늘 절대 긍정의 믿음으로 사역하시며 현장에 맞는 좋은 선교전략도 가지면 참 좋겠습니다. 열정을 가지고 많은 수고를 하여도 열매가 없으면 지치고 낙심하게 될 수도 있기 때문입니다. 이번에 중남부 아프리카 선교사회에서 출판하는 "아프리카여 일어나라" 선교 자료집이 모든 한인 선교사들과 선교사 후보생들이 서고에 꽂아 놓고 자주 읽히는 애장서가 되기를 소원해 봅니다.

"너희가 열매를 많이 맺으면 내 아버지께서 영광을 받으실 것이요 너희는 내 제자가 되리라."(요한복음 15장 8절)

추천사 / 정운교 선교사

중아선 4대 회장을 역임했고, 여의도순복음교회 선교사로 기하성(여의도측) 아프리카 지회장으로 섬기고 있다.

|목 차|

🌍 주제연구

🌍 케이스 스터디

주제연구

아프리카 문화와 기독교 선교 :
아프리카의 문화 속에서 '하나님'을 효과적으로 전하기
위한 방법 모색

한용승

들어가는 말

선교사는 복음을 전하기 위하여 다양한 문화권의 사람들에게 다가가는 사람이다. 이 과정에서 선교사는 복음이 다양한 문화[1] 및 전통을 가진 사람들에게 올바로 전달되도록 문화 간 의사소통에 필연적으로 참여하게 된다. 이때 선교사는 선교지의 문화를 이해하지 못하거나, 선교사 자신의 문화에 기반한 복음의 형태를 고집해서는 안된다. 대신 복음의 의미가 원활히 전달되도록 해당 지역의 문화, 세계관[2], 언어, 그리고 상징 체계 등을

---

1) 문화란 한 집단 공동체의 사람들이 생각하고 느끼며 행동하는 행동 양식이나 상징 체계, 또는 공유하는 통일된 관념, 감정, 가치, 그리고 그것들의 통합된 행동 유형과 그 산물이라고 정의할 수 있다 (Hiebert, 1996, p. 41). 문화는 '사람들이 살아가는 삶의 총체'로서 그 문화를 공유하는 사람들의 정신 및 물질세계를 포함한다.

2) 문화의 가장 중심부에 있는 세계관은 세계를 바라보는 관점으로, 어느 한 문화권의 사람들이 세계의 근본적인 구성에 대하여 의식적, 무의식적으로 견지, 공유하고 있는 일련의 전제들이다. 이는 구태여 증명하고자 하지 않고, 늘 믿고 있는 세계에 대한 인식과 이해, 기본적인 신념들의

이해해야 한다.

본 논문에서 '주변 아프리카인'[3]인 필자는 아프리카, 특히 사하라 이남 아프리카(Africa south of the Sahara)의 문화를 연구하는 것이 왜 필요한지 간략하게 언급한 후, 아프리카 문화와 사람들을 이해하는데 유용한 다양한 주제들 가운데 종교적인 면, 그 중에서도 아프리카의 전통적인 신 개념을 살펴볼 것이다. 다음으로 아프리카의 문화-종교와의 관계 속에서 하나님에 대한 신학적인 언명을 시도한 몇 신학자들의 '하나님 이해'에 대하여 알아보고 이에 대한 신학적 평가를 할 것이다. 그리고 아프리카의 문화-종교적 상황 가운데서 '하나님'을 전하고 가르칠 때, 선교사가 특별히 강조 또는 염두에 두어야 할 내용이 무엇이며, 어떻게 해당 주제를 효과적으로 가르칠 수 있는지 그 방법(들)을 모색해 보고자 한다.

1. 아프리카 문화를 이해하는 것이 필요한가?

현재 아프리카 대륙에는 사람들의 삶과 생활 방식, 그리고 의식과 외형적인 제도 등 여러 방면에서 많은 변화가 일어나고 있다. 특히 도시 거주

포괄적인 틀을 가리킨다 (Hiebert, 1996, p. 62).

3) 필자를 포함한 한국 선교사들은 아프리카 문화의 내부자가 될 수는 없으며, 아프리카의 다양한 문화와 관습이 가지고 있는 숨겨진 의미들을 다 이해하기는 어렵다. 그렇지만 선교사들은 나름대로 현지 사람들이 세계를 어떻게 이해하는지, 특정 행동에 대하여 왜 그런 방식으로 반응하는지 등을 이해하려고 노력하면서 현지 문화를 공부해 온 사람들이다. 이러한 이유로 선교사들은 아프리카의 문화에 대하여 이해를 넓힌 '주변 아프리카인'이라고 할 수 있다. 선교사들은 아프리카의 문화에 대하여 외부자적인 이해와 얼마간의 내부자적 이해를 동시에 가질 수 있는 이점을 가지고 있다. 이러한 '주변 아프리카인'으로서 선교사는 복음을 전할 때 발생하는 '문화적 적실성과 기독교 정체성 문제'와 관련하여 기여할 수 있는 부분들이 많다고 여겨진다.

자들에게 변화의 정도와 속도는 더욱 크다. 급변하는 아프리카 상황에서 아프리카의 전통적[4]인 문화와 종교에 대한 연구가 선교 사역을 위해서 필요한지 의문이 들 수 있다. 그럼에도 불구하고, 선교사들이 아프리카의 문화와 종교를 연구해야 할 몇 가지 이유가 있다.

1) 현상적인 측면

(1) 전통적인 문화 – 종교와 밀접한 일상생활

아프리카가 근대화, 현대화 되면서 사라질 것으로 예상되었던 전통 종교(들)은 현대화와 이슬람과 기독교와 같은 세계 종교의 영향에도 불구하고 사람들에게 여전히 영향력을 행사하고 있다. 음비티(Mbiti, 1969/1975, p. 1)가 지적한 것처럼 아프리카에서 종교는 사람들의 삶의 모든 부분에 완전히 스며들어 있어 종교를 아프리카 사람들의 삶과 분리해서 생각하기는 쉽지않다. 또한 외형적인 제도의 변화와 첨단 기술이 도입된다고 해서 문화 또는 세계관의 변화가 즉각적으로 일어나는 것도 아니다. 예를 들어, 달력의 도입과 시계라는 발명품의 등장이 사람들의 생활에 많은 영향을 미치고 있긴 하지만, 아프리카 사람들의 전통적인 시간 개념은 사라지지 않고 현대적 시간 개념과 공존하면서 그들의 삶과 사고에 직, 간접적 영향을 계속 미치고 있다.

이처럼 아프리카의 전통적인 문화와 가치 체계는 강하거나 약한 형태로

---

4) '전통적'이라는 형용사는 아프리카의 종교나 문화가 죽었거나 죽어가는 종교나 문화라는 것을 의미하지 않는다. 또 그 믿음이나 문화적 형태가 '과거' 또는 '현대적이지 않은' 아프리카 사람들이 믿고 따른다는 의미도 아니다. 이는 아주 오래 전부터 아프리카 사람들의 고유한 종교와 문화가 존재해 왔고 조상으로부터 여러 세대를 거쳐 현재의 아프리카 사람들에게 전해져 내려오고 있음을 의미한다.

대부분의 아프리카 사람들의 습관적 사고와 행동들을 지배하는 무의식적 믿음으로 작용하고 있다. 이러한 이유로 선교사는 아프리카의 문화와 전통적 사고 및 가치체계를 이해할 필요가 있다.

(2) 아프리카의 문화 민족주의적 경향

아프리카 연합(the African Union)은 2013년 5월에 아프리카 연합의 전신인 아프리카 단결 기구(Organization of African Unity) 설립 50주년을 맞이하여 특별 선언을 발표하면서 '어젠다 2063'을 채택하였다. 어젠다 2063은 아프리카 대륙의 국가들이 민주적이고 평화로우며 혁신적인 강국으로 변화되어 향후 50년 안에 국제사회에서 주역이 되는 것을 목표로 삼고 있으며, 이 목표를 달성하기 위한 일곱 가지의 염원 (Aspirations)을 명시하고 있다. 일곱 가지 중 다섯 번째가 '강한 문화적 정체성, 공동의 유산, 가치와 도덕성을 지닌 아프리카'를 만드는 것이다 (African Union, 2013; 대한민국외교부, 2018). '아프리카의 정체성 강화'라는 이념적인 경향은 아프리카 국가들로 하여금 전통으로의 복고적 경향을 더욱 심화시킬 가능성이 있다.

2) 신학 - 선교적인 측면

(1) 선교사의 현지 적응과 효과적인 사역을 위해 필요

선교사가 현지 문화를 이해하지 못하면 현지 적응이 어렵고, 이는 선교 사역의 실패로 이어질 가능성이 크다. 선교사가 선교 현지의 문화와 사람들을 알고 이해할 때 (물론 지식적으로 문화를 안다고 해서 선교 사역이 자동으로 되는 것은 아니지만), 성공적인 현지 적응과 효과적인 사역을 할 수 있게 된다. 그러므로 선교사는 선교지의 언어, 문화, 역사를 배우고, 사람들의 전통적 사고

방식과 문화적 가치들을 심도 있게 파악하여 문화의 표층구조 뿐 아니라 심층구조까지 이해하는 것이 필요하다.

(2) 복음의 외래성 극복과 혼합주의 방지

선교사가 자국의 문화적 형태를 띤 기독교를 선교지에 '이식' 또는 '강요' 하게 되면 복음은 선교지의 사람들에게 외래 종교로 인식되고, 기독교인이 된 선교지의 사람들은 이방인 취급을 받을 수 있다. 한편 복음의 문화적 표현이 한 지역의 문화에 흡수되면, 복음은 지역 문화의 형태와 구조에 길들여져 특정 지역의 비기독교적 신앙 체계나 관습과 섞이게 된다. 이로 인해 복음의 본질은 타협, 희석, 왜곡되고, 결국 혼합주의(syncretism)로 귀결될 수 있다.

그러므로 선교사가 성경과 더불어 아프리카의 문화와 전통 종교(들), 그리고 그와 관련된 내용을 잘 알고 있으면, 지역 사람들의 문화적 상황에 맞는 방식과 용어를 사용하여 기독교 신앙의 보편성을 잘 전달할 수 있다. 그리고 동시에 복음의 내용과 맞지 않는 현지 고유의 의미가 기독교 내로 유입됨으로 복음의 본질이 훼손되는 것을 방지하고, 혼합주의의 위험에 능동적이고 효과적으로 대처할 수 있게 된다.

2. 아프리카 사람들의 전통적인 신에 대한 이해

아프리카 사람들은 자신들이 예전부터 믿어왔던 신을 어떤 분으로 알고 있을까? 종교가 기원한 특별한 역사적, 문화적, 환경적 상황들이 다양하기 때문에 모든 아프리카의 부족들에게 받아들여질 수 있는 하나의 통일된 또는 체계화된 신 개념이나 교리가 존재한다고 보기는 어렵다. 필자는 아프리카 사회의 다수 영역에서 발견되는 공통적인 내용을 기초로 하여 과도한 일반화의 위험을 경계하면서 사람들이 신에 대하여 믿고 있는 큰 그림으로서의 특징을 간략하게 살펴보고자 한다. 그렇지만 국가, 지역의 지리적, 환경적 요소, 부족, 인종적 요소, 언어적 요소에 따라서 세부적인 면에는 차이점이 있을 수 있다.

1) 전통적인 아프리카의 신 개념 이해

(1) 최고 존재이며 창조주로서의 신

음비티(1969/1975. p.1, p. 29)는 아프리카 사람은 '악명 높게 종교적'이며 거의 '본능으로'신의 존재를 알고 있다고 한다. 아프리카 사람에게, 신은 그냥 거기 있는 존재로 믿어진다. 무신론이나 신 죽음의 신학 등은 (아직은) 아프리카 사람들의 사고에서 생소하다.

예외적인 몇 부족이 최고 신에 대하여 모호한 개념을 갖고 있기는 하지만, 대부분의 아프리카 사람들은 최고 신에 대한 믿음을 가지고 있다. 이최고 신은 일반적으로 만물과 인간의 창조자로 인식이 되며, 궁극적 통치자이며 온 우주를 유지하는 분이다 (Mbiti, 1969/1975, pp. 39-41; 1975, p. 49; Thorpe, 1992/1994, p. 31; Idowu, 1973, p. 148). 멘데 부족(Mende)의 신, 은게오(Ngewo)(Sawyerr, 1970, pp. 66-67), 암보 부족(Ambo)의 신, 카룽가(Kalunga)(Dymond, 1950, p. 140), 그리고 루안다-우룬디 부족(Ruanda-Urundi)의 신, 이마나(Imana)(Guillebaud, 1950, p. 181)는 창조자로 인식된다. 이처럼 신은 창조주이며, 최고 존재로서의 존재론적 우위성을 확보하고 있다.

(2) 멀리 있는 신

아프리카 사람들이 그들의 일상에서 신의 이름을 입에 올리는 것은 아주 흔한 일이다. 탄자니아 사람들을 예로 들면, '아산테 뭉구'(Asante Mungu, 신이여 감사합니다), '에에 뭉구'(Ee Mungu, 아, 신이여), 또는 '뭉구 왕구'(Mungu wangu, 나의 신이여) 같은 짧은 외침을 수시로 들을 수 있다. 이런 현상을 보면, 신은 사람들과 가까이 있고, 그들의 일상생활에 내재하는 것으로 보인다.

그런데, 흥미로운 점은 아프리카 사람들은 자신들의 일상생활에서 시간과 노력과 생각들을 최고 신보다는 군소 신들(lesser gods/divinities), 조상 (의 영), 영적인 존재들에게 많이 쏟거나 의존하는 경향을 보인다는 것이다 (Sawyerr, 1970, p. 6).

실제로 도곤(Dogon), 아샨티(Ashanti), 그리고 키쿠유(Kikuyu) 부족과 같은 소수의 경우를 제외하고, 대부분의 아프리카 부족의 종교에서는 최고 신에게 봉헌되는 정기적인 기도, 의식, 희생 제사, 그리고 공식적인 예배 행위가 없으며, 또한 신을 위한 성소나 제사장이 존재하지 않는다 (Parrinder, 1968, pp. 37-39).

신은 최고의 존재로 인식은 되지만, 오히려 그 신은 사람들로부터 멀리 있는 존재, 사람들의 일상적인 활동에 직접 관여하지 않는 신으로 나타난다 (Nyamiti, 1977, pp. 6-7).

이러한 이유로, 아프리카의 신 개념에 대해서 연구를 진행한 페타조니 (Raffaele Pettazzoni), 엘리아데(Mircea Eliade), 그리고 오코넬(James O'Connell) 같은 서구의 학자들은 아프리카의 신은 창조자이며 최고 신으로 여겨 지기는 하지만, 사람들의 일상사에는 더 이상 관여하지 않고 멀리 물러나 있는 존재, 데우스 오티오수스(deus otiosus), 멀리 있는 신, 데우스 레모투스(deus remotus), 또는 숨은 신, 데우스 압스콘디투스(deus absconditus)로 인식된다고 설명한다(O'Connell, 1962, pp. 67-69; Thorpe, 1992/1994, p. 30).

물론 케냐타(Jomo Kenyatta), 단쿠아(Joseph Danquah), 음비티(John Mbiti), 이도우(Bolaji Idowu) 등 아프리카 학자들은 아프리카의 신은 초월적이면서 동시에 인간사에 관여하는 내재적 신이라고 주장하며, 아프리카의 신 개념에 대한 서구학자들의 해석을 반대한다.

동부 아프리카 해안 지역의 스와힐리 사람들을 대상으로 민속 이슬람을 연구한 김철수 선교사 (2002)에 따르면, 스와힐리 사람들은 무의식적으로 신에 대한 두려움과 거리감을 두고 있다. 신은 최고의 존재로 전능하지만, 사람들이 가까이 다가가거나 직접적인 접촉을 하기에는 너무 멀리 있다고 믿는다. 신이 존재한다고 믿지만, 그 신에게 직접적인 기도나 예배를 드리지 않는다는 내용은 필자가 사역하는 신학교에서 공부하는 다양한 지역 출신의 학생들, 그리고 만나는 사람들과의 대화를 통해서도 확인해 볼 수 있었다 (물론 아프리카의 종교적 의식이나 관습 등에 대한 사람들의 고유한 생각들이 이미 기독교나 이슬람의 영향으로 채색되었다는 점은 고려해야 할 부분이다).

2) 군소 신(lesser gods/divinities)과 조상, 영적 존재들

신에 대한 이해가 이러하다 보니, 일상생활에서 사람들의 관심은 최고 신에게로 향하지 않고, 군소 신들(lesser gods/divinities), 조상, 또는 다른 영적인 존재들에게 집중되는 것으로 나타난다. 그래서 영적 존재들이 사람들의 일상생활에서 기도의 대상이 되며, 삶과 복지의 근원으로서 뿐 아니라, 고통과 재난의 경우에도 영향력을 행사할 수 있는 존재로 믿어지며, 사람들의 종교적 생활에서 전면에 서 있는 듯한 모습을 보인다 (Parrinder, 1968, p.

57: Sawyer, 1970, p.6). 여기서는 동남부 아프리카 사람들의 삶 가운데서 중요한 역할을 차지하는 '조상'에 대하여 살펴보도록 하겠다.

(1) 조상/살아있는 죽은 자

서부 아프리카 지역에서는 사냥, 질병, 농업, 전쟁 등에 특화된 기능과 속성을 가진 군소 신에 대한 신앙이 강하게 나타나는 반면, 조상의 중요도는 떨어진다 (Smith, 1950, p, 133; Parrinder, 1968, pp, 57-58, p, 69; Thorpe, 1992/1994, p, 34). 이에 반하여 동남부 아프리카 반투족들 가운데서는 군소 신들의 자리는 거의 없고 조상이 사람들의 일상생활에서 최고 존재인 신보다 더 중요한 위치를 차지하고 있는 것처럼 보인다.

① 세상을 떠난 죽은 자들의 영혼을 지칭하는 몇 가지 용어들이 있다. 음비티(1969/1975, p, 85)는 죽은 자의 영혼을 '살아있는 죽은 자' ('living-dead', 또는 '죽었으나 살아 있는 자')라는 용어를 사용한다. 그는 죽은 자들 모두를 '조상의 영' 또는 '조상'이라고 지칭하는 것은 적절하지 않다고 한다. 왜냐하면, '조상'이라는 말은 한때 살아있는 자들의 조상이었던 사람들의 영혼만을 의미하기 때문이다.

대부분의 아프리카 사회에서 사람이 죽었다고 해서 모두가 조상이 되는 것은 아니다. 도덕적 삶을 살고, 자녀를 낳고, 나이가 많아 자연사하며, 적절한 장례 의식에 따라서 매장되는 등, 특정한 조건이나 자격을 갖춘 죽은 자의 영혼만이 조상의 반열에 들 수 있다. 아이로 죽은 경우, 자식을 생산하지 못한 아내들, 그리고 조상의 지위를 가질 수 없는 다른 가족 구성원 - 예를 들어 총각, 처녀로 죽은 경우, 익사나 병사, 불에 타서 죽은 경우 등 - 의 영혼은 조상이 되지 못한다 (Ikenga-Metuh, 1987, p, 146).

② 이켕가-메투(Ikenga-Metuh, 1987, p. 174)는 모든 죽은 자들을 지칭하기 위해 '살아있는 죽은 자'라는 용어를 사용하는 데 있어 음비티의 의견에 동의하지만, 이 용어가 '조상'을 대신할 수는 없다고 한다. '조상'이라는 용어는 조상의 지위로 승격된 죽은 자들에게는 그대로 사용을 하고, 반면에 '살아있는 죽은 자'라는 용어는 자연적으로 죽은 모든 사람에게 적용될 수 있다고 한다. 그리고 '악령'(evil spirit)이라는 용어는 죽은 자가 적절한 의식과 함께 매장되지 않았거나 목매달거나, 익사하거나, 병에 걸리거나 임신 중 사망하는 등 좋지 않은 상태로 사망하여 악령으로 변한 떠돌아다니는 영혼을 가리킨다고 한다 (Parrinder, 1968, p. 60; Idowu, 1973, p.174; Ikenga-Metuh, 1987, p.147).

③ 음비티(1969/1975, p. 83, 85)에 의하면, 살아있는 죽은 자들, 즉 세상을 떠난 사람들의 영혼은 아직 죽음의 과정이 완성되지 않아 부분적으로는 영이고 부분적으로는 인간으로 여겨진다. '살아있는 자'는 일상적으로 '살아있는 죽은 자'에게 음식을 바치고, 술을 따르며, 존경을 표하는 행위를 통해서 그들을 기억한다. 살아있는 후손들이 기억하는 동안 죽은 자들은 후손들의 기억 속에 살게 되며, 그러므로 그들의 '죽음의 과정'은 아직 '끝나지 않았다'. 후손들의 기억하는 행위를 통하여 죽은 자들은 불멸의 상태를 지속하게 된다.

그리고 약 3~4대에 이르는 기간이 지나서 그들이 더 이상 자신들의 이름으로 기억되지 않을 때, 이 '살아있는 죽은 자'는 죽음의 과정을 '완료'하고 자마니 (Zamani, 과거를 뜻하는 키스와힐리)의 세계로 들어가게 된다. 이때 그들은 비인격적인 '영', '어떤 것', 단순한 '그것'(IT)이 된다 (Mbiti, 1969/1975, p. 79, 84). 5)

(2) 살아있는 자와 살아있는 죽은 자/조상과의 관계

① 어떤 의미에서 살아있는 자와 죽은 자는 공생하며 상호 의존적이다 (Smith, 1950, p. 24). 사람들은 조상의 이름을 기억하고, 정기적으로 술과 음식을 바치면서 제대로 대우를 해주면, 조상들이 후손들에게 번영과 복을 가져다 주며, 공동체를 보호한다고 믿는다. 그렇지 않을 때는 조상들은 산 자들에게 노하거나 악령으로 변해 공동체나 개인에게 재앙, 가뭄, 기근, 질병, 불임, 죽음, 사고같은 불행을 가져온다고 생각한다 (Parrinder, 1968, pp. 59-61). 그래서 사람들은 복을 더하고 불행을 피하고자 음식과 술을 바침으로 통상 3~4 세대에 걸쳐 자신의 조상을 기억하고, 전통이 가르쳐주는 대로 온당하게 그들을 대우하며, 계속 조상들과 함께 산다 (Thorpe, 1992/1994, p. 32).

이런 측면에서 보면, 조상들은 한편으로는 존경을 받기도 하지만 한편으로는 살아있는 자들에게 두려움을 주고, 그로 인하여 환영을 받지는 못하는 존재로 여겨지는 듯하다. 그러므로 죽은 자들에게 바쳐지는 음식과 술은 '환대와 환영의 행위'이며, 동시에 이들이 산 사람에게서 '멀리 떠나라고 알리는 행위'(Mbiti, 1969/1975, p. 84)로 여겨진다.

② 조상은 그들이 산 자들에 의하여 기억되는 한 그 사회 구성원의 일부로서 존재하게 된다. 이들은 가족과 공동체의 일에 관심이 있으며, 자신들이 살았던 사회와 계속 교류(communication)하기를 원한다고 사람들은 생각

---

5) 사후 영들의 상태에 대해서는 한 용승. (2024). '아프리카의 시간 개념과 기독교의 종말 사건 이해: 종말에 관한 몇 가지 주제들과 이를 효과적으로 전하기 위한 방법 모색'. GMS선교저널: 교회와 선교, 2024. 봄 여름호, Vol 4. No. 1 통권 5호, pp. 183-222를 참조하라.

한다. 조상은 가족과 공동체의 보이지 않는 경찰로서 질서를 유지하고, 전통과 윤리의 수호자로 인식된다. 그래서 전통에 반하는 행위 또는 전통에 대한 모독은 곧 조상에 대한 모독으로 여겨진다 (Mbiti, 1969/1975, p. 83). 만일 선교사가 들어와서 그동안 그 지역 사람들이 전통적으로 믿어온 전제들과 가치들, 그리고 충성의 대상들이 틀렸다고 지적한다면, 이는 조상에 대한 모독으로 여겨질 수 있으며, 해당 지역의 사람들과 갈등과 대립의 구도를 만들 수 있다.

3. 아프리카 신학자들의 하나님에 대한 신학적 언명과 이에 대한 평가

아프리카의 전통적인 신 이해와의 연관성 속에서 기독교의 하나님을 신학적으로 언명(articulation)하는 아프리카 신학자들의 주장을 살펴보고 평가할 필요가 있다. 왜냐하면, 복음의 문화화(Inculturation)를 강조하는 아프리카 신학자들 가운데는 아프리카의 종교-문화적 전통과 기독교 신학과의 대화와 접목을 시도하는 신학자들이 있기 때문이다.

이들 가운데 일부 신학자들은 아프리카 전통종교(들)이 유일신교(African monotheism)라고 주장하며, 유일신교로서의 아프리카 전통종교의 신과 기독교의 하나님과의 동일시를 시도한다. 그런가 하면, 아프리카 사회에서 중요한 역할을 하는 '조상'을 매개로, 그리스도에게 '조상'이라는 (기독론적) 칭호를 부여하면서, '조상 기독론'(African Ancestor Christology)을 주장하기도 한다.

이런 경우, 문화적 적실성(cultural relevance)은 강조되지만, 상대적으로 기독교의 정체성(Christian identity)은 약화 또는 왜곡 될 가능성이 많다. 그리고 이들의 '신학 하기'(doing theology)는 자연스럽게 교회와 기독교인들에게 영향을 미치게 된다. 이러한 이유 때문에 아프리카의 종교-문화와 기독교와의 대화를 강조하는 신학자들의 '신학 하기'의 결과물에 대한 평가와 비판이 필요하다.

1) 하나님에 대한 아프리카 신학자들의 신학적 언명

(1) 키비초(Samuel Kibicho)는 아프리카 전통종교와 기독교 사이의 불연속성을 주장하는 것은 아프리카 전통종교에 대한 '편견에 사로잡힌 오래된 진화론적 관점의 유물'(1978, p. 380)이라고 비판하며, 아프리카 전통종교와 기독교 사이의 '급진적인 연속성'(1978, p. 371)을 강조한다.

키비초에 따르면, 아프리카 전역에서 나타나는 다양한 신의 이름들은 동일한 한 신을 자신들의 사회적, 문화적, 지리, 환경적인 상황에 맞추어 다르게 부름으로 인해 생긴 것이다. 그는 자신이 속해있는 키쿠유 사람들 역시 신은 한 분이라는 신앙을 가지고 있다고 한다. 키비초(1978, p. 348, 370, 385)는 성경에서 자신을 계시하신 하나님은 아프리카의 전통종교를 통해서도 자신을 나타내셨기 때문에 키쿠유 사람들이 예전부터 믿어온 신, 은가이(Ngai)는 바로 기독교에서 믿는 하나님과 동일한 신 이라고 주장한다.

(2) 세틸로아네(Gabriel Molehe Setiloane)에 의하면, 하나님은 히브리인들에게는 야훼로 자신을 계시하셨고, 아프리카 사람에게는 모디모(MODIMO), 우티코(uThixo), 레사(Lesa)로 자신을 계시하셨다. 히브리인, 아시아인 또는 아프리카인은 그들 각자에게 의미가 있는 방식으로 자신들의 고유한 문화 및 언어적 상황에서 유일무이한 신 또는 실재를 경험했다 (Setiloane, 1976, pp.

세틸로아네(1978, p. 388)에 의하면, 선교사들이 아프리카에 소개한 하나님 자체는 아프리카 사람들이 그들의 전통 종교를 통해서 믿어오던 신과 동일한 분이었다. 그러나 선교사가 전한 하나님에 대한 '개념'은 성경의 하나님이 아니라 유럽인들에게 의미 있는 유럽인의 신 개념이었다. 이러한 이유로 서구 신학의 전통에 따라서 아프리카에 소개된 하나님에 대한 개념은 아프리카 사람들이 경험하고 믿어온 모디모, 콰마타(Qamata), 레사, 움베리은가은기(Umvelingangi)와 다르며, 따라서 아프리카 사람들에게는 의미가 없었다고 말한다 (Setiloane, 1976, 225).

그에 의하면 소토-츠와나(Sotho-Tswana)사람들이 믿어온 모디모는 하나이며, 최고이며, 보이지 않으며, 모든 것에 충만하고, 스며 있으며, 모든 것이 나오는 근원이다 (1976, p. 80; 1986, p. 28). 모디모는 번개, 천둥과 같은 자연 현상에서 나타나지만, 자연 현상 자체는 아니다. 모디모는 이성으로 이해될 수 없으며, 인간적으로 표현될 수도 없다. 오히려 그것(IT)으로 설명될 수 있는데, 소토-츠와나 사람들은 그것(IT)를 전율, 미스테리, 매혹, 심지어 괴물적으로도 이해한다 (1976, p. 77, 225).

세틸로아네(1978, p. 411)는 이러한 모디모의 개념이 어떤 면에서는 성경이나 다른 기독교 문헌에 나오는 하나님에 대한 기독교적 개념보다 높거나, 적어도 '서구 신학 전통'에서 말하는 하나님 개념보다는 더 넓고 심오하며 포괄적인 개념이라고 주장한다.

(3) 음비티(John Samuel Mbiti)는 아프리카의 속담, 노래, 기도문, 신화, 이야기, 종교적인 의식에 나타나는 신에 대한 개념을 조사하고, 아프리카에서 신을 지칭하는 다양한 이름들을 분석한 것에 기초하여 '모든' 아프리카 사

람이 신이 한 분(유일신)이라는 믿음을 가지고 있다고 주장한다.

음비티(1970; 1969/1975, pp. 39-41; 1975, p. 49; 2009, p. 147)는 각각의 아프리카의 부족들 간에 다양한 종교적 형태가 존재하지만, 각 부족은 신을 한 분으로 인식하고 있으며, 이런 의미에서 아프리카의 전통종교는 심오한 유일신 사상을 가진 종교라고 한다.

하나님은 '오직'(only) 성경을 통해서만 자신을 계시하신 것이 아니라, 아프리카 사람들에게도 '역시'(also) 자신을 보이셨다. 그러므로 아프리카 전통종교 역시 하나님의 계시의 도구이며, 유대인에게 나타난 계시와 아프리카 사람들에게 나타난 계시의 차이점은 계시의 내용이 아닌 계시의 보존 방식의 차이라고 한다. 유대인들은 그들에게 계시된 것을 기록의 형태로 남겼고, 아프리카 사람들은 구전, 의식, 그리고 상징과 같은 형태로 계시를 보존 시켰다(1980, pp. 817-820).

음비티(1980, p. 818; 1969/1975, p. 29)에 의하면, 하나님은 아프리카를 떠난 적이 없으며, 하나님은 기독교가 아프리카에 전해지기 훨씬 이전부터 아프리카 사람들에게 알려져 왔다. 물룽구(Mulungu), 뭉구(Mungu), 카퉁가, 그리고 은가이 등 다양한 이름으로 수 천년 동안 아프리카 사람의 종교적인 삶 가운데서 예배되어 왔던 아프리카 전통종교의 신은 성경에 계시된 세상의 창조자이며, 예수 그리스도의 아버지이신 하나님과 동일한 신이다.

(4) 이도우(Bolaji Idowu)에 따르면, 요루바 부족(Yoruba)이 '알고 있고 또 믿고 있는' 올로두마레(Olódùmarè) 또는 올로룬(Olorun)은 요루바의 삶과 신앙을 하나로 묶는 '진짜' 신 (1962, p. 202; 1973, p. 104)으로, 천지의 창조주이며, 하늘에 거하는 왕이며, 한없이 지혜롭고, 모든 것을 알고, 모든 것을 살피며, 불멸하고, 전능하며(1962, p. 39, 40, 42), 우주의 유일하고 절대적인 통치자이

다 (1973, p. 148).

이도우(1973, p. 104, 135) 역시 키비초, 세틸로아네, 음비티의 주장과 같이, 신을 나타내는 다양한 이름들은 같은 한 신을 표현하는 다른 이름에 불과하다고 주장한다. 그리고 하나님은 어떤 나라, 어떤 시대, 또는 어떤 세대에서도 증인없이 자신을 내버려 두지 않기 때문에, 성경에 계시된 하나님과 요루바 종교에서 올로두마레로 알려지고 경험된 신은 본질적으로 동일한 신이라고 한다 (1962, 202).

2) 아프리카 신학자들의 하나님 이해에 대한 신학적 비판

앞에서 언급된 신학자들은 (1) 아프리카 사람들이 다양한 지역에서 각각의 이름으로 경험하고 섬겨오던 신은 이름만 다를 뿐 실제로는 동일한 한 신이었으며, (2) 아프리카의 신은 성경에 계시된 하나님과 동일한 신으로 기독교가 아프리카에 전래되기 이전부터 아프리카 사람들에게 이미 알려지고 예배 되어 왔다고 주장한다.

이러한 주장은 (1) 모든 종교들은 궁극적으로 동일, 동등하다는 것을 강조하고, (2) 예수 그리스도만이 구원의 유일한 길이라는 성경의 가르침을 약화시키며, (3) 계시와 구원에 대한 그리스도 중심적 이해를 심각하게 훼손시킨다. 특히 (4) 아프리카 유일신에 대한 지속적인 강조와 아프리카 전통종교를 통해 나타난 신과 기독교의 하나님과의 동일시는 신 중심적인 보편 구원론(universalism)적 경향을 가지게 하거나, 신 중심적 종교 다원주의로의 문을 연다고 할 수 있다. 그러므로 이들의 주장은 (5) 아프리카인들은 예수 그리스도와 그의 구속 사역과는 별개로 구원을 받았고, 지금도 받는다는 인상을 가지도록 하면서, 결국 복음 전도와 선교적 동기를 약화시킨다고 할 수 있다. 그러면, 이들의 주장은 과연 타당성과 건전성을 지니는가?

(1) 아프리카 사람들은 한 신을 믿어왔는가?

① 수 세기에 걸쳐 아프리카의 부족들 간에는 다양한 접촉(전쟁, 이주, 타 종족 간의 결혼, 무역 등)이 있어 왔으며, 이로 인한 문화의 상호 교류 및 교환이 항상 있어왔다. 그 결과로 아프리카 대륙에 존재하는 다양한 부족들의 사회-정치적인 특성과 문화-종교적 신앙과 의식들 사이에는 표면적으로 유사성이 발견되기도 한다. 그렇지만 부족들 간의 종교의 표면적인 유사성이 해당 종교들이 동일한 신학적인 구조를 가지고 있고, 심층적인 내용에서도 일치를 보인다는 것을 의미하지는 않는다.

② 말루레케(Maluleke)는 아프리카가 종교적, 문화적으로 엄청난 다양성을 가지는 '다중 정체성'(multiple identities)으로 구성되어 있다고 한다 (Beyers, 2010, p. 8 재인용). 사회적, 생태적 환경의 차이에 기인한 문화-종교적 상이성과 이로 인한 다양성을 간과해서는 안된다. 아프리카 사람들이 모두 하나의 세계관을 가지고 있으며, 더구나 아프리카 대륙 전체가 같은 한 신을 섬겨왔다고 말하는 것은 과도한 일반화의 오류를 범하는 것 일 수 있다.

피비텍(Okoto p'Bitek, 1971)은 자신의 부족을 예로 들면서 그가 속해있는 아촐리 부족(Acholi)은 한 신 (jok)이 아니라 여러 신(jogi)를 섬긴다고 한다.

그리고 앞에서 살펴본 것처럼 실제로 아프리카 사람들의 일상생활에 있어서 사람들의 시간과 노력과 생각들은 최고 신보다는 군소신들/조상, 영적 존재들에게 집중되어 있으며, 이들이 사람들의 성공과 행복, 고통과 재난의 경우에 영향력을 행사할 수 있는 존재로 여겨지고 있다.

이러한 현상에 대하여 이도우는 자신이 속해 있는 부족을 예로 들면서,

요루바 부족의 신 개념은 아프리카의 '사회적 관습'과 '정치적 위계질서'의 관점에서 이해되어야 한다고 주장한다. 아프리카의 전통적인 사회 구조에서 백성들이 왕에게 직접 나가지 못하고 대리인이나 신하를 통해서 접근하는 것처럼, 이러한 아프리카의 '사회적 관습'과 '정치적 위계질서'가 요루바 부족의 종교와 신에 대한 예배의 형식에도 그대로 반영이 되었다는 것이다. 그래서 인간은 신에게 직접 접근하지 못하고, 인간과 신 사이의 '중개자' 역할을 하는 군소 신이나 조상 같은 중간 매개를 통해서 접근한다고 한다. 최고 신을 정점으로 하고 그 밑에 하위의 신이 있는데, 이 하위 신 또는 조상이 한 분 최고 신인 올로두마레의 신하, 또는 봉사자로 신과 인간 사이의 중재자 역할을 감당한다는 것이다. 그러므로 이들에게 바치는 희생은 궁극적으로 최고 신에 대한 헌신의 표시이며, 기도나 예배 역시 최고 신에게 전달되는 것으로 이해를 한다(Idowu, 1962, p. 62).

이러한 요루바 종교에 대한 이도우의 이해 또는 해석에 대하여 파린더(Parrinder, 1950, p. 226)는 다른 입장을 보이며, 요루바 종교를 '최고의 신이 주관하는 다신교 체계'로 설명한다. 그는 아프리카 종교를 유일신 종교라고 주장하는 이도우에 대하여 이도우가 하위의 신들의 지위를 단순한 직원, 하인, 기능자로 전락시켰다고 비판한다. 그는 주장하기를 이도우가 다신교는 '야만적인 부족'의 신앙 형태인 반면, 아프리카에 전래된 근대 종교인 기독교와 이슬람은 유일신 종교라는 생각을 가지고 있고, 그래서 전통적인 아프리카의 종교들 역시 이들과 같은 유일신 종교여야 한다는 강박에 영향을 받았을 수 있다고 논평한다 (1970, p. 83).

우크퐁(Ukpong, 1983, p. 197) 역시 최고 신과 군소 신들/조상과의 관계에 대하여 이도우나 음비티와는 다른 해석을 한다. 우크퐁에 의하면, 아프리카 사람들은 영적인 존재들을 신과 인간 사이의 단순한 중간 매개자가 아니라, 스스로 제물을 받는 자율적인 존재들, 자신의 고유한 권한을 가지고 있는 존재들로 생각한다고 한다.

만약 아프리카 사람들이 영적인 존재들을 '자족'하는 존재, 최고 신과는 독립적으로 활동을 하고, 최고 신의 허락을 구하거나 최고 신과 상의함이 없이 자신의 권한을 행사하는 자유로운 존재로 이해하고 있다면, 아프리카 전통종교는 유일신 종교라고 할 수 없다.

그러므로 군소신과 조상, 다양한 영들에 대한 믿음을 허용하는 아프리카 전통종교는 유일신교가 아니며, 자신들이 섬기고 있는 신을 유일신이라고 고집하지 않으면서 한 신을 섬기는 종교 (Monolatrism 또는 Monolatry)라고 해야 할 것이다

③ 최고 존재로서의 신이 '창조주'로 나타나는 것은 일반적이지만, '창조'에 대한 각 부족의 생각은 같지 않다.

멘데 부족의 신, 은게오, 암보 부족의 신, 칼룽가 등은 창조주로서 인식이 된다. 그러나 신이 창조주로 언급될 때 '창조'라는 단어의 의미는 기독교에서 사용하는 창조라는 말과 그 의미가 다를 뿐만 아니라 아프리카의 다양한 부족 집단들 가운데서도 그 의미가 다르다는 점을 유의할 필요가 있다. 아칸 부족(Akan)의 신, 냐메(Nyame)는 창조주로 여겨지지만, 무로부터 어떤 것을 창조한 창조자로 인식되지 않고, 대신 '우주의 건축가, 설계자'로 인식된다 (Wiredu, 2006, pp. 309-311). 차가 부족(Chagga)의 우주론에 의하면, 태양과 지구는 항상 존재해 왔으며, 루와(Ruwa)는 사람을 창조한 것이 아니라, 어떤 용기를 터뜨림으로, '사람을 튀어나오게 한 신'으로 알려져 있다 (Dundas, 1924/1968, pp. 107-108)). 바냐르완다 부족(Banyarwanda)의 신 이마나(Imana)는 무에서 어떤 것을 창조한 창조주로 인식이 되는데, 창조의 개념

에 관한 한 아칸부족의 신 개념보다 성경에 나오는 창조주 하나님과 유사한 측면이 있다 (Wiredu, 2006, p. 327).

이렇게 볼 때, '루와'의 독특한 측면은 '이마나'또는 '냐메'에서는 발견되지 않는다. 음부티 부족(Mbuti)의 신은 음부티 부족의 전통종교 체계 내에서 이해되어야 한다. 음부티 부족의 신 개념은 요루바 부족의 종교 체계나 기독교의 신학적 범주를 사용하여 해석할 수 없다.

모든 아프리카 사람들이 섬겨왔다고 주장하는 동일한 한 신은 실재하는 신이라기보다는, 오히려 아프리카의 학자들이 창조한 '관념상의 신'일 가능성이 크다. 이렇게 새롭게 구성된 신은 요루바 부족이 믿어왔던 신도 아니고, 수쿠마 부족(Sukuma)이 섬겨왔던 신도 아니다. 이는 키쿠유 부족 중에 알려져 왔던 신 개념이 아촐리 부족에게도 동일하게 존재하는 것으로 가정하여, 아촐리 부족에게 키쿠유 부족의 신을 섬기라고 강요하는 것과 같다.

그러므로 '아프리카 유일신교'(African monotheism)라는 용어 자체는 적절하지도 않을 뿐 아니라 포기되어야 할 신학적인 오류이다.

(2) 아프리카 사람들이 섬겨온 전통종교(들)의 신과 성경에 계시된 하나님은 동일한 신인가?

아프리카 사람들이 믿어 온 신의 속성들 가운데 성경에 계시된 하나님의 속성과 유사한 내용이 나타난다. 그렇지만 아프리카의 신의 속성이 다른 종교에서 숭배되는 신들보다 특별히 비범하거나, 반대로 특이할 정도로 이상하다고 볼 수는 없다. 아프리카 전통종교(들) 내에 포함된 '진리와 오류'는 아프리카에만 독특한 것이 아니고, 전 세계에 걸쳐있는 종교들에서 흔히 발견되는 전형적인 예이다. 기독교의 하나님의 속성과 유사함을 보이는 아프리카 신의 일부 속성은 복음전도를 위한 '접촉점'으로서의 역할을 할 수 있다. 그러나 아프리카 신들이 보여주는 부정적인 속성들 역시 간과되어서는 안 된다.

우상, 주술, 미신이 뒤섞인 일부 아프리카 신의 속성은 성경의 하나님과 정반대의 모습을 보인다. 예를 들어 여러 명의 아내를 거느리고 있는 신의 속성, 또는 남편이 있는 여성으로 그려진 신, 쌍둥이 형제를 둔 신, 복수(plural)의 신들, 신이 자연의 요소들과 동일시되는 것과 같은 특징들인데, 이러한 신의 모습들은 하나님에 대한 성경의 가르침과 양립할 수 없다(Nyamiti, 1977, p. 6, 8, 19, 68).

그러므로 아프리카의 신을 성경의 하나님과 동일한 신이라고 주장하는 것은 아프리카의 종교(들)의 위상을 기독교와 동등하게 높이려는 의식적이고 신중하게 고안된 변증적인 의도이며, 또 아프리카 중심적인 문화 이데올로기를 정당화 시키는 것으로 볼 수 밖에 없다.

(3) 아프리카 유일신교(African monotheism)는 종교적 사유의 결과인가?

그러면 아프리카의 신학자들이 주장하는 '신은 한 분'이라는 신학적인 가정은 어디에서 기인하였을까? 아프리카 학자들의 주장은 아프리카 국가들의 독립을 전후한 역사적 상황과 관련하여 이해할 필요가 있다.

아프리카 국가들의 독립을 전후하여, 종교적으로 그리고 부족으로 나누어져 있던 국가들에게 '사회적 연합'과 '국가적 통합'은 중요하고도 시급한 과제였다. 이러한 상황에서는 상이한 문화-종교적 관습과 믿음을 하나로 묶을 수 있는 공통 요소의 필요성이 자연스럽게 대두되었다. 특히 아프리카의 다양한 부족의 구성원들이 모두 함께 섬기는 '한 신'에 대한 개념과 이 신에 대한 신앙은 문화적, 종교적 다양성으로 인한 잠재적인 분열을 방지하고, 또 새로 탄생한 '국가' 전체의 통합과 단결을 끌어내기에 유용한 요소였다 (Westerlund, 1985, p. 89; 1991, p. 19).

아프리카의 독립을 추구하던 지도자들은 (그리고 독립 이후에도) '아프리카는 하나'라는 정치적인 표어 아래 부족적 다양성과 지리적 거리감을 초월하여 서구의 식민주의/서구 열강에 맞서 단일대오를 형성하였다. 이러한 맥락에서 '신은 한 분'이라는 종교적인 표어 역시 문화적, 종교적으로 나누어져 있는 아프리카의 다양한 부족들을 '독립된 하나의 국가' 속으로 통합하는 데 일조하였다고 할 수 있다 (Westerlund, 1985, p. 58). 이러한 이유에서 '신은 한 분'이라는 말은 '아프리카는 하나'라는 정치적 표어의 신학적 변형 또는 번역으로 이해할 수 있다.

그러므로 다양한 부족들이 모두 동일한 '한 신'을 섬긴다는 아프리카 유일신 사상은 오랜 시간에 걸쳐 이루어진 독립적이고 순수한 종교적, 또는 신학적 반성의 결과라기보다는 종교가 민족주의적 염원과 결합함으로 생긴 종교의 민족주의화(nationalization)의 결과, 또는 시대의 요구에 부응해서 만들어진 정치-종교적 이데올로기적 측면이 강하다고 할 수 있다 (Westerlund, 1993, p. 46).

4. 그러면 어떻게 하나님을 전할 것인가?

아프리카의 전통적인 신 개념에 의식적, 무의식적으로 영향을 받은 아프리카 사람들에게 성경에 계시된 하나님을 어떻게 전하고, 또 하나님을 전하고 가르칠 때 염두에 두어야 할 것은 무엇인가?

1) 아프리카의 전통적인 신과 성경의 하나님을 비교해서 알아보기

기독교가 아프리카에 전해졌을 당시, 선교사들은 해당 지역의 전통적인 신의 이름을 빌려 기독교의 하나님을 소개하고 설명하였다. 이런 측면에서 전통적인 신의 이름은 성경의 하나님을 소개하는 접촉점으로서 역할을 하였다. 은쿨룬쿨루(Nkulunkulu, 줄루 부족[Zulu]의 전통적인 신의 이름)라는 이름을 이용하여 성경의 하나님은 그리스도를 통하여 줄루의 세계로 들어갔다.

그러나 신을 나타내는 전통적인 명칭이 아무런 여과 과정 없이 성경에 계시된 하나님을 지칭하기 위하여 사용될 경우, 전통적인 이름에 내포된 토착적인 개념들이 기독교 신학 또는 교회 내로 들어올 수 있다. 그러한 개념들이 기독교의 하나님의 개념에 덧붙여지게 되면, 자연히 하나님에 대한 혼합주의적 신앙이 형성될 가능성이 있다.

그러므로 문화적 상황으로부터 하나님을 지칭하기에 적합한 아프리카의 고유한 신 이름을 차용하여 사용한다는 것은 아프리카 신의 속성을 기독교 신학의 틀 속에서 체계화시키는 것을 의미하지 않는다. 오히려 기존의 전통적인 이름(old form)을 사용하지만, 그 이름이 가지고 있는 옛 의미와 내용은 지우고, 대신 새로운 성경적 의미와 내용(new meaning)으로 채워야 함을 의미한다 (Hiebert, 1996, pp. 261-270).

이러한 이유로 선교사는 하나님을 잘 전하기 위해서 해당 지역의 사람들이 신에 대하여 가지고 있는 전통적인 개념이나 속성이 무엇인지 알 필요가 있다. 선교사가 전통적인 신의 속성들 중 성경의 하나님과 양립할 수 없는 부정적 속성이 무엇이며, 성경의 하나님을 전하기에 유용한 개념이나 속성, 상징 등이 무엇인지 알게 되면, 하나님을 전할 때, 무엇을 염두에 두어야 하며, 또 어떤 내용을 강조해야 하는지도 알게 되고, 그렇게 함으로써 성경의 하나님을 보다 명확하게 전할 수 있게 된다.

기독교에서 예배되는 모디모는 전통적으로 소토-츠와나가 믿어왔던 전통의 모디모와는 다르다. 기독교화된 모디모는 더 이상 소토-츠와나 창조 설화에 등장하는 '조력자'나 '산파'가 아니다. 무에서 천지 만물과 인간을 창조한 '창조주'하나님이시다. 성경의 하나님은 일상사에 더 이상 관여하지 않는 신이 아니라, 창조주이시면서 동시에 하나님으로부터 계속해서 멀어져 가는 사람들을 찾으시고, 또 찾아오시는 구속주이시다.

2) 삼위일체 하나님으로 알기

음비티(1969/1975, pp. 15-16)는 아프리카 사람들이 오랫동안 견지해 온 아프리카의 존재론(African ontology)을 다음과 같이 기술한다:

1. 신: 창조의 궁극적인 설명, 인간과 만물을 유지 존속시킴
2. 영적 존재들: 초자연적 존재와 오래전에 죽은 인간의 영들로 이루어진 영적 존재들로 인간보다 우월적인 존재들
3. 인간: 살아있는 사람들과 장차 태어날 사람들을 포함한 인간
4. 모든 살아있는 생물들: 식물, 동물 또는 생물학적 생명을 가진 존재들
5. 생물학적 생명이 없는 현상과 물체

존재에 대한 이러한 믿음의 구조는 아프리카 사람들이 신과 영적인 세계와 인간과의 관계를 어떻게 이해하는지를 보여준다.

음비티 (1969/1975, p. 16)는 5가지로 범주화된 아프리카의 존재론에서 신이 최고의 존재로 인식되지만 모든 것이 인간과의 관점에서 이해되는 특징을 보인다고 한다. 존재론적 구조에서 세 번째 위치에 있는 인간을 중심으로 최고신은 인간의 창조자요 유지자이다; 영적 존재들은 인간의 (죽음 이후) 최

종적 운명을 설명해 준다; 인간은 이 존재론의 중심에 있다; 동물, 식물, 자연 현상과 사물은 인간이 살아가는 환경을 구성하고 존재 수단을 제공하며, 필요한 경우 인간은 그들과 신비로운 관계를 맺는다. 그리고 이 존재론에 포함된 어떤 범주도 무너지거나 파괴될 수 없는 완전한 통일성 또는 연대성을 이루고 있다.

신이 최상위에 자리 잡고 있는 이 아프리카의 존재론적 구조에서 다섯 범주는 존재론적으로, 위계적으로 섞이거나 혼동될 수 없다. 신은 신이며, 이 최고 신은 신적인 성질과 능력을 갖춘 군소 신들과 영적인 존재들을 창조했다.

아프리카 사람들에게 영적 존재들은 절대 최고 신과 존재론적으로 혼동될 수가 없으며, 최고신과 동등할 수도 없고, 또 동일 본질일 수도 없다. 영적 존재는 최고 신과 인간 사이의 중개 또는 중매자일 수는 있으나, 단지 그리고 언제나 창조의 일부로, 최고 신의 통제 아래 있다고 여겨진다.

이렇게 생각을 하는 아프리카 사람들에게 성자와 성령은 모두 영적 존재들에 해당하며, 최고 신의 범주에 속할 수 없다. 성육신하신 그리스도는 단순히 영웅, 조상과 대등한 '초인간적 존재'로 이해될 수 있다. 그는 '신성한 존재'로 인식될 수는 있지만, 여전히 존재론적으로 최고 신의 범주에 포함될 수는 없다 (Mbiti, 1969/1975, pp. 15-16, 75-91).

하나님이 육신을 입으시고 이 땅에 오셔서 수난을 당하고 십자가에서 죽으셨다는 성경의 가르침은 존재론적 질서가 파괴되는 것으로 아프리카 사람들에게는 생각할 수 없는 일이다.

중보자로서의 그리스도의 개념 역시 아프리카 사람에게 상당히 혼란스

러울 수 있다. 아프리카에서 중보자는 하나님과 인간 사이에 존재론적 차이로 인하여 생긴 간격을 이어주는 신과 인간 사이의 중간 존재라는 개념을 전달한다. 이것은 군소 신들, 영적 존재들, 죽었으나 살아있는 자들 (living dead), 그리고 때에 따라서 족장이 수행하는 역할이다. 이런 맥락에서 중보자 그리스도는 존재론적으로 하나님이 아닌 하위 신적 존재에 속하는 존재로 이해될 수 있다.

성령 하나님도 신적 능력을 갖춘 영적인 존재, 어떤 활동적인 힘, 기운으로 이해되거나 그러한 것으로 쉽게 혼동되는 경우가 많다.

이러한 아프리카의 문화-종교적인 전통은 신 개념이 삼위일체라는 사상적 맥락에서 논의되는 것을 어렵게 한다. 비록 아프리카 사람들이 신의 존재를 알고 있지만, 삼위일체로서의 하나님에 대한 개념은 아프리카 사람들에게 전혀 새로운, 심지어 '혁명적'인 개념이다 (Kombo, 2000, p. 221).

그러므로 하나님의 개념을 다루는 데 있어서 중요한 과제는 그리스도는 하나님과 사람 사이에 있는 어떤 존재가 아니라 육신이 되신 로고스, 즉 하나님인 동시에 인간임을 명확하게 증거하는 것이다. 성부 하나님과 '구별된 위격이지만 하나님과 동등한 신성'을 가진 인격적인 성령 하나님을 가르쳐야 한다. 선교사들과 아프리카 목회자들은 성부와 성자와 성령으로 존재하는 삼위일체 하나님의 모든 풍성함과 신비를 드러내는 데 노력을 기울여야 하며, 하나님에 대한 이해를 삼위 일체적 맥락에서 표명하는 데 힘을 쏟아야 한다.

3) 하나님을 영화롭게 하는 것이 사람의 제일 되는 목적임을 알게 하기

일반적으로 아프리카 사람들은 (1) 자신들의 영혼이 어떤 위협이나 악한 상태로부터 구원받아야 할 상황에 처해있다고 생각하지 않는다. 그렇기 때문에 영적인 구원을 위해서 신을 예배하지 않는다. 그래서 아프리카 종교(들)에서 신은 구속자(Redeemer)로 나타나지 않는다 (Mbiti, 1969/1975, p. 96). 더 나아가서 신과의 영적인 친밀한 교제를 추구하는 종교가 아니므로 내세에서 신과 밀접한 관계를 맺으려는 열망 또한 나타나지 않는다. 물론 예외적인 부족들이 있지만, 사후 천국에 대한 희망이나 사후 세계에서의 행복, 그리고 지옥에 대한 두려움에 대하여 말하지 않는다.

대신 (2) 아프리카 사람들은 신 또는 영적인 존재들을 필요한 것을 제공해 주는 공급자(Provider)로 인식하는 경우가 많다 (Mbiti, 1969/1975, p. 97). '지금 여기에서', 지상의 재화 - 건강, 부, 사회적 성공, 행복, 많은 자녀 생산, 안전한 삶 영위 - 를 획득하고, 현실 세계에서 일어나는 이해할 수 없는 현상들 - 가뭄, 기근, 홍수, 전염병, 사회적 불행, 그리고 질병 등 - 을 완화하고, 초자연적인 존재들에 대한 두려움을 없애고, 이들로부터 초래될지 모르는 불행이나 재난으로부터 보호막을 치기 위한 목적으로 신, 또는 조상이나 영적인 존재들과 상호 작용하는 데 관심이 있다 (p'Bitek, 1970, p. 62).

그러므로 아프리카 전통 종교(들)에서 사람들이 신, 조상, 영적 존재들을 숭배하는 종교적 행위는 이들과의 인격적 교제나 영적 유익을 위해서라기보다는 이 세상에서의 행복과 안전을 추구하는 현세적, 기복적 그리고 실용적인 성격이 강하다 (Nyamiti, 1987, p. 5).

이렇게 볼 때, 아프리카 사람들은 (3) 신 중심적이라기 보다는 현세성에 그 중점을 두고 있는 지극히 인간 중심적이다 (Nyamiti, 1987, pp. 9-12). 이것은 이미 살펴보았듯이 아프리카의 존재론 자체가 인간 중심적인 것에서도 나타난다. 그러다 보니 '신을 위하여', '신의 영광을 위하여' 보다는 '사람의 유익'이 종교의 중심을 차지하고 있다고 할 수 있다 (Mbiti, 1969/1975, p. 5).

그러므로 아프리카 사람들 사이에서 기독교에서 말하는 '하나님의 영광을 위하여'같은 생각은 찾아보기가 쉽지 않다. 이러한 태도는 하나님에 대하여 인간이 지녀야 할 태도를 규정하는 성경의 가르침과는 근본적으로 다르다. 그러므로 선교사들과 아프리카의 목회자들은 인간의 제일 되는 목적이 하나님을 영화롭게 하고 그를 영원토록 즐거워하는 것임을 가르치며, 또 하나님을 영광스럽게 하는 것이 어떤 것인지, 어떻게 하면 하나님의 영광을 드러낼 수 있는지 등을 구체적인 실례를 통해서 가르칠 필요가 있다.

4) 어둠의 세계를 부수는 능력의 그리스도로 알게 하기

아프리카의 사람들은 인간과 자연, '보이는' 세계와 '보이지 않는' 영적 세계가 서로 연결되어 있다고 생각한다. 그리고 그들이 살고있는 보이는 세계에서 일어나는 불행이나 질병 등은 단순히 사회적, 정치적 또는 물리적인 문제가 아니라 보이지 않는 영적 세계에 거하면서 이런 문제들을 일으키는 조상, 악한 영 등 보이지 않는 존재들에 기인한다고 믿는다.

앤더슨(Anderson, 2018)은 두 번에 걸쳐서 (1990-95년, 그리고 2016년) 남아프리카 공화국의 소샹구베(Soshanguve) 지역에 살고 있는 사람들의 종교적인 관습에 대한 조사를 하였다. 조사에 응한 사람들은 오순절 및 은사주의 교회, 시온파(또는 신령파) 및 사도 교회, 그리고 유럽 선교사들에 의해서 세워진 교회에 속한 다양한 사람들이었다. 조사 결과, 대부분의 사람들은 조상의 영이 실재로 존재한다고 믿고 있는 것으로 나타났다.

이는 2008년 한국 선교사들이 케이프 타운의 칼리쳐(Khayelitsha, Cape Town) 지역의 기독교인들을 대상으로 한 연구조사와 남아프리카 공화국의 더 많은 지역으로 조사 범위를 넓힌 2023년의 연구조사에서도 비슷한 결과를 보였다(김경래, 2024).

많은 기독교인들이 보이지않는 영적 세계에 존재하면서 보이는 세계에 영향력을 행사하는 조상이나, 영적인 존재들에 대한 두려움을 가지고 있는 것으로 나타났다. 이처럼 전통적인 종교에서 기독교로 개종을 할 때, 사람들은 자신들의 과거의 신앙을 버리고 정화과정을 거친 후 새로운 종교로 들어가지 않는다. 그들의 세계관, 문화, 우선적인 가치, 영적인 필요 등 많은 전통적인 것들을 가지고 기독교로 들어오게 된다.

많은 아프리카 사람들은 일반적으로 부(富)가 근면이나 사업적 감각 등에 의해 오는 것이 아니라 부의 축적을 막는 영적인 세력으로부터 방해를 받지 않아야 한다고 믿는다 (Harries, 2011). 영적인 부요가 물질적인 부요로 측정될 수 있으며, 행운, 성공, 승진 및 물질적인 번영은 하나님의 축복으로 여겨지고, 불행, 질병, 불임, 다양한 문제들의 원인은 주술과 저주, 조상, 악한 영들의 작용 때문이라고 생각하는 경향이 강하다. 그래서 사람들은 영적인 존재들과 인간을 연결하고, 또 이 영적인 존재들을 다룰 줄 아는 기술 또는 능력을 갖추고 있다고 여겨지는 주술사를 찾는다. 기독교인들도 예외는 아니어서 어려움에 직면하면 하나님을 의지하기보다 여전히 영의 세계의 중재자를 더 의존하는 경우가 많다.

그리스도는 존재론적으로 영들과는 비교가 되지않는 전능하신 하나님이시며, 죄와 사망을 이기신 승리자이시다. 선교사들과 현지 목회자들은 하나님의 나라가 이미 임했고, 그리스도의 십자가에서의 죽으심과 부활로 사탄의 권세가 묶였으며, 모든 악한 마귀의 세력을 예수 그리스도의 이름으로 분쇄할 수 있다는 것을 가르치고, 성령의 함께 하심을 체험하게 하면서 비 성경적인 믿음과 내용들을 지속적으로 교정해 나가야한다.

5. 효과적인 복음 전파를 위한 제언: 사역지의 문화 조사연구 하기

선교사가 선교지에서 사람들과 함께 지낸다고 해서 자연적으로 선교지의 문화나 사람들을 알게 되거나 이해할 수 있는 것은 아니다. 문화나 사람들의 삶과 내면을 이해하기 위한 노력이 동반되어야 한다. 특히 사역 현장의 문화-종교적인 주제들에 대한 연구는 지역의 문화-종교적 의식이나 관행을 관찰하고, 자료를 수집하며, 지역 사회 구성원과의 상호 작용을 통하여 문화와 사람들을 이해할 수 있는 기회를 제공해 준다.

그러면, 사역 현장 사람들의 신 이해 (또는 장례식, 결혼식, 성인식, 이름 짓기 등 다양한 주제들)에 관한 연구 조사가 필요하다면, 현장 조사 방법론에 대한 전문적인 지식이나 기술을 가지고 있지 않은 선교사들은 어떻게 이 작업을 수행할 수 있을까?

여기서는 기초적인 조사연구를 위한 간략한 방법을 살펴보도록 하겠다. 이 방법은 무슬림을 이해하기 위해서 김철수 선교사(2021)가 제시한 '종합적 삼각 접근법'(STA, Synthetic Triangular Approach)을 차용하여 간단하게 응용한 것이다. 단, 연구 대상이나 주제에 따른 적절한 연구 방법론은 선교사가 직접 공부를 해야 할 필요가 있으며, 연구 방법론은 쇼터 (Aylward Shorter, 1998)와 김철수 선교사 (Caleb Chul-Soo Kim, 2019)의 책을 참조하면 도움을 받을 수 있다.

1) 책 읽기를 통한 아프리카 문화-종교에 대한 개론적 지식과 정보 획득

아프리카의 역사, 문화와 종교에 대한 개론서, 한 가지 주제에 대하여 학문적으로 기술하고 분석한 연구서, 그리고 논문 등은 아프리카의 다양한 문화-종교적 주제들에 대한 일반적(그리고 전문적) 정보와 지식을 제공해준다. 선교사는 관련 주제들에 관한 책(들)을 읽는 것을 통해서 선교지의 문화와 사람들을 이해하는데 필요한 기초적인 정보와 지식을 획득할 수 있다.

개론서는 해당 주제에 대한 전체적인 윤곽을 파악하게 해주는 이점이 있다. 그러나 다양한 문화, 종교적인 현상을 과도하게 일반화, 단순화하는 경향이 단점으로 작용하기도 한다.

2) 선교 사역지의 문화-종교 조사연구 하기

개론서나 특정 연구서들이 아프리카의 종교나 문화 일반, 또는 특정분야를 이해하는 데 필요한 정보와 지식을 제공해 주지만, 이러한 지식들이 특정 선교 현지 사람들의 신앙의 내용이나 형태, 영적인 세계에 대한 이해로 곧바로 이어지지는 않는다. 그러므로 선교사는 사역하는 지역 사람들의 삶과 내면세계를 이해하기 위해서 해당 지역을 중심으로 문화-종교적 주제들에 대하여 체계적으로 정보를 수집하고 분석하는 작업이 필요하다.

예를 들어, 선교사는 선교지 사람들이 신에 대하여 가지고 있는 전통적인 개념은 무엇이며, 신의 속성들은 어떠한지, 일상에서 신 또는 영적인 존재들을 어떻게 경험하는지, 어떤 것에 가치를 두는지에 대하여 연구할 수 있다.

이 단계에서 행해지는 조사연구는 해당 주제에 대한 평가나 비판, 정죄보다는 사람들의 문화와 관습, 그리고 사고의 구조 등을 이해하는 데 중점을 둔다.

현장 조사를 시작하기 전에 선교사(연구자)는 언어, 관습, 종교적 신념 및 사회적 규범 등 지역사회의 전통 가치와 문화적 상황을 이해하고 겸손한 자세로 지역사회에 접근해야 한다. 그리고 연구 질문을 작성한다면 지역 사회/교회 지도자, 또는 지역 구성원을 연구 질문 작성에 참여시키면 도움이 될 수 있다. 질문이 현지의 상황과 관련성이 있는지 확인할 수 있을 뿐 아니라 해당 지역의 신뢰를 얻는 데 도움이 될 수 있다.

참여 관찰(Participant Observation), 인터뷰(Interviews), 또는 설문 조사 및 질문지(Surveys and Questionnaires)를 통한 방법 등 어떤 연구조사 방법론을 사용할지는 조사하고자 하는 내용에 따라서 선교사가 선택하면 된다. 그리고 조사 연구와 관련된 윤리적 고려 사항들 (ethical considerations, 예를 들면, 정보제공 동의, 비밀 유지, 지역 규범에 대한 존중 등)을 준수하여야 한다.

현장 연구는 단순히 자료를 수집하는 것이 아니라 지역 사회와 장기적 관계를 구축하는 것으로 이어져야 함을 기억할 필요가 있다.

3) 자료 분석 및 해석을 바탕으로 선교적 접근방법 모색하기

선교사가 자료를 분석하고 해석할 때, 지역 상황과 관련성이 없거나 적절하지 않을 수 있는 외부 해석을 부과해서는 안되며, 가능한 한 지역 사회가 신념이나 관행을 어떻게 해석하고, 어떤 의미를 부여해 왔는지 이해하려는 노력이 필요하다.

첫 번째와 두 번째의 과정을 거치면서 획득한 정보와 내용을 근거로 선교사는 사람들의 특정 행동이나 태도를 이해할 수 있게 되거나 다양한 의례들이 지니는 의미를 알게 된다. 지역 사람들의 내면의 세계를 분석하고 해석함으로 해당 지역의 사람들이 직면한 다양한 영적인 문제들이 무엇이며, 그 문제들에 어떻게 대처/대응하는 것이 적절한지에 대한 실마리도 얻을 수 있을 것이다. 그리고 현장에서 조사, 관찰되고 기술된 내용을 토대로 개론서 등 책을 통해서 얻은 지식과 정보를 확인, 확증하거나 수정, 보완하면서 효과적인 복음 전도를 위한 선교적 접근방법이나 선교 전략을 수립할 수도 있다.

예를 들어서 현장 조사를 통하여 알게 된 사람들의 전통적인 신에 대한 이해에 기초하여 선교사는 사역하는 지역의 전통적 신 개념에 내포된 비성경적인 내용이 무엇인지 발견할 수 있게 된다. 반대로 아프리카의 전통적인 신 개념에는 존재하지 않는 기독교의 하나님만이 가지고 있는 독특한 성품이 무엇인지도 알게 된다. 이러한 조사연구를 바탕으로 전통적인 신 개념의 부정적인 측면은 무엇인지, 접촉점으로 사용할 수 있는 것들은 무엇이 있는지 파악하게 되고, 이러한 과정을 통해서 선교사는 어떻게 아프리카 사람들에게 효과적으로 성경의 하나님을 증거하고 가르칠 것인지에 대한 방법을 찾을 수 있게 될 것이다. 더 나아가서 신학교육의 방법이나 신학교의 교과 과정(Curriculum)에 대한 논의를 위한 자료로 활용될 수도 있다.

나가는 말

필자는 본 논문에서 아프리카의 전통적인 신 개념이 어떠한지를 살펴봄으로 아프리카의 문화 속에서 어떻게 하나님을 전하고, 또 무엇을 강조하면서 가르쳐야 하는지에 대하여 생각해 보았다. 그리고 효과적인 복음 전도를 위해 '사역지의 문화 조사연구 하기'를 제안하였다.

아프리카의 문화는 싸워서 허물어야 하는 장벽이라기 보다는 알아가고,

대화하며, 이해하고, 경험해 감으로 아프리카 사람들에게 한 발자국 더 다가서고, 그들 가운데로 들어가도록 인도해 주는 문이며 다리이다. 이러한 이유로 필자는 기독교 신앙과 복음을 하나님의 말씀에 '충실하게' 그리고 문화적으로 수용자들에게 '의미 있게', 또는 '성경적으로 건전하고 문화적으로 변용 가능하게' 전달하기 위해서 선교 현지의 '문화'와 '사람'에 대한 깊은 이해가 선행되어야 함을 강조하였다.

그러므로 선교사는 해당 선교지 사람들의 문화 안으로 들어가 사람들의 마음 저변에 놓여 있는 전통적인 사고방식, 문화적인 가치들을 이해하고, 그들의 문화적 형식을 사용하여 복음의 의미를 전해야 한다. 그리고 사람들이 현실에서 경험하게 되는 영적인 문제들이 무엇이며, 그 문제들에 대처하는 사람들의 태도와 이와 관련된 현지의 목회적인 현실을 끊임없이 연구하는 자세가 필요하다. 이러한 노력을 통하여 선교사는 아프리카의 문화 속에서 보다 효과적으로 복음을 전할 수 있게 될 것이다.

그리고 기억해야 할 중요한 내용이 있다.

첫 번째로 복음을 전하기 위해서 문화를 이해해야 하지만, 문화를 이해해야 한다는 것이 곧 그 문화를 그대로 받아들이고 용인한다거나 문화가 복음을 왜곡하도록 허락한다는 것을 의미하지는 않는다는 것이다. 복음은 문화 속에서 전파되지만, 문화 속에 함몰되지 않도록 해야 하며, 지역 문화와의 대화를 통해 비상황화로 인해 생길 수 있는 복음의 외래성을 피하면서, 동시에 지역 문화에 함몰되어 생길 수 있는 혼합주의를 방지해야 한다. 그리고 전통적인 문화와 신앙이 가지고 있는 비 성경적인 요소들은 하나님의 말씀 앞에서 끊임없이 도전받고, 평가되고, 심판받고, 재해석되고, 변화되도록 노력해야 한다.

두 번째로, 항상 성령 하나님께 의탁하고 그의 은혜를 구해야 한다. 비록 선교사의 의사소통의 기술이 흠잡을 데 없고 전달자의 성격이 아무리 좋을 지라도, 사람들이 항상 복음을 받아들이지는 않는다는 것을 명심해야 한다. 예수님과 그분의 메시지도 멸시를 받고 거부를 당했다. 우리는 신실하게, 열성적으로, 그리고 인내하면서 복음을 전하려고 노력하는 한편, 그 결과는 겸손하게 하나님께 맡기는 자세가 필요하다.

선교사가 현지 사람들에게 모든 문제의 해결책을 제시할 수 있다고 생각하고, 또 그런 방식으로 행동한다면, 선교사는 종종 하나님께서 행하시는 기적을 놓칠 수 있다. 선교 현지에서 복음을 전할 때 그곳 사람들 안에서 그가 원하시는 방법으로 역사하시는 성령 하나님께 의탁하는 것보다 더 큰 변화를 일으키는 능력은 없다.

글 / 한용승

예장합동 총회 세계선교회(GMS) 탄자니아 선교사로 파송받아, 다레살람에 위치한 신학교에서 성경을 가르치고 있으며, 현지 목회자들과 신학 서적을 스와힐리어로 번역하는 작업을 진행 중이다.

< 참고 문헌 >

김경래. (2024). '남아프리카공화국 흑인 기독교인의 혼합주의 실태조사',
  전방개척선교, Vol. 110/1. 2, 40-62.

김철수. (2002). *기독교적 세계관, 기독교가 말하는 사랑의 기초(7)*.
  http://kostavoice. org/기독교적-세계관/김철수-기독교가-말하는-
  사랑의-기초.

김철수. (2021). '인간의 보통성(Ordinariness) 개념을 통한 무슬림 이
  해와 그리스도를 번역하기-종합적 삼각 접근법(STA, Synthetic
  Triangular Approach)의 선교적 활용', *교회와 선교* 가을/겨울 Vol.
  1 No. 2 (2). 307-336.

대한민국외교부. (2018). *아프리카 연합 개황*.
  https://www.mofa. go. kr/www/brd/m_4099/view. do?seq=3675
  55&srchFr=&srchTo=&srchWord=&src.

African Union. (2013). *Agenda 2063*. https://au. int/en/agenda2063/
  overview.

Anderson. A. (2018 March 20). *The African Spirit World and
  Pentecostalism*. Research Seminar, University of Roehampton.
  https://www. academia. edu/36874686/The_African_Spirit_
  World_and_Pentecostalism.

Beyers, J. (2010). *What is religion? An African understanding*, HTS
  Teologiese Studies/ Theological Studies 66(1), Art. #341, 8 pages.
  DOI: 10. 4102/hts. v66i1. 341.

Dundas, C. (1924/1968). *Kilimanjaro and its people: A history of the Wachagga, their laws, customs and legends, together with some account of the highest mountain in Africa*. London: Frank Cass.

Dymond, G. W. (1950). The Idea of God in Ovamboland, South-West Africa, in Smith, E. W. (ed). *African Ideas of God: A symposium*, 135-155. London: Edinburgh House Press.

Guillebaud, R. (1950). The Idea of God in Ruanda-Urundi, in Smith, E. W. (ed). *African Ideas of God: A symposium*, 180-200. London: Edinburgh House Press.

Harries, J. (2011). *Deliverance Ministry in an African Cultural Perspective*. The Pneuma Review. Volume 14, Number 1, Winter 2011, 16-30. See: http://www.pneumafoundation.org/resources/articles/JHarries-DeliveranceMinistry.pdf

Hiebert, P. G. (1996). *선교와 문화 인류학* (김동화, 이종도, 이현모, 정흥호 공역). 서울: 조이 선교회 출판부. (Original work published 1985).

Idowu, E. B. (1962). *Olódùmarè: God in Yoruba Belief*. London: Oxford University Press.

Idowu, E. B. (1973). *African Traditional Religion: A definition*. London: SCM.

Ikenga-Metuh, E. (1987). *Comparative Studies of African Traditional Religions*. Onitsha, Nigeria: IMICO.

Kibicho, J. (1978). The continuity of the African concept of God into and through Christianity: A Kikuyu case study, in. Fashole-Luke, E, Gray, R, Hastings, A & G. Tasie. (eds). *Christianity in*

Independent Africa, 370-388. London: Rex Collings.

Kim, Caleb Chul-Soo. (2019). *Cultural Anthropology from a Christian Perspective*. Eldoret: Utafiti Foundation.

Kombo, J. O. (2000). The Doctrine of God in African Christian Thought: An assessment of African inculturation theology from a trinitarian perspective. DTh dissertation, University of Stellenbosch.

Mbiti, J. S. (1969/1975). *African religions & philosophy*. London: Heinemann.

Mbiti, J. S. (1970). *Concepts of God in Africa*. London: SPCK.

Mbiti, J. S. (1975). *Introduction to African Religion*. London: Heinemann.

Mbiti, J. S. (1980). The Encounter of Christian Faith and African Religion. *Christian Century* 97(27), 817-820.

Mbiti, J. S. (2009). 'Challenges of language, Culture, and Interpretation in Translating the Greek New Testament'. *Swedish Missiological Themes* 97(2), 141-164.

Nyamiti, C. (1977). *African Tradition and the Christian God*. Eldoret: Gaba Publications.

Nyamiti, C. (1987). The doctrine of God, in Parratt, J (ed). *A Reader in African Christian theology*, 58-68. London: SPCK.

O'Connell, J. (1962). 'The Withdrawal of the High God in West African Religion: An essay in Interpretation.' *Man* 62(May), 67-69.

Parrinder, E. G. (1950). Theistic Beliefs of Yoruba and Ewe Peoples of West Africa, in Smith, E. W. (ed). *African Ideas of God: A symposium*, 224-240. London: Edinburgh House Press.

Parrinder, E. G. (1968). *African Traditional Religion*. London: SPCK.

Parrinder, E. G. (1970). Monotheism and Pantheism in Africa. *Journal of Religion in Africa* 3(3), 81-88.

p'Bitek, O. (1970). *African Religions in Western Scholarship*. Kampala: East African Literature Bureau.

p'Bitek, O. (1971). *Religion of the Central Luo*. Kampala: East African Literature Bureau.

Sawyerr, H. (1970). God, *Ancestor or Creator?: Aspects of traditional beliefs in Ghana, Nigeria and Sierra Leone*. London: Longman.

Setiloane, G. M. (1976). *The Image of God Among the Sotho-Tswana*. A. A. Balkema / Rotterdam.

Setiloane, G. M. (1978). How the traditional world-view persists in the Christianity of the Sotho-Tswana, in Fashole-Luke, E, Gray, R, Hastings, A & G. Tasie (eds). *Christianity in Independent Africa*, 402-412. London: Rex Collings.

Setiloane, G. M. (1986). *African theology: An Introduction*. Johannesburg: Skotaville Publishers.

Smith, E. W. (ed). 1950. *African Ideas of God: A symposium*. London: Edinburgh House Press.

Thorpe, S. A. (1992/1994). *Primal Religions Worldwide: An introductory, descriptive review*. Pretoria: University of South Africa.

Shorter, Aylward. (1998). *African Culture, an Overview: Socio-Cultural Anthropology*. Nairobi: Paulines Publications Africa.

Ukpong, J. S. (1983). The Problem of God and Sacrifice in African Traditional Religion. *Journal of Religion in Africa* 14(3), 187-203.

Westerlund, D. (1985). *African Religion in African Scholarship: A preliminary study of the religious and political background*. Stockholm: Almqvist & Wiksell International Stockholm.

Westerlund, D. (1991). 'Insiders' and 'outsiders' in the study of African religions: notes on some problems of theory and method", in. Olupona, J. K. (ed). *African traditional religion in contemporary society*, 15-24. New York: Paragon House.

Westerlund, D. (1993). The study of African Religions in Retrospect from "Westernization" to "Africanization?", in Olupona, J. K. & Nyang, S. S. (eds). *Religious Plurality in Africa: Essays in honour of John S. Mbiti*, 43-66. New York: Mouton de Gruyter.

Wiredu, K. (2006). Toward Decolonizing African Philosophy and Religion, in Antonio, E. P. (ed). *Inculturation and Postcolonial Discourse in African theology*, 291-331. New York: Peter Lang.

아프리카를 넘어 세계로 : 선교의 새로운 지평

강 병 훈

　미지의 검은 땅으로 알려진 아프리카는 오랫동안 아픔의 역사를 간직하고 있는 곳이다. 다른 대륙에서는 보기 드문 가난과 기근으로 말미암아 어린아이들뿐 아니라 많은 사람들이 굶주려 죽어갔던 곳이 바로 아프리카다.[1] 또한 말라리아[2]에 에이즈[3]까지, 죽음의 질병들로 인하여 수많은 목숨을 앗아가는 아픔을 지닌 곳이 바로 아프리카다.

　아프리카 대륙의 대다수 나라가 1950~1960년경에 독립하기까지 스페인, 포르투갈, 영국, 프랑스, 이탈리아, 독일, 벨기에 등의 유럽 강대국에 의해 짧게는 50년, 길게는 100년이 넘는 오랜 기간동안 식민 통치를 받았다. 유럽 강대국들은 강제로 아프리카 대륙을 분할하여 지배하였으며, 자

---

1) [UN list of least developed countries(Dec 2023)]에 의하면 세계 최빈국의 분포가 아프리카 33개국, 아시아 8개국, 카리브해 1개국, 태평양 3개국으로 조사되었다.

2) 2023 세계 말라리아 보고서(2023 World Malaria Report)에 의하면, 2022년까지 말라리아 발생 현황은 전 세계적으로 2억 4,900만 명이 발생하였으며, 아프리카 지역에서 93.6%가 발생하였고, 나이지리아(26.8%), 콩고민주공화국(12.3%), 우간다(5.1%) 순으로 발생하였다. 말라리아 사망자는 608,000명이며, 그 중에서 5세 미만 어린이가 76.0%를 차지한다.

3) 2022년 CIA The World factbook에 의하면, HIV 감염률 세계 1-10위 국가 모두 아프리카 국가이며, 그 중 1-5위가 남아공과 그 주변국가들이다.

국을 위한 노예와 자원 조달을 위해 아프리카 전 대륙에서 이루어진 무차별적 침략과 침탈은 20세기 중반까지 이어졌다.[4] 아프리카계 미국인이 일부 정착하여 세운 라이베리아와 에티오피아 정교회를 신봉하는 에티오피아만이 아프리카 대륙에서 유일한 독립국이다.

아프리카 대륙[5]에는 54개의 독립국가가 있다. 이 중 아랍어를 공식어로 사용하는 북부 아프리카의 7개국(수단, 이집트, 리비아, 튀니지, 알제리, 모로코, 모리타니) 외에 프랑스어권 22개국, 영어권 19개국, 포르투갈어권 4개국, 그리고 스페인어를 공식어로 사용하는 1개국이 있다. 이러한 언어 분포만 보더라도 아프리카의 복잡한 식민역사를 충분히 짐작할 수 있다.

아프리카에 뿌려진 복음은 서양 강대국에 의해 식민지화와 함께 이루어지면서 많은 지역에서 그 순수성을 의심 받아왔다. 이는 적지 않은 복음의 장애가 되었을 뿐 아니라 아프리카 독립교단들이 우후죽순처럼 생겨나는 빌미를 제공하기도 하였다.

1. 아프리카 나누어 이해하기

아프리카를 마치 흑인이라는 하나의 인종이, 아프리카어라는 한 언어를 사용하며, 현대 문명과 동떨어진 원시 문화권의 한 나라쯤으로 생각하

---

4) 아프리카 분할 결정은 1884년, 콩고강 어귀에 대한 특별 지배권을 주장하는 포르투갈의 제안으로 개최된 '콩고 회의'라고도 불리는 '베를린 회의'에서 결정되었는데, 당시의 국경과 부족 간의 경계를 무시한 채 테이블에서 지도위에 자를 그어 분할한 결과 지금까지도 직선의 국경이 존재하고 있다.
5) 아프리카 대륙의 면적은 약30,400,000km2이고 인구 수는 약 14억 명에 달하며, 세계에서 두 번째(남미와 북미를 구분)로 큰 대륙이자 인구가 많은 대륙이다. Wikipedia에서는 아메리카 다음으로 세 번째 큰 대륙으로 표기한다.

는 사람도 적지 않다. 아프리카는 아시아 다음으로, 두 번째 큰 대륙으로, 지구 6%의 면적인데, 육지 면적 만으로는 20%를 차지하는 거대한 대륙이다. 에스놀로그(Ethnologue, 2022) 자료에 의하면 아프리카에는 2,034개 인종의 약 14억 명의 사람들이 2,169개의 언어를 사용하여 다양한 자기들만의 전통과 문화를 형성하며 살아가고 있다.

거대한 아프리카 대륙을 다음과 같이 지리적, 언어적 그리고 종교적 세 가지 요인을 기준으로 분할해 본다.

1) 지리적 분할

먼저 지리적으로 볼 때 지구상에서 가장 큰 사하라 사막으로 인한 사헬 지대가 거대한 가로막이 되어 아프리카를 남과 북으로 양분하고 있다.[6] 이로 인하여 같은 아프리카 대륙에 있지만 사하라 이북 아프리카는 인종과 문화, 종교 등 여러 방면에서 큰 차이가 있어 사실상 아랍권으로 분류된다.

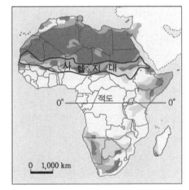

종교적으로 북부 아프리카 대부분이 이슬람교를 신봉하고 있는 반면, 블랙 아

---

6) 사헬 지대란 아프리카 사하라 사막 남쪽 가장자리의 지역명으로 세네갈 북부, 모리타니 남부에서 말리 중부, 니제르 남부, 차드 중남부까지 포함되는 좌우로 긴 띠 모양의 지역을 의미한다. 이곳은 건조한 사라하 사막에서 열대 기후가 나타나는 지역으로 변해가는 점이지대로서, 스텝 또는 열대 사바나 기후 경관이 나타나는 곳이었으나 계속되는 가뭄, 과도한 경작, 가축 사육 등으로 인해 점차 사막으로 변해가고 있다.

프리카는 각 부족의 다양한 토착 종교 위에 서양 식민정책과 함께 전파된 기독교가 주요한 종교로 자리 잡았다.

인종적으로 북부 아프리카인들은 주로 아랍인과 베르베르인으로 구성되어 있으며, 중간톤의 피부색을 가지고 있으며, 머리카락은 곱슬머리부터 직모까지 다양하다. 이에 반해 블랙 아프리카인들은 흑인 계열의 인종으로 피부색이 검고 곱슬머리인 경우가 많다.

언어는 북부 아프리카에서는 아랍어와 베르베르어가 주로 사용되며, 블랙 아프리카에서는 수천 개의 다양한 아프리카 언어가 사용된다.

문화적으로 북부 아프리카는 이슬람 문화의 영향을 강하게 받아 가족 중심적이고 보수적인 경향이 강한 반면, 블랙 아프리카는 다양한 부족과 민족이 공존하며, 각 부족마다 고유한 문화와 전통을 가지고 있다.

그래서 북부 아프리카는 아프리카 대륙에 속해 있으나 인종적, 종교적, 문화적으로 아프리카 문화권이라기보다는 무슬림 지역인 중동의 문화권에 근접하다. 따라서 본 고에서는 순수한 아프리카 문화권이라 함을 사하라 사막 이남 지역(Sub-Sahara)으로 국한하며 아프리카의 선교전략 또한 사하라 이남의 아프리카 지역을 중심으로 논하고자 한다.

지정학적으로 북부 아프리카에 광범위하게 차지하는 사하라 이남의 경계를 분명하게 구분 짓는 것은 쉽지 않다. 본 고에서는 사하라 이남 지역의 경계를 위 그림에 나타난 사헬(Sahel) 이남 지역으로 하며, 국가 경계를 기준으로 볼 때, 서쪽의 모리타니에서 말리, 니제르, 차드를 거쳐 수단으로 이어지는 국가들의 이남 지역을 중심으로 논하고자 한다.

2) 언어적 분할

아프리카 대륙에 거하는 14억의 인구가 사용하는 언어의 종류는 2,169개나 된다. 이 수치는 7,164개 언어로 추산되는 전 세계 언어의 30.3%를 차지한다.

전 세계 언어의 1/3이 아프리카에서 통용되는데, 1963년 조셉 그린버그(Joseph Harold Greenberg)[7]는 이 언어들을 계통별로 총 집대성하여 아프로-아시아어족, 나일-사하라어족, 니제르-콩고어족, 코이산어족으로 분류했다. 이 어족들 중 가장 많은 개별 언어를 보유한 어족은 니제르-콩고어족이다.

아프리카에서는 공식 언어는 하나일지라도 다양한 언어와 방언이 사용되는 이른바 일부 준단일 언어사용 국가들을 제외하고, 식민종주국의 언어, 종족어, 교통어가 각각 상이한 위세와 지위를 가진 상태로 혼재되어 있다. 이로 인하여 일부 국가를 제외하고 대부분의 사람들이 3개 혹은 4개의 언어를 구사할 수 있는 상황이다(Myers-Scotton, 1993).

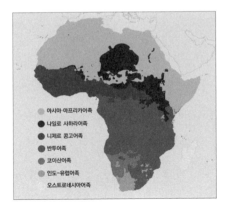

아시아·아프리카어족
나일로 사하라어족
니제르 콩고어족
반투어족
코이산어족
인도-유럽어족
오스트로네시아어족

계통별 분류 중 첫 번째 어족은 아프로-아시아어족으로 약 400개의 언어가 여기에 속하는데, 북아프리카를 포함한 중동의 대부분 지역과 동아프리카의 "아프리카의 뿔"이라고 불리는 지역, 그리고 사하라 사막지대에서 사용되는 어족으로, 이

---

7) 미국의 인류학자 및 언어학자로 본래 아프리카의 언어·문화의 연구가 전문이지만 최근에는 통계적 언어유형론의 제창자로 알려져 있다. 주요 저서로《아프리카 언어》등이 있다.

름대로 아프리카 대륙과 아시아 대륙에 걸쳐 넓게 분포하고 있다. 현재 약 5억 명의 화자를 가진 세계적인 어족으로 지금은 사라져 버린 고대 이집트어, 서북 아프리카 마그레브지역8) 사막에서 쓰이는 베르베르(Berber)어, 알제리 남부, 니제르 사막에서 사용되는 투아레그(Tuareg)어, 소말리어, 아랍어 및 에티오피아어들을 포함하는 셈(Semitic)어군, 그리고 차드호수 인근의 하우사(Hausa)어 등으로 대변되는 차드(Chadic)어군 등으로 구성되어 있다.

두 번째 어족은 나일-사하라어족(나일로-사하라어족)으로 약 100개 이상의 언어가 속하며, 주로 사하라 사막과 나일강 지역을 중심으로 그 주변 지역인 차드, 수단, 에티오피아, 우간다, 케냐와 탄자니아 북부에서 약 3,000만 명이 사용하고 있다. 모루(Moru), 마디(Madi), 망베투(Mangbetu) 등의 중부 수단어와 베르타(Berta), 쿠나마(Kunama)등의 동부 수단 어군이 여기에 속한다.

세 번째 어족은 니제르-콩고어족으로 사하라 이남 아프리카에서 쓰이는 대부분의 언어를 포함한다. 서아프리카의 세네갈로부터 동부지역인 케냐와 탄자니아 그리고 남부지역의 남아공에 이르기까지 아프리카에서 가장 방대한 지역에 분포되어 있다. 이 어족은 반투어9)로 분류되는 언어들을 포함한다. 교통어인 스와힐리(Swahili)를 비롯하여 쇼나(Shona), 줄루(Zulu) 등 500여 반투어가 여기에 속한다. 10)

---

8) 오늘날의 북아프리카 지역, 즉, 모로코, 알제리, 튀니지를 아우르는 지역을 말한다. 아랍어로 "해가 지는 지역" 또는 "서쪽" 이란 의미이다.

9) 반투어군은 서아프리카와 남아프리카 일대에 널리 사용되는 언어 집단으로 '사람'을 의미하는 단어 '반투(bantu)'를 공유하는데서 유래했다. 반투어는 적도 이남 아프리카의 거의 모든 지역에서 사용되고 있는데, 아프리카의 4대 어족의 하나인 니제르-콩고어족 중 베누에 콩고(Benue-Congo)어군에 속하는 언어들을 말한다. (Zulu(South Africa) : umuntu/abantu Swahili(East Africa) : mtu/watu Ganda(Uganda) : abantu Kongo(Congo) : vantu Herero(Namibia) : ovandu)

10) 반투어는 전체 화자수가 약 3억명에 달하며 주요 분포 지역은 중앙아프리카(콩고, 앙골라, 가

마지막으로, 코이산 어족(Khoisan, San Language Family)은 수렵 채집을 하며 인류문화의 가장 원초적인 삶의 형태를 유지하며 살아가고 있는 산(San : Bushman)족과 유목·목축을 하며 살아가고 있는 코이코이(Khoikhoi : Hottentot)족이 포함된다. 이 어족들은 주로 아프리카 서남단의 칼라하리 사막을 주변으로 분포되어 있으며 흡착어(Click Sound)를 사용하는 것이 특징이다. 약 50개 이상의 언어가 여기에 속하며, 남부 아프리카에서 약 1,200만 명의 사람들이 사용한다(Languages of Africa, 2024).

아프리카의 최대어인 스와힐리어는 4,500만 명의 전체 화자 중에서 단지 500만 명 정도만이 스와힐리어를 모국어(mother tongue)로 사용하고, 나머지 화자는 제2언어(second language)로 사용한다. 이에 따라 스와힐리어는 모국어 화자 수만이 아닌, 제2언어 화자 수를 포함한 전체 화자수를 기준으로 할 때, 아프리카의 최대어가 된다. 반면에 모국어 화자 수 기준으로 아프리카의 최대어는 서부 아프리카의 하우사어(모국어-2,400만명, 제2언어 화자수-1,500만명)이다. [11]

3) 종교적 분할

아프리카 대륙에서의 종교 분포는 크게 사하라 사막을 중심으로 북부 이슬람권과 남부 기독교권으로 양분된다고 할 수 있다. 그리고 사하라 이남

봉, 카메룬), 동아프리카(케냐, 탄자니아, 우간다, 르완다, 부룬디), 남아프리카(남아공, 나미비아, 보츠와나, 짐바브웨, 잠비아, 모잠비크) 등이다.

11) 하우사어의 분포에 비해 정작 하우사족(Hausa)의 규모는 작다. 주로 서아프리카에 사는 흑인으로 현재 약700만 명 정도가 있다. 나이지리아 북부와 니제르 남부지역에서 정치·문화적으로 중요한 위치를 차지하고 있으며, 1960년에 나이지리아가 독립한 뒤, 하우사족은 나이지리아 정치권에서 주도적인 역할을 하고 있다.

의 기독교권을 좀 더 세분화한다면 기독교 강세 지역과 전통종교 강세 지역으로 나눌 수 있다. 전통종교가 강세를 보이는 일부 지역이 존재하지만 사실상 대부분 샤마니즘화된 혼합 기독교 형태로 존재한다고 볼 수 있다.

이슬람교는 7세기에 아라비아 반도에서 아프리카로 전해져 지중해 연안 지역으로 퍼져 나갔다. 그 후 오랫동안 북부 무슬림권과 남부 기독교권으로 양분되어 오다가 최근에는 무슬림 세력이 사하라 사막 이남 지역까지 남하하여 전 아프리카 지역으로 점점 그 세력을 확장하고 있다.

이슬람교가 사하라 사막을 넘어 블랙 아프리카까지 퍼지기 시작한 것은 11세기 무렵으로, 평화적인 포교 활동과 지하드(聖戰), 그리고 북아프리카와 블랙 아프리카와의 교역 활동에 힘입어 널리 전파되었다. 이슬람교의 블랙 아프리카로의 확대 과정은 19세기 말에 시작된 열강의 아프리카 식민지 분할기에도 계속되었다. 오늘날 아프리카의 이슬람권은 북부와 서부 지역을 중심으로 하며, 동부에서는 수단, 소말리아, 에티오피아, 그리고 케냐에서 탄자니아를 거쳐 모잠비크 북부에 이른다(Religion in Africa, 2024).

이슬람권은 강압적인 종교화 정책으로 말미암아 오래전부터 문화와 종교가 하나가 되었다고 해도 과언이 아니다. 이에 비해 사하라 이남의 기독교권은 서양 열강들의 식민정책과 함께 들어와 전반적인 지역에 쉽고 빠르게 정착하였다. 그러나 식민정책이 끝이 나면서 많은 국가에서 민족주의가 대두되면서 기독교와 서양의 영향에 반대하는 경향이 나타났다. 이런 상황에서 무슬림 커뮤니티가 정치적, 사회적으로 많은 영향력을 행사하면서, 급격히 무슬림화 되기도 했고, 전통 종교와 혼합된 이른바 혼합주의(Syncretism)적 기독교로 변질되기도 했다. 여기에 ZCC와 같은 이단적인 독립교단의 성장으로 복음주의적인 기독교의 세력은 날로 약화되어 실제적인 기독교 문화권의 모습을 점점 잃어 가고 있는 실정이다.

2. 진짜 아프리카, 블랙 아프리카!

지리적으로 아프리카 대륙에 속해 있는 나라는 모두 아프리카라고 한다. 하지만 일반적으로 아프리카라 말할 때는 '블랙 아프리카'라고 일컫는 사하라 사막 이남(Sub-Sahara)을 의미하는데, 그 이유는 사하라 사막을 중심으로 남북으로 언어, 인종뿐 아니라 종교와 문화 등이 확연히 구분되기 때문이다.

북부 아프리카 국가들의 공통점은 인종적으로 이집트 외에는 대부분이 아랍인과 베르베르족이 주를 이루고 있고, 종교는 이슬람이며, 아랍 문화권을 가지고 있다. 그래서 많은 사람들은 북부 아프리카 국가들을 아프리카에 있는 아랍국가로 여긴다. 일반적으로 지중해 연안의 모로코, 알제리, 튀니지, 리비아, 이집트의 5개 국가뿐 아니라, 모로코와 영토 분쟁 중인 서사하라를 비롯하여 인종, 종교적으로 아랍권에 가까운 모리타니와 서로 다른 인종과 종교의 갈등으로 둘로 나누어진 수단까지 북아프리카로 분류하기도 한다. 실제로 이 8개국은 아프리카 대륙에 있으면서 아랍 연맹의

회원국으로도 가입되어 있다. [12)]

따라서 아프리카라고 할 때 연상되는 검은색 피부 사람들이 가진 문화권은 이 북부 아프리카 국가를 제외한 47개 국가(AU기준)로 구분할 수 있다.

아프리카에는 단일민족국가가 없다. 아프리카의 종족을 세분하면 학자마다 다소 상이하지만 3,000여 종족으로 분류한 학자도 있는데, 이 3,000여 종족이 정치적으로 구분된 54개국에 흩어져 살고 있다는 사실을 보더라도 한 나라 안에 여러 민족이 혼합되어 존재함을 쉽게 짐작해 볼 수 있다. 소수의 여러 종족이 정치적인 이익을 위해서 연합하여 생겨난 국가이기에 내분과 갈등이 늘 존재하는 불안전한 상태가 계속되고 있다.

사하라 이남 지역의 블랙 아프리카를 좀 더 세분하면 서부 아프리카와 동부 아프리카 그리고 남부 아프리카 세 지역으로 나눌 수 있다.

1) 서부 아프리카

서부 아프리카 지역의 한 주축인 하우사인은 이미 10세기 무렵부터 북부 나이지리아 등지에 여러 도시국가를 건설하였으며, 12세기부터는 서부 아프리카에서 가장 강력한 정치 세력 중의 하나로 성장하기 시작하였다. 이들은 오랜 기간 북부 아프리카의 이집트, 서부 아프리카의 세네갈,

---

12) 이 외에도 아프리카 연합의 가입국이면서 아랍 연맹의 가입국인 나라들은 소말리아, 지부티, 코모로 등이 있다.

동부 아프리카의 수단에 이르기까지 여러 지역에서 중・장거리 교역의 주역이었다. 이 과정에서 하우사인은 풀라니, 카누리, 만데, 송하이 등 크고 작은 여러 서부 아프리카의 종족들과 문화 교류를 함으로써, 이슬람의 전파와 더불어 이 지역의 문화 형성에 큰 영향을 미쳤다.

이 문화권 내에 가나, 나이지리아, 카메룬 등의 국가가 포함된다. 가나는 1957년 영국의 식민지로부터 독립하여, 사하라 이남에서 최초의 독립 국가가 되었다. 아프리카의 서부에 있으며, 부르키나파소, 코트디부아르, 토고와 국경을 접하고 있다.

나이지리아는 아프리카 서부 베냉과 카메룬의 사이에 있는 국가이다. 1960년 10월 1일 영국의 식민 지배로부터 독립하였으며, 이후 주요 종족 간의 대립 등의 원인으로 여러 번의 군사 쿠데타가 발생하기도 했다. 특히 나이지리아에는 250개가 넘는 종족이 있으며, 하우사-풀라니족이 29%, 요루바족이 21%, 이보족이 18%의 비율을 차지하고 있다(Appiah & Gates, 2010).

2) 동부 아프리카

동부아프리카 지역은 스와힐리 문화권이라 할 수 있다. 스와힐리 문화는 토착 아프리카인의 생활 터전에 아랍인과 페르시아인(후에 인도인, 유럽인, 중국인 등)이 가지고 들어온 문화가 뒤섞여 오랜 세월에 걸쳐 형성된 문화로서, 현재는 아프리카 최대의 교통어인 스와힐리어를 바탕으로 가장 거대한 언어문화권의 하나로 발전하였다.[13]

---

13) 스와힐리어는 남부 소말리아에서 북부 모잠비크까지, 동아프리카 해안을 따라 1500km에 이르는 넓은 지역에서 사용되고 있다.

스와힐리 문화의 또 다른 특징은 이 문화가 스와힐리어를 모국어로 하는 스와힐리인의 주류문화가 아니라 아랍과 페르시아 문화, 농경을 주로 하는 반투 문화, 목축 위주의 나일 및 쿠쉬어 문화와 수렵 채집의 코이산 문화 등에 이르기까지 다양한 문화들을 포함하는 혼성문화라는 점이다. 이 지역의 나라들로는 케냐, 탄자니아, 우간다, 말라위 등을 들 수 있다.

동부 아프리카 국가 중의 하나인 에티오피아는 아프리카의 동쪽, 아프리카의 뿔 지역(Horn of Africa)에 있으며, 지부티, 에리트레아, 케냐, 소말리아, 수단과 국경을 맞대고 있는 내륙국(Landlocked Country)이다. 1936년부터 1941년까지 5년간의 이탈리아 점령 기간을 제외하면, 라이베리아와 더불어 식민 통치 경험이 없는 아프리카의 국가 중 하나이다.

또 다른 주요국 중의 하나로 콩고민주공화국(Democratic Republic of the Congo)을 들 수 있는데, 프랑스령이었던 콩고공화국과는 다른 나라이며, 제2차 콩고전쟁(The Second Congo War)[14]으로 5백 40만명이나 죽는 현대 아프리카 역사상 가장 참혹한 사연을 가진 나라이다. 콩고민주공화국은 1960년 벨기에의 식민지로부터 독립하였고, 앙골라의 북부지역에 위치하며, 앙골라, 부룬디, 중앙아프리카공화국, 콩고공화국, 르완다, 수단, 탄자니아, 우간다, 잠비아와 국경을 접하고 있다(Appiah and Gates, 2010 & CIA World Fact Book, 2024).

3) 남부 아프리카

이 지역은 크게 반투어와 코이산어로 나뉜다. 반투어는 줄루, 코사, 은

---

14) 1998년부터 2003년까지 발생한 전쟁으로 콩고 외에 우간다, 르완다, 부룬디, 나미비아, 앙골라, 짐바브웨, 차드 등 8개국 25개 무장단체가 가담하였다.

데벨레 등으로 대변되는 응구니어와 소토, 츠와나. 쇼나 등으로 구성된 남부 반투어가 대표적이다. 코이산 문화는 농경, 목축의 생산방식을 바탕으로 한 코이코이(Khoikhoi)족과 수렵, 채집의 생산방식을 유지해 온 산(San)족의 문화를 합쳐 부르는 말인데, 아직 그 언어와 종족적 계통 관계가 명확히 규명되어 있지 않다. 이들은 응구니 문화가 남부 아프리카로 유입, 확산되기 전에 이미 남부 지역에 널리 펴져 있었으나, 이후 현재의 남서아프리카 지역(칼라하리 사막 등)으로 밀려들어가 수렵, 채집, 목축 등의 생활양식을 기본으로 하는 문화를 형성하였다. 코이산 문화와 반투 문화는 접촉 과정에서 흡착음(Click Sound)과 같이 언어적, 문화적으로 영향을 주고받은 흔적이 많이 남아있다.

이 문화권 내의 주요국인 남아프리카공화국은 아프리카 대륙의 최남단에 있으며 보츠와나, 레소토, 나미비아, 모잠비크, 에스와티니, 짐바브웨와 국경을 맞대고 있다. 남아프리카공화국은 오랫동안 백인들의 아파르트헤이트(Apartheid)[15]의 인종분리정책으로 국제적인 비난을 받아 오다가 1994년 흑인 정부가 들어서면서 비로소 종결되었다(CIA World Fact Book, 2024).

3. 세계 선교 흐름의 변화

1) 서구 기독교의 쇠퇴

세계 기독교의 주요 인구통계학적 변화에 초점을 둔 세계기독교포럼

---

15) 남아프리카공화국에서 1948년에 백인 정권에 의하여 법률로 공식화된 인종분리정책을 말한다.

(GCF)이 2024년 4월에 가나 아크라에서 열렸다. '크리스천 데일리 인터내셔널'(CDI)에 따르면, 기조연설자 중 한 사람인 미국의 사회학자이자 선교사이자 세계기독교학자인 지나 줄로(Gina Zurlo) 박사[16]는 그의 연설에서 세계 기독교가 주목하고 있는 지역으로 아프리카를 지목했다. 지난 150년 동안의 세계 인구통계학적 변화를 검토하면서 그녀는 오늘날 개신교 기독교인의 44%가 아프리카에 거주한다는 통계를 강조했다(이미경, 2024).

1900년에는 기독교인의 82%(4억 6천만 명)가 북반구에 살고 있었다. 이는 남반구가 아시아, 아프리카, 라틴 아메리카와 같이 인구가 많은 지역을 포함하고 있음에도 불구하고 기독교 인구가 18%에 그친다는 것과 대조를 이룬다. 하지만 현재 북반구 기독교인의 수는 8억 3천만 명으로 증가했지만, 그 분포는 33%(남반구 67%)로 떨어지고, 2050년에는 기독교인 77%가 남반구에 속할 것으로 예측된다.[17]

이러한 현상은 그동안 기독교의 주축을 이루고 있었던 북반구의 서구 기독교인의 변화를 말하는데 더 정확하게는 북반구의 기독교인이 남반구로의 이동이라기 보다는 북반구 교회의 쇠퇴이고 남반구 교회의 부흥을 뜻한다. 다시 말하면 기독교의 중심축이 북반구에서 남반구로 이동됨을 의미한다.

2) 선교지에서 선교국으로

선교사를 파송하는 선교국으로는 여전히 미국이 세계에서 가장 많은

---

16) 고든-콘웰 신학교(Gordon-Conwell Theological Seminary)에서 토드 E. 존슨(Todd E. Johnson)과 함께 세계기독교연구센터 공동소장이다.

17) 이 수치에는 천주교, 정교회, 개신교, 오순절교회, 은사주의 등 기독교의 모든 교파가 포함된다.

선교사를 보내는 나라로 1위를 차지하고 있다. 지금까지 한국이 두 번째로 보고되기도 하지만, 최근 인구가 많은 중국의 지하교회와 천주교가 강한 브라질의 성장세를 보고하는 자료가 눈에 띈다(Center for the Study of Global Christianity, 2013).

세계적인 복음화의 경향과 함께 다른 대륙과는 차별된 아프리카 대륙의 인구 성장세와 교회 성장세를 근거로 아프리카의 선교적 비중과 선교국으로의 전환 가능성에 대해서 주의깊게 살펴볼 필요가 있다.

유럽과 북미 중심의 세계 선교가 그동안 선교지로만 여겨졌던 제3세계에 의해 주도되는 세계 선교로 재편되고 있다. 선교 대상이었던 지역이 선교를 주도하는 지역으로 탈바꿈하고 있는 것이다. 유럽과 북미에서 시작된 선교의 바통이 한국과 중국, 라틴 아메리카로 넘겨지고 이제 다시 아프리카로 넘어가는 상황이다. 즉, 선교지에서 선교국으로의 전환이 빠르게 이루어지고 있다.

3) 이슬람의 성장세

미국 퓨 리서치 센터(Pew Research Center)가 공개한 '미래종교 예측'(2010~2050) 조사 결과에 의하면, 2010년에는 전 세계 인구의 23%에 해당하는 16억명의 무슬림이 있는데 2050년이 되면 30%, 28억명으로 무려 63%나 이슬람 인구가 증가할 것으로 분석했다. 같은 기간 기독교는 35%, 힌두교 34%, 유대교 16%, 불교 -0.3%, 무종교 9% 성장을 예상했다.

이런 추세라면 기독교 인구가 2050년까지는 지금과 비슷한 수준으로 전 세계에서 가장 많은 비율을 유지하겠지만, 2070년 이후에는 이슬람교가 세계 1위 종교로 역전할 가능성이 크다.

1930년 2억 3백만이었던 전 세계 이슬람 인구는 오늘날 15억으로 불어났다.[18] 1970년 세계 인구의 15%를 차지했던 이슬람 인구는 2000년 들어 20%로 5% 늘어났다. 반면에 기독교는 같은 기간에 34%에서 33%로 1% 감소했다.

양적인 면에서 이슬람과 기독교를 비교해 보면, 기독교 인구는 2배로 증가하는데 47년이 걸린 반면, 이슬람 인구는 24년이 걸렸다(유해석, 2014). 이러한 통계는 비록 이슬람이 기독교보다 600년 늦게 시작되었지만, 문화와 인종을 넘어서 세계적으로 빠르게 퍼지고 있으며 많은 국가, 지역에서 기독교인 수를 압도하고 있음을 보여준다.

유럽의 경우에 이슬람 인구가 1970년 720만 명에서 2007년 5,300만 명으로 성장했다. 같은 기간에 아시아의 이슬람 인구는 4억 2,600만에서 7억 5,600만 명으로 증가했으나 아시아의 기독교인 수는 1억 1,900만 명에서 2억 1,100만 명으로 증가하는데 그쳤다. 아프리카의 이슬람 인구는 아프리카 전체 인구의 41.32%로서 3억 2,410만 명에 이른다(유해석, 2015).

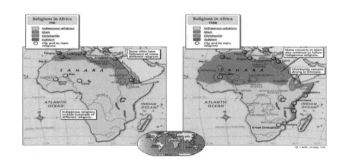

AD750년대와 1500년대의 아프리카 종교분포 비교

---

18) '이슬람'은 이슬람 종교를 말하고, '무슬림'은 이슬람 신자를 말한다. '모슬렘'은 무슬림의 영어식 표기이다.

위의 지도에서 보듯이 750년과 1500년 사이에 아프리카 대륙에서 이슬람의 세력이 아주 빠른 속도로 남하하고 있는 것을 확인할 수 있다. 10/40 윈도우 지역의 대표 종교인 이슬람교의 세력은 날로 강성해져 점점 기독교 지역으로 확산하고 있다. 지금까지는 10/40 윈도우 밖의 선교국가에서 10/40 윈도우 내의 이슬람권 선교를 감당해 왔는데 이런 이슬람의 확산 추세가 계속된다면 한 세대쯤 후에는 과연 이슬람권 선교를 누가 감당할 수 있을지 심히 염려가 된다.

4. 세계 선교 흐름의 변화에 따른 전략

1) 시대에 맞는 선교전략의 필요성

전방 개척 선교(Frontier Missions)나 미전도 종족 사역의 중요성은 아무리 강조해도 지나치지 않다. 어떤 선교사역보다 힘든 사역이고 또 그 수고에 비해서 당장 나타나는 결실이 적기 때문인지, 여전히 미전도 종족 선교사역자는 전체 선교사의 20%대에 머무는 실정이다. 30년이 넘게 미전도 종족 선교를 강령으로 외치며 세계 교회가 온 힘을 기울였음에도 세계 선교회가 받아 든 성적표는 초라한 수준이다.

이제는 '어떤 선교 전략이 옳은 선택이었나?'하는 물음에 답을 해야 하는 시점에 있다. 이데 대해 '이것도 옳고 저것도 옳다'라는 황희 정승의 현답을 떠올려 본다. 우리는 선교를 할지 말지를 고민하는 것이 아니라, 선교의 우선순위와 방법에 관해 이야기하는 것이며, 과거에는 좋은 방법이었지만 현대에는 적절치 않거나 더 좋은 다른 방법이 얼마든지 있을 수 있음을 인정하는 포용이 필요하다. 영혼의 경중을 말할 수 없는 우리는 복음화가 덜 된 지역의 영혼이 복음화가 더 된 지역의 영혼보다 더 소중하다고 할 수는 없다. 지혜로운 어부라면 물고기가 많이 있는 곳에 그물을 던지겠지만, 물고기가 많은 곳과 많이 잡히는 곳이 동일하지 않을 때 우리는 그 차이를 알고 우선순위를 정하는 지혜가 필요하다.

열매를 구하는 신앙이 결코 인간적이거나 비신앙적인 모습으로 치부되어서는 안 될 것이다. 수용성 이론을 강조했던 맥가브란은 수용성을 전적으로 하나님의 주권에 속하는 것으로 인식하면서도 그러한 수용성의 변화에 영향을 미치는 일반적 원인들이 사회와 문화적 요소에 의존한다고 주장했다(황청일, 2015).

예수님도 잎만 무성한 무화과나무를 저주하여 죽게 하셨고(마21:19), 과원지기의 강청이 없었다면 열매 없는 나무를 용서하시지 않았을 것이다(눅 13:7). 또 권능을 가장 많이 베풀었지만 결실이 없자, 이방지역인 두로와 시돈보다 고라신과 벳새다를 더 책망(마11:20)하시기도 했고, 심지어 복음을 받지 않으면 미련 없이 발의 먼지를 떨어버리고(마10:14) 다른 곳으로 가라고도 하셨다.

결신자는 적지만 불신자가 많은 10/40 윈도우 안쪽 지역과 불신자는 적어도 결신자가 많은 10/40 윈도우 밖의 지역에 대한 선교적 우선권은 과연 어디일까? 10/40 윈도우 지역의 나라는 복음화가 덜 이루어진 곳이기 때문에 단시간에 많은 결신자를 얻을 수 있다는 판단으로 미전도 종족 선교전략이 대두되었을 것이다. 그러나 30년이 지난 지금 그 결과가 미약한 수준이라면, 이제는 재고해 볼 필요가 있지 않을까? 결실이 적은 선교 정책이 30년, 40년이 지나도 여전히 최우선으로 적용되는 것은 어쩌면 우리의 또 다른 게으름일 수 있다.

2) 10/40에서 4/14로의 전환

10/40 윈도우 선교이론에 대해서는 이미 모두 잘 알고 있을 것이다. 북위 10도에서 40도 사이의 이 지역은 지구 전체 땅의 3분의 1에 해당하는데, 이곳에 세계 인구의 거의 3분의 2가 살고 있다. 가장 비복음화된 55개국에 사는 30억 인구의 97%가 10/40 윈도우 지역 내에 살고 있다. 이런 의미에서 아직도 복음이 들어가 있지 않은 나라에 선교를 집중해야 한다는 것은 지극히 당연한 이야기다.

하지만 이러한 전략에 근거한 오랜 노력에도 불구하고 현실은 이상과 많은 차이가 있음을 보게 된다. 몇 번 시도해 보았으니 이제 그만하자는 포기론도 삼가야겠지만, 한정적인 시간과 인력, 재정을 통해 지상명령이라는 목표를 완수하기 위해서는 효율과 결실을 간과할 수 없다. 한 세대가 넘는 30년 동안이나 추진해 오던 10/40 윈도우 선교전략이 최근 들어 4/14 윈도우 전략으로 전환되어야 한다는 목소리가 나오게 되는 것이 바로 이러한 이유에서다.

결론부터 말하면, 4/14 윈도우는 4세에서 14세 사이의 어린이들에게 복음을 전하는 세계 선교 운동을 일컫는다. 사실 4세부터 14세까지의 선교의 중요성에 대해서는 1937년에 세워진 어린이전도협회에서 꾸준히 강조하며 추진해 오던 사역이기도 하다. 1994년 4월, 미국 스트림우드에서 54개 단체의 기독교 어린이 사역 지도자들이 모여 세계 기독교의 미래가 어린이의 복음화에 달려 있다는 사실에 동의하면서 이 사역의 중요성을 재차 확인하게 되었다. 이를 계기로 어린이 선교가 현대 선교의 가장 중요한 주제이자 목표로 대두되게 되었다.

원래 '4/14 윈도우'라는 용어는 월드 비전의 브라이언트 마이어(Bryant

Myers)에 의해 창안되었는데, 후에 루이스 부쉬(Luis Bush)에 의해 선교 용어로 정착되었다(Bush, 2013). 1990년에 10/40 윈도우 선교 운동을 주창하여 한 세대 동안 미전도 종족 선교로 세계 선교의 흐름을 주도했던 그가, 이제 새롭게 4/14 윈도우 선교 운동을 부르짖고 있다.

4/14 윈도우 선교전략은 지난 30년 넘는 기간 동안 세계 선교전략의 중심이었던 10/40 윈도우의 다음 장이라 할 수 있다. 이 연령층이 새로운 선교 주체로 주목받는 이유는 첫째, 복음에 대한 수용성이 그 어떤 연령층보다도 높기 때문이다. 2015년에 실시한 미국 복음주의 협회(National Association of Evangelicals)의 설문 조사에서 기독교인의 63%가 4세에서 14세 사이에 예수를 구주로 영접했다는 사실을 발견했다. 둘째, 복음의 전달력이 그 어떤 연령층보다도 뛰어나기 때문이다. 이들을 단순히 기독교 교육 또는 선교의 대상으로만이 아니라 그들에게 접근, 구원, 훈련, 파송하여 선교의 주체 또는 동역자로 여김으로 세계 선교의 변혁을 앞당기고자 하는 것이 4/14 윈도우 운동의 핵심 개념이다.

오늘날 세계 인구의 3분의 1인 약 20억 명의 어린이들이 살고 있다. 개발 도상국에서는 어린이들의 인구가 거의 절반을 차지하기도 한다. 여기에 26%의 15~29세의 청소년까지 합하면 절반이 훨씬 넘는 수가 해당된다. 뇌의 90%는 3세 이전에 형성된다고 하고 사람의 성격의 85%가 6세가되면 이미 형성된다고 한다. 그래서 천주교 사제들은, "7세 이전에 아이들을 보내 주면 평생 천주교인으로 만들겠다."고 말할 정도이다.

10/40 윈도우에서 4/14 윈도우 이론으로 전환된 선교전략은 무엇을 의미하는가?

첫째, 지역 중심 선교에서 대상(사람) 중심 선교로의 전환을 말한다.

둘째, 단기선교에서 장기선교 전략으로의 전환을 말한다.

셋째, 이상적인 선교에서 현실적인 선교로의 전환을 말한다.

10/40 윈도우의 주장은 현대 선교에 있어서 아주 중요한 선교 정책의 한 획을 그은 업적임에 틀림없다. 이는 선교에 있어서 적이 누구이며 그 적이 어디에 있는지를 한눈에 알 수 있도록 하는데 지대한 공을 세웠기 때문이다. 그 전까지는 세계 선교를 해야 한다는 의견에는 모두 동의했으나 정작 선교의 대상이 어디에 있는지 모호하던 때에 누구나 한눈에 알 수 있는 분명한 선교적 방향을 제시해 주었다. 그리고 그 대상이 어떤 종족이며 어떤 문화권의 사람들인지를 알 수 있게 해서 많은 이들로 하여금 나름대로 충실한 선교적 준비를 할 수 있게 했다.

그러나 그 선교정책은 거기까지였는지 모른다. 그로부터 한 세대도 훨씬 더 지난 지금, 이를 되돌아볼 때 그 목표 설정이 틀리지 않았을지라도, 그 목표를 향한 무모하리만큼 공격적인 전투 방법에는 많은 의문점을 낳게 했다. 고지를 점령하기 위해서는 총칼 들고 진격해서 점령할 수도 있지만, 시대가 변하여 미사일이나 비행기로 공략할 수도 있고 AI와 로봇이 대신 싸울 수도 있다. 아니면 국제적 여론을 이용해서 싸우지 않고 이길 수 있는 우회적인 방법도 고려할 수 있어야 한다.

10/40 윈도우 선교전략이 선교적 고지에 대해서 방향과 목표를 잘 알려주는 역할을 했다면, 4/14 윈도우 선교전략은 더욱더 세밀한 전도의 대상을 확정하여 장기적이고 효율적인 선교를 하는 데 그 목적이 있다.

5. 세계 선교의 최적화 거점인 아프리카

상점 하나를 계약할 때도 목을 고려하게 된다. 장사의 성공 여부를 위한 합리적인 타당성 조사를 하는 것은 기본이라 할 것이다. 하물며 하나님의 지상명령을 감당하는 세계 선교의 성공 여부에 대한 가능성과 타당성 조사는 지극히 당연한 수순이 아닐까?

아프리카는 세계 선교의 관점에서 볼 때, 어떤 가능성과 전망이 있을까?

1) 세계 선교, 아프리카가 대세다!

현대 기독교에서 가장 경계해야 할 대상은 이슬람인데 기독교와 이슬람의 비교에서 주목하여 살펴보아야 할 부분이 바로 '종교 스위칭'이다. 즉 종교를 이탈하거나 다른 종교로 이동하는 경우를 말한다.

퓨 리서치 센터의 보고에 의하면, 2010~2050년 기독교인 6,605만 명이 기독교에서 다른 종교로 이탈하고, '무종교인' 6,149만 명이 기독교로 새로 유입될 것으로 전망했다. 특히 대륙별로 보면 '북미'에서 기독교인이 2,770만 명으로 가장 많이 이탈할 것으로 보인다. 유럽 역시 북미와 비슷한 2,382만 명이 기독교를 이탈할 것으로 예상했다. 이러한 상황을 고려해 볼 때, 2050년 전체 기독교인 수는 전 세계 인구의 31%를 차지하고, 기독교 연간 성장률이 2010년 1.0%의 절반에 이르는 0.5% 수준에 그칠 것으로 보여진다(Pew Research Center, 2015).

하지만 2010년 대비 2050년 대륙별 기독교인은 사하라 이남 아프리카 지역이 115%로 가장 높게 증가하고, 중동-북아프리카 43%, 아시아 태평양 33%, 중남미 카리브해 지역 25% 순으로 높은 증가세를 보인다. 반면, 전통적으로 기독교가 강한 유럽과 북미 등이 약세가 예상된다. 유럽 지역은 18%나 감소하고 북아메리카는 8% 수준에서 소폭 증가할 전망이다.

다음의 표는 Worldometer에서 발행한 2024년 지역별 인구 분포표이다. 연 인구성장률을 보면 아프리카가 2.49%로 월등히 우위를 차지하고 다른 대륙들의 성장률은 거의 정체에 가깝다. 지금까지는 아시아가 가장 많은 인구를 차지하고 있지만, 성장률을 감안해 볼 때 머지않아 아프리카가 가장 많은 인구 비중을 차지하게 될 것으로 전망된다(World Population Prospects, 2024).

지역별 세계 인구

지역	인구 수(명)	비율	연간 변화율
아시아	4,641,054,775	59.5%	0.86%
아프리카	1,340,598,147	17.2%	2.49%
유럽	747,636,026	9.6%	0.06%
중남미와 카리브해	653,962,331	8.4%	0.90%
북미	368,869,647	4.7%	0.62%
오세아니아	42,677,813	0.5%	1.31%

출처: https://www.worldometers.info/world-population/#region

세계 인구분포가 북반구에서 남반구로, 그리고 기독교인의 분포 또한 북반구에서 남반구로 이동하는 현상은 세계 인구와 기독교인의 수의 중심축이 이동함을 의미한다. 이는 북반구의 인구 감소와 남반구의 인구 증가 현상을 의미하며, 북반구의 교회 쇠퇴와 남반구의 교회 성장을 의미한다.
종교는 사람들의 군집 상황에서 발생하는 하나의 사회적 현상이다. 다른 대륙에 비해 아시아와 아프리카의 인구수가 상대적으로 더 많이 증가한다면, 종교의 중심 또한 유럽과 북미에서 자연스럽게 아시아와 아프리카로 기울어질 것으로 예측된다.

앞서 지나 줄로 박사가 언급한 것처럼, 그동안 북반구가 주류를 이루었던 기독교의 흐름이 남반구로 이동한다는 것은 이미 모두가 부인할 수 없는 사실로 받아들이고 있다. 이는 예루살렘에서 시작된 복음의 흐름이 2천 년 전에는 서향(西向)이었지만, 이제는 남향(南向)으로, 그 흐름의 변화를 말해주고 있다. 즉, 앞으로 우리가 계획하고 추진하는 선교전략의 방향은 아시아와 아프리카를 '위한' 선교에서, 아시아와 아프리카에 '의한' 선교전략으로 새판짜기가 필요한 시점이다.

2) 출산율이 깡패다?

"지지율이 깡패다!"

대한민국 선거철에 단골 메뉴로 유행하는 말이다. 높은 지지율이 정치인의 권력이나 입지를 강화하는 데 중요한 역할을 한다는 의미로, 지지율이 정치적 힘과 영향력을 결정짓는 중요한 요소임을 강조하는데 사용된다. 이런 의미로 복음화를 논할 때 과연 출산율이 깡패로 작용할 수 있을까?

최근 유엔에서 발표한 "2024년 세계 인구 전망"(World Population Prospects, 2024)] 자료에 의하면, 2022년에 세계 인구는 이미 80억 명을 돌파했다.

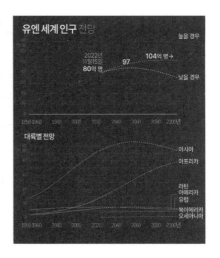

1974년 40억 명이었던 세계 인구가 48년 만에 두 배가 되었다. 세계 인구는 향후 50~60년 동안 계속 증가하여 현재 82억 명에서 2080년대 중반에 약 103억 명으로 정점에 도달한 후 인구는 점차 감소하기 시작하여 세기말에는 102억 명으로 감소할 것이라고 예상된다(World Population Prospects, 2024).

전 세계 인구 4명 중 1명은 이미 인구 규모가 정점에 도달한 국가에 살고 있으며, 현재 세계 인구의 28%를 차지하는 63개 국가는 이미 인구 규모가 정점에 도달한 것으로 예측한다. 또한 세계 인구 10%를 차지하는 48개 국가는 2025년까지 5.3%씩 증가하며 나머지 126개국은 2100년까지 인구가 증가할 것으로 내다봤다. 이 126개국의 특징은 지역적으로는 아프리카가 우세하며, 종교적으로는 이슬람이 우세한 것으로 조사되었다.

전 세계 가임여성 1명이 출산하는 아이 수는 1950년 5명에서 2021년 2.3명으로 줄어든 반면 사하라 이남 아프리카 지역에서는 가임여성 1명이 아기 4.6명을 낳고 있다.

퓨 리서치에서 주관한 "이슬람과 기독교의 종교 전쟁"이라는 주제의 퓨 포럼(The Pew Forum on Religion & Public Life)에서 토드 존슨과 공동 발제자로 나선 정치학자 브라이언 니치포룩(Brian Nichiporuk)은 무슬림 증가의 원인으로 개종은 20%에 그치고 약 80%가 출산율에 기인한다는 주장을 했다. 현재 전 세계 약 23%인 16억 명의 무슬림이 있는데 이들의 연간 성장률인 2.1%를 감안해 볼 때 2050년에는 30%로까지 증가하여 약 28억 명이 넘을 것으로 예측된다(Pew Research Center, 2005).

이런 변화의 요인으로는 무엇보다 이슬람 교인들의 높은 출산율을 꼽을 수 있다. 2010년 종교별 합계 출산율을 보면 무슬림이 3.1명, 기독교인 2.7명, 힌두교인 2.4명 무종교인 1.7명 불교인 1.6명 순으로 무슬림이 기독교인보다 0.4명이 더 많다(Pew Research Center, 2015).

7세기 초부터 시작된 이슬람의 정복전쟁과 그 후 경제적 문화적 교류를 통한 적극적인 포교활동으로 이슬람 세력은 중동과 아프리카 북부 대부분 지역으로 확대되었다. 하지만 지금은 이러한 적극적인 포교활동이 없음에도 불구하고 이슬람의 성장세가 기독교보다 훨씬 가파른 것은 그들의 출산율과 관련이 깊다는 브라이언의 주장이 더 신빙성을 얻게 된다.

이와 같은 현상을 볼 때, 출산율은 복음화에 중요한 요인 중 하나로 작용할 수 있으며 그로 인한 기독교와 이슬람의 종교적 양극화 현상은 더욱 극명하게 대립될 것이기에 이러한 것을 예견한 선교 전략이 마련되어져야 할 것이다.

6. 효율적인 유사문화권 선교

현대 선교 정책의 큰 변화중 하나가 공격적이고 적극적인 목표중심의 선교정책에서 선교의 효율성을 극대화하는 실리적 정책으로의 변화라 할 수 있다. 앞에서 언급했던 미전도 종족을 목표로 하는 '10/40 윈도우' 선교 정책에서 복음에 대한 수용성이 높고 결신자가 많은 4-14세의 유소년을 목표로 하는 '4/14 윈도우' 선교정책으로의 전환이 이를 잘 대변해 주고 있다. 4/14 윈도우 선교정책의 주요한 목표가 '유소년'이라는 선교 대상자의 나이에 초점을 맞추기보다는, 지금까지의 선교정책에 대한 고정된 관점에서 벗어나 새로운 변화를 요구하는 움직임으로 보아야 할 것이다.

1) 선교사의 지역적 불균형 최소화

선교사가 더 필요한 지역에 선교사를 재배치하는 것은 지극히 당연하다. 그러나 그 방법과 시기에 대한 지혜가 요청된다. 이제까지 수 년 혹은 수 십 년을 현지에서 언어와 문화를 익히며 선교적 자리매김을 해 온 선교사들을 지역적 불균형을 이유로 일률적으로 재편성하여 더 긴요하다고 여겨지는 곳으로 재배치하는 것은 엄청난 인력과 자원 손실을 가져오게 될 것이다.

이러한 불균형은 파송교회와 선교사의 의견을 우선시하여 접근이 용이하고 복음 수용성이 높은 지역을 중심으로 파송이 이루어지면서 발생했다. 선교정책이나 전략 수립이 없이 먼저 파송부터 진행했기 때문에, 자연스럽게 특정 지역에 선교사가 편중되는 현상이 나타난 것이다.

하지만 선교사가 파송된 지역에서 각자 나름대로 충분한 역할과 사역을 감당하고 있다면, 현지의 전체 선교사를 재배치하는 것보다는 새로 파송하는 선교사들에게 엄격한 기준과 교육을 통한 전략적인 배치가 우선적으로 이루어져야 할 것이다.

2) 유사문화권과 유사종교권 우선전략

선교사를 재배치함에 있어서도 전체적인 선교적 손실을 최소화하기 위한 노력이 필요하다. 전체 선교사를 대상으로 재배치하기보다는 유사문화권 또는 유사종교권 내의 선교사들 중 사역의 현지 이양이 가능한 선교사를 중심으로 우선 배치할 필요가 있다. 그리고 자녀교육 등의 개인 사정을 고려하여 파송교회와 선교본부, 그리고 선교사의 자발적 동의하에 선교사 재교육과 재파송의 과정을 통하여 이루어져야 최대한 선교적 손실을 막고 효율성 있는 선교가 지속적으로 이루어질 수 있을 것이다.

일률적으로 선교 지역과 선교사 비율을 맞추어 재배치하는 것은 선교사의 개성과 능력을 발휘하지 못할 가능성이 크고 선교적 효율성도 충분히 거두기 어려울 것이다. 그래서 지역과 선교사의 안배를 우선한 미전도 종족 선교정책보다는 미전도 종족/지역에 대한 "유사문화권 선교"를 고려하는 것이 효율성을 극대화하는 전략이 될 수 있다. 미전도 종족 선교를 위한 무모한 도전보다 1차적으로 중립 지역 또는 중립적 문화권 내로 선교사를 파송하여 그 곳의 현지 사역자를 양성하고 그들로 하여금 미전도 지역선교를 담당하게 하는 것이다. 아시아권의 선교사는 아프리카나 남미로 파송되는 것보다 중국이나 동남아시아권에서의 선교가 더 효율적이다. 문화가 비슷하고 언어나 피부색도 흡사한 부분이 많아 적응력이 뛰어날 뿐 아니라 상대적으로 선교사에 대한 거부감이 덜 하기 때문이다.

아프리카선교에 가장 적합한 사람은 바로 아프리카 원주민이고, 아프리카 선교사를 발굴하고 양육하여 파송할 수 있는 최적의 나라는 바로 이 곳 남아공이다. 이들의 가슴에 선교의 불씨만 지필 수 있다면, 그리고 이들이 선교사로 자원하고 한국교회에서 이들을 지원할 수만 있다면 선교적 효과는 극대화될 수 있을 것이다. 이들 현지 선교사 한 사람이 한인 선교사 두세 사람 몫을 충분히 감당할 것이기 때문이다(강병훈, 2022).

특히, 아프리카 대륙에서 중남부 아프리카의 약 80% 이상이 반투어를 사용하는 사람들이다.[19] 현재 각국에서 사용하고 있는 언어의 용례와 그

---

19) 반투(bantu)라는 단어는 1862년 블레크(W. H. I. Bleek)라는 학자가 반투어에 대한 논문을 발표하면서부터이다. 이 단어의 어근에 해당하는 -ntu는 '사람'을 의미하며 여기에 접두사 ba-가 첨가된 것이다.

의미가 다르다고 할지라도, 사용하는 언어의 어근(語根/언어의 뿌리)이 같고 어순(語順/언어의 배열순서)이 동일하다. 이는 아프리카인이 다른 아프리카 지역을 선교하기에 언어적으로 아주 좋은 여건을 가지고 있다는 것을 의미한다. 마치 바울이 언어가 통일된 로마제국에서 자유롭게 선교할 수 있었던 것과 비슷한 상황이라 할 수 있다.

아프리카에 아프리카 선교사를 우선하자는 말이 아프리카에서의 한국 선교사 무용론처럼 들려질 수 있겠지만 이는 결코 아니다. 서양 선교사나 한국 선교사보다 아프리카 선교사가 언어적, 환경적 적응력이 더 뛰어나고 현지의 거부반응도 적기 때문에 더 효율적이라는 말이다. 하지만 그들을 가르치고 훈련시키는 것은 오랫동안 선교를 경험해서 많은 노하우를 축적한 서양 선교사나 한국 선교사가 훨씬 유리하다. 이것이 아프리카에 아프리카 선교를 위한 목회자 양성과 전문 선교 훈련원이 필요한 이유이다.

7. 아프리카 현지 선교사를 통한 선교

선교사 파송의 분포를 보면, 북반부 국가의 장기 선교사 비율은 감소세를 보이지만 남반부 국가에서 파송되는 선교사 수는 날로 늘어나고 있다.

아래는 1910년부터 2010년까지 100년 동안 대륙별로 파송한 선교사 현황표이다(Johnson et al., 2010).

1910년에 북반부에 있는 유럽과 북미가 파송한 선교사는 전체 선교사의 97%에 해당한다. 이는 당시 유럽과 북미의 신자 비율인 94%와 96%를 웃도는 높은 수치이다. 2010년의 선교사 파송은 그 수치상 증가했지만 전체 신자 비율과 비교해 볼 때, 67%로 1910년에 비해서 오히려 감소한 상황이다.

	1910년	2010년	증가
유럽	39,950	132,800	3.3
북미	20,400	135,000	6.6
아프리카	350	20,700	59
아시아	300	47,100	157
중남미	400	58,400	146
오세아니아	600	6,000	10
합계	62,000	400,000	6.5

그리고 남반부의 아프리카와 아시아 그리고 중남미의 경우에 1910년에 파송한 선교사 수는 아주 미미한 수준이었으나 2010년에는 가파르게 성장한 결과를 보인다. 특히 성장의 폭이 유럽이 3.3배였고 북미가 6.6배인 반면에 아프리카는 59배, 아시아는 157배나 성장했다. 146배 성장한 중남미는 대부분이 천주교 선교사이다(Zurlo et al., 2021).

북미의 백인 선교사들에 의해 주도되었던 세계 선교가 100년이라는 기독교 역사 속에서 브라질을 비롯한 한국, 필리핀, 중국 등의 아시아권 선교사들이 53%를 차지하며 점차 그 선교적 흐름을 이어받는 실정이다(정민영, 2016).

하지만 아프리카가 아시아에 세계 선교의 중심축 역할을 감당하기에는 아직 여러 가지 해결해야 할 선제 조건이 남아있다.

1) 미신화된 아프리카 독립교단들이 바른 신학을 정립해야 한다.

남아공의 경우 아프리카 복음화를 위한 전초기지로서의 탁월한 인프라를 갖춘 나라이다. 아프리카 대륙에서 남아공이 다른 국가에 비해서 인구가 많고 상대적으로 경제적인 우위를 지니고 있는 점이 장점일 수 있지만, 무엇보다 건전하고 복음적인 신학을 바탕으로 한 교회가 많다는 것이 큰 특징이다. 이는 선교적 역할을 하기에 최상의 좋은 조건을 갖춘 것으로 장차 아프리카 복음화를 위한 미래의 선교 동력원이 잘 마련될 수 있는 곳이라 할 수 있다.

하지만 아프리카의 많은 교회는 오랫동안 습관적으로 믿어왔던 전통 신앙과 혼합되어 미신화된 기독교 신앙으로 인해 바르게 서지 못하는 문제를 안고 있다. 또한, 뚜렷한 성장세를 보이고 있는 독립 교단들은 건전한 교회관을 갖추지 못한 채 양적인 성장만 이어가고 있는 상황이다. 그래서 이러한 교회를 위한 건전한 신학의 정립과 목회자 재교육이 반드시 요청된다. 아프리카는 올바른 방향키만 제시될 수 있다면 언제든지 곧바로 선교 동력화될 수 있는 저력이 있는 곳임에 의심치 않는다.

2) 명목상 신자의 재교육이 필요하다.

아프리카 전 대륙에 걸쳐 본격적으로 복음이 들어오게 된 것은 15세기 포르투갈 탐험가로부터 시작되었다. 하지만 서양 강대국의 1884년 베를린 회의를 통한 아프리카 분할 정책과 함께 시작된 식민정책을 통한 선교는 100년에 가까운 오랜 기간동안 서서히 전파되었다. 이로 인해 표면적으로는 저항 없이 기독교 문화권이 형성된 것처럼 보였다. 하지만 그 저변에는 식민통치를 받은 아프리카인들의 기독교에 대한 적지 않은 저항력이 존재하고 있다.

아프리카의 기독교가 다른 지역의 기독교와 다른 두 가지 특징이 있다. 첫째, 서양에서 들어온 주류 교단들에 대한 저항감으로 인해 이들 교단의 성장세는 거의 정체 상태에 있다. 반면, 아프리카에서 자생한 독립 교단들은 눈에 띄는 성장세를 보이고 있다. 둘째, 복음이 식민 정책과 함께 강제로 전해진 결과인지, 아프리카에는 유독 명목상 신자가 많다. 기독교 문화권에서 성장하는 청소년들은 어릴 때부터 자연스럽게 거부반응 없이 이러한 기독교 문화를 받아들이기는 하지만, 종교를 선택함에 있어 의무나 책임을 느끼지 않기 때문에 신앙적 뿌리가 약해질 수밖에 없다.

명목상 신자는 무늬만 신자인 구원받지 못하는 사람을 일컫는다. 하지만 엄밀히 말해서 구원의 결과는 하나님께 속한 영역으로 인간이 다른 사람의 구원을 판단하거나 단정 짓는 것은 신앙적 월권과도 같다. 우리에게는 복음을 전할 권리와 의무만 있을 뿐 구원받고 안 받고는 하나님이 결정하실 부분으로 믿고 받아들이는 것이 대부분의 복음주의 교회의 공통된 생각이다. 하지만 더 효율적인 선교적 결실을 얻기 위하여 '열매로 알리라'는 주님의 말씀처럼 그들의 신앙적 열매를 확인하는 선교적 분류가 결코 나쁘다고 볼 수는 없다. 예수님도 바리새인 중에서 믿음이 있어 구원받을 사람이 있었음에도 전체 바리새인을 화인 맞은 양심을 가진 회칠한 무덤과 같은 사람들이라며 책망하기도 했다.

명목상 신자는 트로이 목마처럼 교회 속에 가만히 들어와 기회를 보다가 교회의 허점을 이용하여 공격하는 적의 무리로 볼 수도 있다. 이들은 교회 안에서 신자와 함께 어우러져 있어 성경에 나오는 곡식 가운데 자라는 가라지처럼 명확하게 구분해 내기 어렵다. 또한 명목상 신자는 세계 선교에 있어 더 무서운 적일 수 있다. 그들은 선교의 대상자이지만 신자 그룹과 함께 공존하고 있어, 베일에 감추어진 적과 전투해야 하는 상황이 될 수 있다. 또한, 서로 다른 목표를 가진 이들이기 때문에 기독교 내에서 선교의 진행을 방해하거나 더디게 만들어 결국 선교회의 분란을 초래할 수 있기 때문이다. 무장해제 된 훈련되지 않은 군인이 전쟁에 나가는 것은 자살 행위와 다를 바가 없다. 아프리카 교회의 건강한 성장을 위해 반드시 이들에게 복음을 전하고 바른 교육으로 양육하는 노력이 뒤따라야 할 것이다(강병훈, 2022).

3) 지역 특성을 고려한 맞춤선교를 해야 한다.

선교지의 필요(need)가 반드시 소명(calling)이 될 수는 없다. 그러나 이 둘이 상당히 관련성이 깊은 것은 사실이다. 선교지에서의 필요가 시시각각 구체적으로 나타날 수 있다면 그에 맞는 소명을 가진자들이 더 신속하게 반응하며 헌신할 수 있을 것이다.

가난한 지역의 선교를 위해서는 선교팀에 구제와 복지를 위한 대책 마련이 우선되는 정책이 필요하다. 질병으로 신음하는 지역의 선교를 위해서는 의료와 약과 함께 보건을 위한 선교팀이 마련되어야 한다. 경제적, 사회적으로 안정적인 지역에서는 무분별한 성문화와 윤리의식의 결여가 심각해 질 수 있고, 이로 인하여 가정이 파괴되고 여러 가지 문제가 야기될 수 있는데, 이런 지역에서는 교육과 계몽 그리고 바른 가정 세우기를 위한 선교팀이 우선적으로 준비될 필요가 있다.

맞춤선교는 선교 현장의 필요에 따른 대응적 선교라 할 수 있다. 이것은 "건강한 자에게는 의사가 쓸 데 없고 병든 자에게라야 쓸 데 있느니라"(마 9:12) 말씀처럼 이들의 필요에 적절한 조치적 반응을 통하여 선교 열매를 더 많이 맺기 위한 효율적인 방법이고, 또 소명에 따른 정당한 반응이다. 그러므로 그 지역의 높은 복음화율이 결코 걸림돌이 되어서는 안 될 것이다.

세계 최빈국이 가장 많은 아프리카에서는 국제선교부와의 긴밀한 협력을 통해 경제적 지원이 절실히 요청된다. 또한 국제 선교부의 300년이 넘는 오랜 기간 경험한 성공과 실패의 많은 노하우들을 잘 전수 받아서 실패를 최소화할 수 있어야 한다. 그런면에서 아프리카에 대한 선교는 축소나 중단이 아니라 효율성의 극대화를 위한 새로운 형태의 맞춤선교로의 전환이 필요한 것이다.

4) 아프리카 선교사 훈련원이 절실하다.

필자가 생각하기에 국내 선교단체 중 모범적인 선교단체를 꼽으라 한다면 바울선교회를 이야기 할 수 있을 것 같다. 바울 선교회 창립 정신에 있는 '불편하게 살자'라는 문구에 매료된 부분도 있겠지만 그보다는 세계 선교의 흐름을 잘 파악하고 그에 맞는 과감한 변혁을 추진하는 모습에 더 매료되었던 것 같다.

바울선교회의 세 가지 선교전략은 중보기도전략, 하나님 시각으로 보는 선교전략, 그리고 현지인 파송전략이다. 그리고 현지 선교사 파송전략으로 성서적, 능률적, 효과적, 저비용을 꼽았다. 이는 현대 세계 선교의 흐름을 잘 간파하고 수립한 효과적인 선교전략이라 판단된다.

아프리카의 선교적 부흥을 위해서는 아프리카에 맞는, 그리고 아프리카에서 가장 효과적인 결실을 얻을 수 있는 선교 전략이 뒷받침되어야 한다.

그러기 위해서는 다양한 언어구사, 높은 적응력, 적은 거부감 그리고 경제적 부담이 적은 아프리카 현지 선교사의 발굴과 파송이 신속히 이루어질 수 있어야 한다.

아프리카 선교사를 발굴하고 훈련하여 파송하는 모든 일련의 과정을 체계적이고 장기적으로 잘 수행하기 위해서는 아프리카 현지에 아프리카인을 훈련할 수 있는 '아프리카 선교사 훈련원'(AMTI/African Missionary Training Institute)의 필요성이 절실히 요청된다.

현재 중남부 아프리카 13개국에는 약 260명의 한국 선교사가 파송되어 사역하고 있다. 이 중 절반 이상인 52%가 남아프리카공화국에 거주하고 있으며, 나머지 48%는 남아공 주변 12개국에 흩어져 활동하고 있다. 이들 중에서 이러한 사역에 함께 동참하기를 원하는 선교사들이 모여 지속적인 기도와 논의를 통해 "아프리카 선교사 훈련원"(AMTI)을 설립하여 선교사 감독과 케어를 담당하는 현지파송교회와 기도와 후원을 담당하는 지원파송교회와 함께 공동파송, 공동지원, 공동케어 하는 것이다.

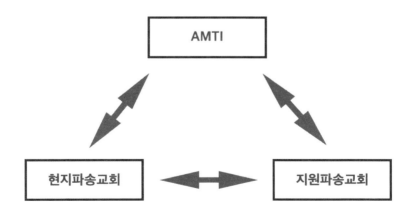

남아프리카에서 사역하고 있는 한국 선교사들은 선교사 후보생을 발굴하고 훈련하기에 좋은 조건을 갖추고 있다. 이들이 각 지역에서 헌신된 선교사 후보생을 발굴하여 한국 선교사의 장점인 선교적 열정과 영성, 그리고 건전한 신학을 기반으로 '성경과 교차 문화권 선교'(Bible & Cross Culture Missions), '언어/영어와 현지어'(Langage/English & Local Langage), 그리고 '공동체의 삶'(Community living)에 대해 교육하고 훈련시켜, 이들을 아프리카의 다른 지역으로 공동 파송해야 한다.

이를 위해서는 먼저 선교사가 각자의 색깔과 기득권을 내려놓고, 아프리카 선교의 부흥이라는 하나의 목표 아래 함께 협력하여 최대한의 시너지 효과를 내기 위한 노력과 헌신이 필요하다.

가난과 질병 그리고 외부의 핍박으로 인하여 위로가 필요한 아프리카인에게 정이 많은 한국 선교사로부터 훈련받고 준비된 현지 아프리카 선교사들의 섬김은 아주 시의적절하리라 본다.

나가는 말

현재 우리는 기독교 위기 시대에 살고 있다. 그동안 세계 선교를 위해 추진해 왔던 미전도 종족 선교의 다양한 노하우와 전방 개척 선교 전략의 장단점을 분석하고 보완하여 지속적으로 발전시켜 나가야 할 때이다. 동시에 더 많은 선교적 결실을 맺기 위한 노력과 함께, 시시각각 변화하는 시대에 맞는 새로운 선교정책과 전략을 찾는 노력도 결코 소홀히 해서는 안될 것이다.

그동안 아프리카인은 서양인과 동양인들에게 열등한 인종으로 치부되어 왔고, 심지어 교회에서도 함의 후손이라는 이유로 저주를 받았다는 해괴한 해석이 나오면서 아파르트헤이트와 같은 인종차별 정책을 옹호하는 목사들도 있었다. 하지만 최근 아프리카 교회의 부흥과 더불어 아프리카 현지 선교사의 증가를 보면서, 이제는 더 이상 과거의 나약한 아프리카가 아님을 깨닫게 된다.

이스라엘을 떠난 복음이 성령의 인도하심을 따라 아시아가 아닌 유럽을 향하게 되었고, 그 뒤 계속된 복음의 서진(西進)운동이 아시아를 지나 마침내 아프리카에서 그 종지부를 찍게 되지 않을까하는 기대감 마저 든다.

우리는 복음화의 진행 속도가 이슬람 세력의 전파보다도, 인구 증가보다도 느린 시대에 살고 있다. 원론적인 선교의 순수함만 내세워 현실을 무시한채 안이하고 편향된 시각의 선교정책을 고수하다 보면, 문을 닫는 교회가 속출하고 기독교 국가가 비기독교 국가로, 비기독교 국가가 다시 반기독교 국가로 전락하는 시대가 올까 심히 염려스럽다.

이리 가운데 보내진 양 무리들이 뱀처럼 지혜롭고 비둘기처럼 순결한 선교 정책을 통해 주의 복음이 땅끝까지 널리 전해지기를 간절히 소원한다.

글 / 강병훈

GMS 소속 선교사로 남아공 더반에서 줄루족을 대상으로 학교와 고아원 사역을 하고 있다. 아울러 아프리카 선교부흥을 위한 연구사역과 함께 "아프리카는 아프리카인이"(African for Africa)프로젝트를 추진하고 있다.

< 참고 문헌>

Appiah, Anthony & Gates, Henry Louis. (2010). New Encyclopedia of
Africa vol. 1

Bush, Luis. (18 June 2013). Raising Up a New Generation from the 4-14
Window to Transform the World(PDF).

Bush, Luis. (14 October 2013). 4/14 Movement. Archived from the
original(PDF).

Johnson, Todd M & Barrett, David B & Crossing, Peter F. (Jan 2010).
Christianity 2010: A View from the New Atlas of Global
Christianity. International Bulletin of Missionary Research, Vol.
34, No. 1.

Myers-Scotton, Carol. (1993). Social Motivations for Codeswitchi:
Evidence from Africa. Oxford: Oxford University Press.

Pratt, Zane. (2024). The State of Global Missions in 2024.
https://www.desiringgod.org/articles/the-state-of-global-
missions-in-2024

Zurlo, Gina A & Johnson, Todd M & Crossing, Peter F. (2021). World
Christianity. and Mission 2021: Questions about the Future.

Center for the Study of Global Christianity. (June 2013). Christianity in
its Global Context.

CIA World Fact Book. (2024). https://www.cia.gov/the-world-
factbook/ Distribution of world languages by area of origin.
(February 21, 2024). Ethnologue. https://www.ethnologue.com/

statistics/

Ethnologue: Languages of the World. (2022).

   http://www.ethnologue.com

Languages of Africa. (2024). Wikipedia.

   https://en.wikipedia.org/wiki/Languages_of_Africa

New Encyclopedia of Africa vol. 1

Religion in Africa. (2024). Wikipedia.

   https://en.wikipedia.org/wiki/Religion_in_Africa

Pew Research Center. (2005). The Coming Religious Wars?

   Demographics and Conflict in Islam and Christianity. 'The Pew

   Forum on Religion & Public Life' http://pewrsr.ch/13sJM1C

Pew Research Center. (2015). The Future of World Religions:

   Population Growth Projections, 2010-2050|

   http://pewrsr.ch/1MFjWTxUN list of least developed countries.

   (Dec 2023).

   https://unctad.org/topic/least-developed-countries/list

World Population by Region. (2024). Worldmeter.

   https://www.worldometers.info/world-population/

World Population Prospects 2024, (2024), UN.

강병훈. (2022. 11-12). 미전도종족 선교에서 맞춤선교로의 전환. 전방개

   척선교 Vol.103

유해석. (2014. 08). 기독교인이 이슬람에 대해 꼭 알아야할 9가지.

   https://ikccah.org/free_board/1190_____, (2015). 기독교인은 왜

   이슬람을 알아야 하는가?. 크리스천투데이.

https://www.christiantoday.co.kr/news/278941

이미경. (2024. 04). 개신교인 44% 아프리카 거주… 기독교의 세계적 중
심 이동. 기독일보.

https://www.christiandaily.co.kr/news/134574#share#share

정민영. (2004). 21세기 세계선교의 동향과 전략적 이슈들. 방콕포럼
2004-23 자료집. 미션파트너스

황청일. (2002. 12). 도날드 맥가브란의 선교전략 (Missionary Strategies
of Donald A. McGavran). 기독교문화연구,7, 71-104. 한남대학교
기독교문화연구소.

글로벌 차세대 동원 : 아시아프리카(AsiAfrica)를 중심으로

전성진

들어가는 말

세계 선교를 주도해 오던 북반구 교회와 지난 수 십 년간 세계 선교의 주요 동력으로 기능해 왔던 한국 교회의 고령화는 세계 선교 운동 지속성에 도전이 되고 있다. 선교사의 고령화는 특히 중간 연령이 현저하게 낮은 아프리카에서 더 심각하다. 이에 따라 한국 교회와 선교계, 특히 아프리카에서 사역하는 선교사들은 지속 가능한 선교 전략을 모색해야 할 위기에 처해 있다.

이 발제문은 바로 이러한 문제 의식에서 출발한다. 세계 선교의 지속성을 확보하기 위해 기존의 한계를 넘는 새로운 패러다임을 모색한다.

먼저 세계 선교 환경의 변화와 새로운 도전 요인들을 종합적으로 분석한다. 인구 통계학적인 접근, 특히 한국의 중간 연령과 한국의 선교 운동 변화를 분석하고, 이를 토대로 기독교가 발전하는 글로벌 지역들에 대한 분석과 예측의 툴을 제공한다. 특히, 아프리카와 동남아시아의 인구 및 기독교 성장 추이를 살펴봄으로써 세계 선교 지속성 확보를 위한 새로운 기회 요인을 발굴해 냈다.

그 결과 '아시아프리카(AsiAfrica) 운동'이라는 혁신적인 선교 전략을 제안하고 있다. 아시아와 아프리카 지역 간의 상호 협력을 통해 서로의 선교적 잠재력을 증폭시키는 것이다. 이를 통해 앞으로 50년 이상의 선교 지속성을 보장하는 구체적인 실행 방안을 제시한다.

나아가 이 운동의 확장 가능성까지 탐색하며 '글로벌 차세대 교차 선교'라는 개념을 소개한다. 이는 전 세계에 분포된 한인 선교사들의 네트워크를 활용하여 글로벌 선교 인력을 교차 배치하자는 아이디어이다.

한국 교회와 세계 선교계가 당면한 도전을 직시하고, 앞으로 세계 선교의 인적 자원의 중요한 보고가 될 아프리카에서 창의적이고 실천적인 대안을 함께 모색하기를 기대한다. 또, 전통적인 선교 패러다임을 넘어서는 과감한 발상의 전환이 요구되고 있는 만큼, 이 글에 대한 활발한 논의와 실천적 시도가 뒤따를 것으로 기대된다.

1. 세계 선교 지속성의 위기

1) 한국 교회의 선교 동력 변화

한국 교회의 선교 동력 변화는 교회의 역사적 발전, 사회적 변화, 그리고 최근에 직면한 인구학적 도전을 통해 이해할 수 있다. 한국에 기독교가 도입된 이래, 한국 교회는 빠르게 성장하여 세계 선교의 중심으로 자리 잡게 되었다. 특히 한국 전쟁을 거치면서 교회는 사회 복원과 치유의 중심 역할을 맡았고, 이러한 역할은 교회 성장과 선교 활동으로 이어졌다.

1970년대와 1980년대, 한국의 경제 성장은 교회와 선교에 새로운 에너지를 주입했다. 이 시기에 급성장한 한국 교회는 세계 선교 진출의 기반을 마련했다. 선교에 대한 뜨거운 관심은 선교사 수의 급증이 반영한다. 문상철에 의하면 한국 선교사의 수는 특히 1980년에서 2013년 사이에 극적으로 증가했다. 예를 들어, 1980년에는 100명의 선교사, 1989년에는 1,000명, 2002년에는 10,000명, 2013년에는 20,000명의 선교사가 있었다 (Moon 2016). 2023년에는 174개국에서 21,917명이 활동하고 있다(KRIM 2024).

그동안 한국 선교사들은 전도와 교회 개척 뿐만 아니라 교육, 의료, 사회발전 운동 등 다양한 분야에서 활약하며 총체적인 선교를 수행해 왔다.

그러나 최근 한국 사회의 인구 고령화와 교회 출석률 감소, 젊은 세대의 기독교에 대한 관심 저하 등은 한국 교회와 선교에 새로운 도전을 제시하고 있다. 이러한 변화는 향후 선교사 모집과 파송, 그리고 세계 선교에서의 한국 교회의 역할에 영향을 미칠 것으로 예상된다. 참고로 2002년에서 2013년 사이에는 선교사 수가 100% 추가 성장한 반면, 2013년에서 2023년 사이에는 19.2%만 성장한 것으로 집계된다. 따라서 한국 교회는 이러한 도전에 적극적으로 대응하며, 지속 가능한 선교 전략을 개발하고 새로운 선교 동력을 창출해야 할 시점에 있다.

2) 세계 선교 환경과 동향의 변화

제2차 세계 대전 이후 선교 환경은 급격한 변화를 겪었다. 1950년 이전에는 대부분의 나라에 선교사들이 접근할 수 있었다. 그러나 중국 공산화(1949)와 도미노 현상, 식민지 국가들의 독립으로 전통 종교, 문화로 회귀 등으로 특정 국가들에서 선교 활동이 제한 되었고, 이로 인해 많은 선교사들이 선교 자유 국가로 이주하게 되었다. 따라서 1950년 이후에는 선교활동이 제한되지 않는 지역에 선교사들이 집중하는 경향이 눈에 띄게 나타났다.

1989년 2차 로잔 대회 이후 '10/40 창' 지역에 대한 관심이 증가하며, 전통적인 선교 방식에서 벗어나 창의적인 접근법이 필요한 지역으로의 선교활동이 확대되었다. 이러한 변화는 글로벌 선교 전략에 있어 중요한 전환점이 되었으며 소외된 지역에 선교자원을 집중할 수 있게 했다.

그러나 지난 30 여 년 동안의 창의적 접근 지역에 대한 전략적 집중은 상대적으로 선교사 활동이 자유로운 지역이 사역은 많은 반면, 신규 선교사 보충 부족으로 어려움을 겪는 또 다른 불균형을 초래했다. 이러한 불균형은 해당 지역의 선교사 인구 고령화로 이어져 조만간 사역의 효과적인 이양 이전에 은퇴로 철수해야 하는 상황에 이르렀다. 한편, 창의적인 선교 접근이 필요한 지역에서 일하던 선교사들은 디지털 감시 네트워크의 발달로 2010년 전후로 본인의 의사와 관계없이 스스로, 또는 강제적으로 출국을 해야 했다.

3) 북반구 장기 선교사 비율 급감

20세기까지 선교를 주도했던 북반구 출신의 장기선교사 비율 급감 현상은 세계 선교 확장에 중대한 도전이다. 1970년 전체 선교사의 88%를 차지하던 비율이 2021년에는 53%(227,000명/430,000명)로 크게 줄어들

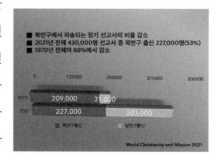

었다 (Zurlo, Johnson, and Crossing 2021). 이러한 변화는 북반구 교회의 고령화와 기독교 문화권 내 세속화 현상이 복합적으로 작용한 결과로 볼 수 있다.

1970년대의 전 세계 해외 선교사의 수는 240,000 명에서 2000년에 420,000명으로 75% 성장한다. 2000년에서 2020년 사이에는 성장율이 1.19%에 그친 420,500명으로 증가세가 현저히 주춤하였다. 이는 2000년

이후 선교 동력원이었던 북반구 사회의 고령화와 세속화가 전 세계 선교사 수에 영향을 미친 결과로 분석된다.

2017년 한국 선교사 지도자 포럼에서 미시오넥서스(Missio-Nexus)의 테드 에슬러(Ted Esler)는 2008년과 2016년 사이의 미국이 파송한 전임 선교사의 수가 증가했다고 보고했다(KWMA 2017, 165). 그러나 그 보고에서는 맹점이 있었다. 사실 2007년에 이미 미국 선교 단체에서 파송된 전체 선교사 중3분의 1만이 미국인 선교사(44,384 대 80,834명)인 것으로 나타났다. (Weber, Linda J., and Dotsey Welliver 2007). 이는 북반구 교회가 선교 인력을 유지하기 위해 다른 지역에서 선교사를 동원하고 있음을 시사한다.

서구 사회의 탈기독교화가 진행되면서 북반구 선교사의 수는 앞으로 급속도로 줄어들 것이다. 이는 서구 개신교의 보루인 미국의 상황에서도 뚜렷이 드러난다. 퓨 리서치 센터에 따르면, 2009년부터 2019년까지 미국의 기독교 인구는 77%에서 65%로 감소한 반면, 무종교인은 17%에서 26%로 증가했다. 이는 모든 인구 집단과 지역에서 나타나며, 교회 출석률 감소와

함께 종교적 활동이 줄어드는 추세를 반영한다(PEW RESEARCH CENTER 2019).
2020년 기독교인은 64%, 무종교인은 30%였으며, 2070년에는 각각 46%,
41%로 예상된다 (Kramer 2022).

4) 기독교 선교에 대한 국가별 규제 증가

전 세계적으로 기독교 선교 활동에 대한 국가별 규제가 강화되고 있으
며, 이는 선교사들에게 큰 도전이 되고 있다. 특히, 안보, 반테러, 국가 안
정 등을 이유로 공산주의, 이슬람, 힌두교 국가들에서 이러한 규제가 두드
러지게 나타난다. 이러한 국가들은 사회 감시 체계를 강화하여 외국인 선
교사에 대한 장기 비자 발급을 제한하고, 선교 활동을 감시하거나 선교사
들을 추방하기도 한다.

2007년 이후 각국의 종교 규제가 최고 수준에 달했으며, 이는 선교 환경
이 점점 더 어려워지고 있음을 보여준다. 퓨 리서치센터의 2019년 보고서
에 따르면, 조사 대상 국가의 91%, 전 세계 국가의 80% 이상에서 정부가
종교 단체를 괴롭힌 사례가 보고되었다(Majumdar & Villa, 2021). 이는 전 세계
적으로 선교 활동이 광범위한 제약을 받고 있음을 의미한다.

또한, 지난 10여 년간 테러 활동 증가, 난민 유입, 자국 노동력 및 자본 유
출에 대한 우려가 많은 국가에서 장기 비자 발급을 더욱 제한하게 만든 주
요 요인으로 작용했다. 이러한 제한은 창의적 접근이 필요한 지역에서 선
교사들의 철수를 강요하며, 선교 활동의 범위와 효과를 크게 축소시킨다.

특히, 디지털 기술 발전과 사회 감시 체계의 고도화는 선교 활동에 대한
제약을 더욱 심화시키고 있다(Königs, 2022; 송재윤, 2022). 이는 1989년 2차 로
잔 대회 이후 강조된 창의적 접근 지역 중심의 글로벌 선교 운동에 큰 장

애로 작용하고 있다.

결론적으로, 최근의 이러한 도전들은 세계 선교 운동의 지속 가능성에 심각한 위협이 되고 있으며, 이에 대응하기 위해 새로운 전략과 접근법을 모색할 필요가 있다.

2. 새로운 전략을 위한 접근법

한 국가의 선교 운동에 영향을 미치는 요인으로는 인구와 연령 구조, 교회 전통, 사회 구조, 종교와 국가의 관계, 정치 구조, 재정과 자원 등 다양한 요소들이 존재하며, 이들 각각은 선교 활동의 성과와 방향에 중요한 영향을 미친다. 특히 각 요소는 상호 밀접하게 연관되어 있어, 종합적인 분석이 요구된다. 예를 들어, 인구 구조는 특정 국가에서 선교 대상으로 삼아야 할 주요 인구 집단과 이들의 연령대 및 사회적 역할을 파악하는 데 유용하며, 이를 통해 선교 대상과 접근 방법을 세부적으로 조정할 수 있는 기반을 마련할 수 있다 (McGavran 1970). 교회 전통은 그 나라의 교회 역사와 신학적 전통에 따라 선교 접근 방식을 결정짓게 하며, 특정 교단이나 신학적 색채를 띤 선교 운동이 해당 국가에서 어떤 방식으로 수용될지를 예측하게 해준다 (Bosch 1991). 또한, 사회 구조는 계층 간 소통 방식과 문화적 수용성을 결정짓는 요소이며(Hiebert 1985), 국가와 종교의 관계는 정부의 정책이나 법률이 선교 활동에 미치는 제약이

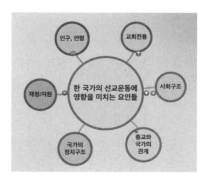

나 지원 요소를 이해하는 데 필수적이다. 정치적 구조 역시 국가가 외부 종교 활동을 수용할지 또는 배척할지에 대한 기준을 세워주며 (Shenk 1999; Jenkins 2002), 재정적 자원은 선교의 지속 가능성과 그 규모에 직접적인 영향을 미친다 (Scherer & Bevans, 1999).

그 중에 맥가브란(Donald A. McGavran)의 인구구조적 접근법은 이후 젠킨스나 토드 존슨(Todd M. Johnson) 등에 의해 확장되어, 글로벌 선교 전략 수립에 있어 인구통계학적 분석의 중요성이 강조되었다. 그들은 여러 연구를 통해 종교 인구의 변화를 체계적으로 분석하였고, 기독교의 성장이 남반구(Global South)로 이동하고 있음을 밝혀냈다 (Johnson & Hickman 2012). 또한, Atlas of Global Christianity와 같은 연구 작업을 통해 특정 지역의 종교적 변화와 인구 구조를 심도 있게 연구하였으며, 이러한 데이터가 선교 전략 수립에 실질적 기반을 제공할 수 있음을 강조하였다.

따라서 인구통계학적 접근은 그 단순성에도 불구하고, 선교 전략 수립에서 미래를 예측하는 데 있어 높은 정확성을 제공하며, 매우 효과적이다.

1) 인구 통계학적 접근

선교 미래 예측 도구인 인구 통계학: 인구 통계학적 접근은 선교 전략 개발에 필수적인 도구로서, 출생률, 사망률, 이주율과 같은 기본적인 인구 변화 요인을 분석해 미래의 선교 방향성을 예측한다. 인구 통계학적 데이터는 견고하고 신뢰할 수 있는 정보를 제공하며, 특히 중간 연령 같은 지표는 선교 전략을 수립할 때 중요한 고려 사항이다.

선교 전략의 핵심 지표인 중간 연령: 중위 혹은 중간 연령은 한 국가나 지역 사회의 성숙도와 질적 역량을 평가하는 중요한 지표다. 노동 생산성,

지도력 발휘, 경영 능력 등 다양한 측면에서 공동체의 성숙도를 파악할 수 있기 때문이다. 이 지표는 선교 활동에 있어서도 주요 인구 집단의 참여 가능성과 역동성을 예측하는 데 유용하다.

기독교 인구 통계와 전략적 기회: 기독교 인구의 분포는 국가나 사회 내 선교 운동의 방향성과 역량을 파악하는 데 중요한 지표로 작용한다. 이 통계적 정보는 지역별 특성을 반영한 선교 전략을 수립하고 실행하는 데 구체적이고 실질적인 근거를 제공할 수 있다.

예를 들어, 어린 인구가 많은 국가에서는 어린이, 청소년, 청년 사역이 큰 잠재력을 갖는다. 이들은 미래 교회의 기초를 이루며, 장기적으로 선교 운동의 지속성과 확장을 위한 중요한 자원이 될 수 있다. 이러한 젊은 세대에 대한 투자는 미래의 선교 리더십을 길러내는 중요한 역할을 한다.

청년과 중년 세대에서 기독교 인구의 비율이 높은 국가에서는 헌신적인 사역자가 많이 나올 가능성이 크다. 이들은 현지와 해외에서 선교 역량을 강화할 수 있으며, 선교 활동이 활발하고 혁신적일 수 있다. 이러한 세대는 선교의 실질적 추진력이자 새로운 방법론을 적용하는 데 있어서도 중요한 역할을 할 수 있다.

반면, 기독교 인구가 고령층에 집중되어 있거나 감소하는 국가에서는 기존의 선교 전략을 재고할 필요가 있다. 고령화 사회에서는 현지 차세대를 육성하고 지원하는 것이 필수적이며, 이를 위한 콘텐츠 개발과 기술적 지원이 필요하다. 예를 들어, 디지털 플랫폼을 활용한 교육과 훈련 프로그램, 현지 지도자 육성을 위한 자원 배분 등의 창의적인 접근이 요구된다.

결국, 지속 가능한 세계 선교를 위해서는 각 국가와 사회의 인구 구조를 면밀히 분석하고, 이를 바탕으로 맞춤형 선교 전략을 개발해야 한다. 이러한 전략은 숫자에 기반한 단순한 분석을 넘어, 각 세대의 특성과 필요에 맞춘 다차원적 접근을 포함해야 하며, 기독교 인구의 변화에 따른 선교 기회와 도전에 유연하게 대응할 수 있어야 한다.

2) 사례: 한국의 중간 연령과 선교 운동의 변화

위의 접근법으로 한국의 중간 연령과 선교 운동의 변화를 살펴보면 고령화된 한국 교회가 세계 선교 지속성 확보를 위해 무엇을 해야 할지 통찰력을 얻을 수 있을 것이다.

한국의 중간 연령 변화는 국내 선교 활동의 흐름과 밀접하게 연관되어 있으며, 이 관계성을 이해하는 것은 선교 전략의 수립과 실행에 있어 매우 중요하다.

1975년에 한국의 중간 연령이 20세에 도달했을 때, 한국 교회는 차세대를 대상으로 한 사역이 부흥했다. 이 시기의 사역은 어린이, 청소년, 그리고 청년들에게 초점을 맞추며, 이들에 대한 교육과 영적 성장을 강조했다. 이러한 접근은 국내에서의 사역 활동에 강한 기반을 마련했으며, 다음 세대의 신앙적 리더십을 양성하는 데 중요한 역할을 했다.

중간 연령이 20대 후반으로 접어들면서 한국에서는 대규모의 선교 동원운동과 집회가 활발해졌다. 선교 기관들도 급격하게 증가했다. 1979년 21

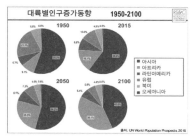

개였던 선교 기관이 1994년에는 113개로 늘어났다(KRIM 2003).

특히 1995년, 한국에서 열렸던 GCOWE대회는 217개국 4700여명의 대표와 한국 대학생 7만 여명이 동원된 역사상 최대의 글로벌 선교대회였다. 이러한 동향은 거국적 차원에서 선교에 대한 관심을 증대시켰으며, 특히 해외 선교의 중요성을

강조했다. 이 시기에 형성된 선교적 관심과 준비는 중간 연령이 30세에 이른 1996년 전후 해외 선교사 파송의 큰 확대로 이어졌다. 선교사의 양성과 파송을 위한 인프라 구축이 강화되었고, 교회 및 선교 기관은 해외 선교에 필요한 교육과 훈련 프로그램을 확장했다. 이것은 해외 선교사 파송 국가로서의 한국의 입지를 확고하게 했다.

그러나 2014년에 중간 연령이 40세에 도달하면서 해외 선교사 파송 증가율이 둔화되는 현상을 경험했다(전성진 2019). 이는 선교 전략의 재평가를 요구하는 새로운 도전으로, 한국 선교계에 다양한 전략적 고민과 방향 설정의 필요성을 제시했다.

결론적으로, 한국의 각 시기별 중간 연령의 변화는 선교 활동의 방향성과 전략에 큰 영향을 미쳤다. 한국 교회가 겪은 이러한 변화는 기독교가 성장하고 있는 다른 국가에서 선교사들이 국가 중간 연령 변화에 맞추어 선교 전략을 수립하는 데에 도움이 된다.

3. 인구 통계학적 적용

다음 두 개의 도표는 2차 세계 대전 이후 세계 인구 변화의 동향과 대륙별 중간 연령을 나타낸 것이다. 주목할 점은 2100년에는 전 세계 인구 10명 중 8명 이상이 아시아나 아프리카에 거주한다는 것이다. 이에 따라 이장에서는 인구 동향의 변화에 근거하여 세계 선교 지속성 확보를 위해 아프리카와 아시아, 특히 동남아시아 지역의 선교 전략적 협력 가능성을 모색할 것이다.

1) 아프리카

(1) 아프리카 인구 동향

아프리카의 급속한 인구 증가는 전 세계적으로 중요한 현상이다. 유엔의 예측에 따르면, 21세기 말까지 아프리카 인구는 현재보다 세 배 이상으로 증가할 것으로 보이다. 이러한 인구 통계학적 변화는 아프리카뿐만 아니라 전 세계적으로 다양한 영향을 미칠 것이다.

아프리카 대륙은 지난 5년간(2018-2023) 약 1억 8천만 명의 인구가 증가하며 높은 인구 증가율을 기록했다. 반면, 유럽 인구는 전 세계 인구에서 차지하는 비율이 지속적으로 감소하고 있다. 1950년에 21.7%를 차지했던 비율이 2015년에는 10%로 감소했고, 아프리카 인구는 같은 기간 동안 상대적으로 증가하여 1950년 9.1%에서 2015년 16.1%로, 2023년 18% 그리고 2050년에는 25.5%까지 증가할 것으로 예상된다(Jun 2024; UN, DESA 2024).

아프리카의 대륙의 중간 연령은 대륙들 중 가장 낮은 20세 미만으로, 이상황이 대륙 전체의 노동 시장, 경제적 자원 및 교육 시스템에 특별한 영향을 미친다.

 2024년 유엔 보고서에 따르면, 앞으로 9개의 아프리카 국가들의 인구는 2050년까지 두 배로 증가할 것이며, 전 세계 인구 증가율의 절반을 아프리카가 차지하게 될 것이라고 한다

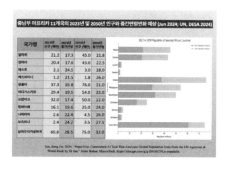

(UNDESA 2024). 이는 아프리카가 세계적인 인구 중심지로 부상하고 있음을 시사하며, 세계 경제, 정치, 문화, 선교 등에 있어 아프리카의 역할이 점점 중요해지고 있음을 나타낸다.

아프리카는 급속한 인구 증가와 함께 대륙 중 가장 빠른 도시화를 경험하고 있다. 이러한 변화는 경제적, 사회적, 환경적 관리에 대한 체계적인 계획을 요구한다. 특히 교육의 중요성이 강조되며, 아프리카의 인구 증가가 적절한 거버넌스와 정책 하에 이루어질 경우 경제 발전에 긍정적인 영향을 미칠 수 있다(Peter, A., & Bakari 2018; Ukpolo 2002). 이 인구학적 변화는 노동 시장, 문화 다양성, 국제 관계에 중대한 영향을 주며, 아프리카의 잠재력을 활용한 지속 가능한 개발과 포용적인 정책 마련이 필요하다.

 중남부 아프리카 11개국의 2023년 및 2050년 인구와 중간 연령변화 예상은 다음과 같다(Jun 2024; UN, DESA 2024).

 이러한 인구 변동의 다면적인 영향을 이해하고 해결하는 것은 글로벌 선교 전략에 매우 중요하며, 아프리카의 인구 통계학적 잠재력을 활용하는 지속 가능한 개발과 포용적 전략 개발의 필요성을 강조한다.

(2) 아프리카 기독교의 부상

아프리카 기독교의 급속한 성장은 세계 선교에 있어서 중대한 변화를 예고하고 있다. 1970년 이후 아프리카의 기독교 인구는 눈에 띄게 증가하였다. 구체적으로 1970년대에 전 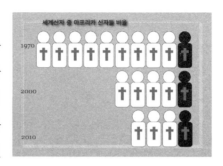 세계 열명의 기독교 신자 중에 한 사람이 아프리카인 이었다. 2000년이 되어 다섯 명의 신자 중에 한 사람이, 2010년에 발표된 통계에 의하면 전 세계 4명의 신자 중에 한 명이 아프리카에 거주하고 있었다. 2020년에 전 세계 기독교인구의 28.2%가 아프리카에 분포했다.

퓨 리서치 센터의 시뮬레이션에 의하면 2060년 경이면 전 세계 기독교 신자 10명 중에 4명이 사하라 사막 이남 아프리카에 거주할 것이라고 한다(David McClendon 2017).

개신교인 인구분포는 더욱 놀랍다. 2021년에는 아프리카 내 기독교인 수가 6억 8,931만 명에 달하며, 이 중 개신교 신자만 4억 9천만 명으로, 전 세계 개신교 인구의 약 68.9%를 차지하고 있다(Zurlo, Johnson, & Crossing, 2021).

이 통계는 아프리카가 세계 선교 활동의 방대한 인적 자원의 원천으로 부상하고 있음을 나타낸다. 아프리카 기독교 인구의 증가는 선교 활동에 새로운 동력을 제공하며, 전 세계적으로 기독교의 영향력 확장에 결정적인 역할을 하게 될 것으로 전망된다.

(3) 아프리카 기독교의 도전: 혼합주의, 명목상 신자, 지도자 훈련부족, 방치된 차세대

아프리카 기독교는 그 성장 속도가 괄목할 만하지만, 내부적으로 여러 도전에 직면해 있다. 이러한 문제들은 아프리카의 기독교 성장과 질적 성숙을 방해하는 주요한 요소들이다(전성진 2007: 2022).

혼합주의 기독교: 아프리카의 기독교 성장은 상당 부분이 기독교와 전통 신앙의 혼합주의에서 기인한다. 이러한 혼합주의 종교 현상은 아프리카 전통 신앙의 샤머니즘적 요소와 기독교의 번영신학이 결합된 형태로 나타나고 있으며, 이는 기독교 교리의 순수성을 훼손 시키고 있다.

명목상의 기독교인: 아프리카 대부분의 명목상 기독교인들은 근본적인 신념과 생활양식이 비기독교적 세계관에 뿌리를 두고 있다. 많은 기독교인들이 종교적 정체성을 가지고 있음에도 불구하고, 실제 교회 참석률은 낮으며, 일상 생활에서 비기독교적 가치관이 드러나는 경우가 흔하다.

훈련받지 못한 지도자: 대다수의 아프리카 목회자들은 적절한 신학 교육을 받지 못했다. 이는 올바른 성경 해석과 가르침의 부재로 이어지며, 그로 인해 교회 내 혼합주의 신앙이나 잘못된 교리가 전파될 위험이 높다.

방치된 차세대: 아프리카의 청소년과 어린이들은 여러 가지 도전에 직면해 있다. 빈곤, 질병, 교육 기회 부족 등으로 인해 이들의 신체적, 정서적, 영적 발달이 위협받고 있으며, 많은 교회가 이들을 위한 구체적인 사역을 간과하고 있다.

이러한 아프리카 기독교 또 교회의 문제들을 해결하기 위해서는 신학교육 강화, 성경적 가르침의 확립, 그리고 어린이, 청소년 사역에 대한 투자 증대등 다각적인 선교적 지원이 절실하다. 그 결과로서 아프리카 기독교는 자체적인 질적인 성장을 이룰 뿐만 아니라, 향후 세계 선교에 적극 기여할 수 있을 것이다.

2) 아시아, 특히 동남아시아에 대한 인구 통계학적 접근

(1) 아시아 및 동남아시아 인구 동향

아시아는 1950년 이후 계속 세계 인구의 절반 이상을 차지해 왔다. 2024년 현재 아시아 인구는 전 세계 인구의 약 60%에 달하는 47억 7천5백 만명이다. 동아시아 인구는 1950년부터 2000년 사이에 120퍼센트 이상 성장했지만, 2000년에서 2050년 사이에 10% 미만으로 성장할 것으로 예상된다. 반면에 동남아시아는 같은 기간에 거의 200퍼센트 성장했고 2050년까지는 여전히 50% 더 성장할 것으로 예측되었다(East Asia Forum 2012). 2023년 현재 동남아시아의 전체 인구는 6억 9천 만명이 넘었다 (Worldometer 2024). 동남아시아에서 인구가 제일 많은 두 국가로 인도네시아 인구는 277,534,122명, 필리핀은 117,337,368명이다. 이 두 국가의 인구 합이 3억 9천 만

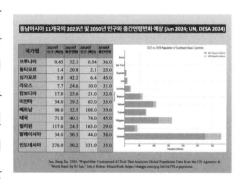

명이 넘어 동남아 인구의 절반이상을 차지하고 있다. 동남아시아의 평균 중간 연령은 30세 정도이다.

이러한 인구 동향은 지역 경제와 문화, 인력 개발에 큰 영향을 미치며, 세계 선교 활동에도 중요한 기회와 도전을 제공한다. 이는 높은 출산율과 비교적 낮은 사망률에 기인하며, 선교 활동에 있어서 이 지역의 청년층을 중심으로 한 전략이 중요함을 시사한다.

동남아시아 11개국의 2023년 및 2050년 인구와 중간 연령변화 예상은 다음과 같다(Jun 2024; UN, DESA 2024).

(2) 동남아시아의 기독교 인구

동남아시아 지역은 다양한 종교가 공존하는 지역이지만, 최근 몇 십 년 간 기독교 인구의 성장이 주목받고 있다. 특히 도시화와 교육의 확대, 경제 발전이 이 지역에서 기독교 인구의 성장을 촉진하고 있다. 동남아시아에서 기독교인구의 증가는 더 넓은 아시아 지역에서의 종교적 변화와 연관되어 있으며, 이는 선교 전략을 수립함에 있어 중요한 고려 사항이다. 동남아시아에서 기독교인 비율은 전체 인구의 약 23%에 해당한다. 동남아 기독교인의 약 90%는 동남아시아 인구의 57%를 차지하는 인도네시아와 필리핀에 분포되어 있고, 이 두 나라는 기독교, 특히 개신교 인구가 증가해 온 국가들이다.(Ross, Alvarez, and Johnson 2020) 젊은 인구가 많은 동남아시아에서 기독교의 성장은 이 지역 뿐만 아니라 전 세계적인 선교 활동에 중요한 영향을 미칠 것이다. 따라서 이 지역의 인구 통계학적 특성을 면밀히 분석하고 이해하여 효과적인 선교 전략을 개발하고, 특히 글로벌 선교 운동에 동원하는 것이 중요하다.

(3) 동남아시아 기독교의 도전: 전통 종교, 유교 문화, 공산주의, 국가주의

아시아, 특히 동남아시아 지역은 다양한 종교와 문화, 사상이 공존하는 지역으로, 기독교가 많은 도전에 직면해 있다. 이 지역에서 기독교는 고대부터 이어져 온 다양한 거대 종교들과 공존해야 했으며, 특히 유교 문화와 공산주의, 국가주의의 영향으로 아시아 교회는 권위에 순종하고 교육적인 성향을 강조하는 특징을 보인다. 그래서 이러한 모습들은 교회가 선교적인 면에 있어 소극적인 태도를 갖는데 영향을 미치기도 한다.

동남아시아의 여러 국가에서는 공산주의 또는 국가주의의 영향으로 교회가 국가에 의해 통제되는 경우가 많으며, 종교 간의 전도가 법적으로 제한되기도 한다. 예를 들어, 베트남과 라오스는 교회 활동에 대한 국가의 통제가 여전히 강하며, 말레이시아와 인도네시아에서는 종교 간 전도에 법적 제한이 있다. 태국에서도 불교는 국교로서 특별한 지위를 갖고 있어 선교에 제약이 따른다.

한편, 동남아시아에서는 화인 공동체가 경제력 뿐만 아니라 기독교의 중요한 자원으로 자리 잡고 있다. 이들은 주로 중국계에 복음을 전하는 데 주력하고 있으나, 복음전도 활동도 각국의 법적, 사회적 제약 속에서 이루어지고 있다. 이러한 환경에서 아시아 교회가 선교적으로 새로운 돌파구를 찾고 성장할 수 있는 전략이 필요하다. 이들의 선교적 돌파구를 만들어 줄 수 있다면 동남아시아 교회들은 선교적 교회로서의 새로운 단계의 성장을 이룰 것이다.

3) 아프리카 한인 선교사들의 고민과 돌파구

2017년 이후 아프리카의 한인 선교사 수가 줄어가고 있다. 무엇보다도 아프리카에 있는 한인 선교사들의 연령이 고령화 되고 있다. 70세가 정년인 KPM(고신) 아프리카 선교사의 절반 이상이 10년 이내에 은퇴

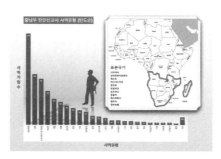

를 하게 된다. 은퇴 전에 한국에서 선교사가 보충되지 않으면 은퇴와 함께 40%에 해당하는 국가들이 KPM의 공식 선교국가 리스트에서 사라질 것이다. 이것은 다른 교단이나 단체도 비슷한 상황이다. 2021년 10월 현재, 중남부 아프리카 11개국에서 사역하는 277가정 선교사들의 사역 유형은 다음의 그래픽과 같다(전성진 2022). 이 선교사들이 그동안 땀 흘려 이루어 온 사역과 기반시설들을 바탕으로 협력과 발전, 그리고 이양 및 확장 과정을 통해 아프리카의 미래를 위해 헌신할 새로운 인적 자원들이 절실이 요구되고 있다.

이 문제를 효과적으로 해결할 수 있는 잠재력이 선교사들에게 있다. 2023년 현재 아프리카에서 사역하는 한인 선교사는 1,844명으로 전체 한인 선교사의 8.4%를 차지하며, 아시아의 한인 선교사는 12,889명으로 58.6%를 차지한다. 그 중에 필리핀은 1,380명, 인도네시아는 849명이다 (KRIM 2024).

4. 세계 선교 지속성을 위한 전략: 아시아와 아프리카의 선교적 협력

1) 아프리카 기독교의 선교 잠재력 개발

아프리카 기독교는 많은 젊은 인구와 지역적 도전에도 불구하고 상당한 성장 잠재력을 가지고 있다. 그러나 이 잠재력을 개발하여 세계 선교에 기여하려면 인구통계적 동향으로 볼 때 최소 30년이 걸릴 것이다. 건강한 영적 성장을 위해서는 총체적인 성경 교육, 신학 교육, 제자훈련, 다음 세대 사역이 중요하다. 인적 자원을 효율적으로 활용하기 위해 더 많은 선교사를 투입하고 훈련하고 지원하는 전략이 필요하다.

2) 아시아 기독교의 선교적 잠재력 동원

아시아 국가들은 한국 교회의 선교 역사와 많은 연관을 가지고 있다. 특히 인도네시아, 필리핀은 기독교 인구가 많고 한국 선교가 많은 헌신을 쏟아 온 선교 잠재력이 큰 국가들이다. 이 국가들은 상대적으로 젊은 인구라는 특징과, 교회의 역동성이 한국의 국가 중간 연령이 20대 말이던 시기(1990년대 초)와 닮아, 이제는 선교 동원과 파송 운동이 활발하게 일어날 만큼 무르익은 시기를 맞고 있다. 이런 잠재력이 적극적인 동원, 훈련, 파송으로 이어질 수 있도록 한인 선교사들이 역할을 감당해야 한다.

(1) 인도네시아 교회의 선교 잠재력

2020년 현재 전체 인구의 12.2%를 차지하는 인도네시아의 기독교 인구는 젊은 인구, 목회자에 대한 존중, 양질의 신학 교육, 열정적인 목회자, 전도에 대한 열정 등 주요 강점을 지니고 있다. 이러한 자원을 해외 선교, 특히 선교의 자유가 보장되는 아프리카 선교에 동원하면 해당 선교지에 큰 영향을 미칠 수 있다. 이것은 인도네시아 교회가 더욱 선교적 교회가 되도록 고무할 것이다. 이러한 예측은 인구 구조가 변화하기 전 30년의 '골든타임'을 고려할 때 한국의 경험을 반영한 것이다.

(2) 필리핀 교회의 선교 잠재력

필리핀은 인구 90%이상이 기독교인인데, 그 중 15%정도가 개신교 계통이다. 인도네시아와 함께 동남아 기독교인구의 대부분을 차지하며, 한국 교회가 집중적 선교 투자를 한 국가로서, 선교사 동원을 위한 풍부한 인적 자원을 갖추고 있다. 필리핀은 종교의 자유를 보장하고 외국인 선교사 활동을 허용하는 등 유리한 환경을 갖추고 있다. 특히 중간 연령 26세의 매우 젊은 인구 구조는 1980~90년대 한국 상황과 유사한 선교 잠재력을 시사한다.

필리핀 교회의 강점으로는 청소년/청년 중심의 기독교 인구, 양질의 신학 교육기관 등이 있다. 또 영어가 공용어로 사용되며 다양한 문화속에서 공존한 경험이 있어서 언어적, 문화적 적응력이 뛰어나다. 세계 10대 이주민 송출국으로서 필리핀의 디아스포라 역량도 선교적 동원을 위해 주목할 만하다(United Nations 2016).

(3) 30년의 골든타임

한국의 경험을 볼 때 국가 중간 연령이 30세에서 40세로 진입하기까지 약 20년 정도가 걸렸다. 한국이 본격적으로 해외 선교에 공헌한지 약 30년만에 선교적 역동성이 떨어지게 된 것을 볼 때, 지금부터 약 30년 정도가 동남아시아 교회가 세계 선교에 역동적으로 기여할 수 있는 골든타임이다. 선교사들은 이 시기를 활용해 동남아시아 교회가 선교적 교회가 될 수 있도록 도와야 한다. 이 시기가 끝날 즈음 대부분의 아프리카 국가들의 중간 연령은 30대에 진입하면서 다음 시대 선교의 주역이 될 수 있을 것이다. 향후 적어도 30년간의 황금기 동안 필리핀이나 인도네시아 등 아시아 교회의 선교 잠재력 동원은 세계 선교 역동성 유지를 위한 중요한 전략이다.

결국, 아프리카 선교를 위해 아시아 교회를 동원하는 것은 글로벌 차세

대와 차차세대를 동원하는, 적어도 앞으로 반세기 이상 세계 선교 운동의
역동성을 보장하기 위한 전략적 선택이다.

3) IMB 사례

미국 침례교 선교부(IMB)의 사례는 이러한 협력의 훌륭한 예이다(Anderson
2021). 2021년 10월, IMB 선교사들은 사하라 이남 아프리카에서 사역할 아
시아 출신 선교사 파송을 위한 양해각서에 서명했다. 5년간의 준비 끝에
7명의 아시아 선교사가 사하라 이남 아프리카에서 사역을 시작할 예정이
며, 추가로 8명이 헌신했다. 이들은 서아프리카의 무슬림 대다수 도시에
서 복음을 전하고 교회를 개척할 것이다.

10월 29일 케냐에서 열린 행사에서 사하라 이남 아프리카와 아시아 태
평양 지역의 IMB선교사들이 대륙 간 선교 활동에 대한 헌신을 공식화했
다. 이 역사적인 양해각서를 통해 아시아에서 파송된 선교사들이 사하라
이남 아프리카에서 사역하게 되었다. 이는 세계 기독교 연대와 협력을 보
여주는 증거가 되었다.

이 행사에서 다렌 데이비스는 아시아 선교사들의 아프리카 파송을 기념
비적이라고 평가했고, 제프 싱거맨은 이 파트너십이 아프리카 미전도 종
족을 위한 중요한 전략이라고 언급했다. 조나단 팁턴은 통신과 교통의 발
전이 대륙 간 협력을 촉진했다고 강조했다. 이 운동은 아시아 선교사들이
아프리카에서 효과적으로 사역할 수 있도록 돕는 다문화 훈련 프로그램을
포함하고 있다. 조쉬 리버스는 이 파트너십이 서아프리카 주요 도시에서
복음을 전하고 현지 기독교인들에게 선교사의 소명을 고취할 것이라고 설
명했다. 데이비스는 아프리카 교회가 아시아를 포함한 다른 지역으로 선

교사를 파송하는 '모든 곳에서 모든 곳으로'라는 비전을 제시하며, 기독교 선교의 글로벌 범위와 교회의 상호 연결성을 강조했다.

5. 아시아프리카(AsiAfrica) 운동

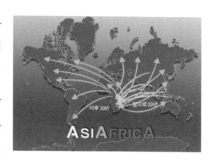

아시아프리카 운동은 아시아와 아프리카 간의 전략적인 연결을 통해 세계 선교의 미래를 밝히려는 운동이다. 이 운동의 핵심은 아시아 지역에서 활동하는 한인 선교사들이 현지인 제자나 동역자, 차세대 인력을 발굴, 훈련하여 아프리카 지역, 특히 한인 선교사들이 이미 구축한 사역지로 파송하는 것이다. 이를 통해 한국 교회와 선교사들이 아직 선교적 영향력을 가지고 있는 현 시점에서, 아시아에서 이루어 낸 선교의 성과를 세계 선교의 무대, 특히 아프리카로 확장하고자 하는 것이다.

아시아프리카 운동이 활성화될 때, 아시아와 아프리카 교회들은 각각 중요한 선교적 이점을 얻을 수 있다.

1) 아시아프리카 운동의 선교적 이점

(1) 아시아 교회의 선교적 이점

아시아 교회들은 이 운동을 통해 선교적 교회로 빠르게 성장할 수 있다. 중동이나 제한 접근 지역에 파송된 선교사들의 사역은 성과를 확인하기 어려운 반면, 아프리카는 선교의 자유가 보장된 지역으로, 아시아 교회들이 직접적인 선교 열매를 경험할 수 있다. 아프리카에서의 성공적인 선교 보고는 아시아 교회에 보람과 동기를 제공해, 교회 전체가 선교에 더 깊이 헌신하도록 자극할 것이다. 이를 통해 아시아 교회들은 선교적 비전을 강화하고, 세계 선교에 대한 새로운 사명을 가지게 될 것이다.

(2) 아프리카 교회의 선교적 이점

아프리카 교회들은 이 운동을 통해 글로벌 선교의 중요한 파트너로 성장할 기회를 얻게 된다. 혼합주의, 명목상의 신앙, 지도자 훈련 부족, 방치된 차세대와 같은 도전들을 아시아 교회의 지원으로 극복하면서, 더 견고한 신앙 공동체로 발전할 수 있다. 이를 통해 아프리카 교회는 더 이상 선교의 수혜자가 아닌 주도적인 선교자로서, 전 세계 선교를 이끌어 갈 역량을 키우게 될 것이다.

결과적으로, 아시아프리카 운동은 아시아 교회가 선교적 교회로 성장하고, 아프리카 교회가 세계 선교의 주역으로 자리 매김 하는 데 큰 도움이 될 것이다. 이 운동은 두 대륙의 교회들이 협력하여 세계 선교의 새로운 장을 여는 중요한 계기가 될 것이다.

2) 선교사들의 선교적 이점과 도전

(1) 동남아시아 선교사를 받아 들이는 아프리카 한인 선교사들의 이점과 도전

구체적으로 동남아시아에서 온 선교사들을 받을 때 중남부 아프리카 한인 선교사들이 겪을 수 있는 장점과 도전은 다음과 같다.

장점:

사역의 지속성 강화: 동남아시아에서 온 선교사들이 기존의 사역에 합류함으로써, 한인 선교사들의 은퇴 이후에도 사역이 지속될 수 있다. 이는 사역의 연속성을 보장하고, 기존의 노하우와 경험을 다음 세대에 전수하는 데 기여한다.

사역 인력의 확대: 새로운 선교사들의 유입은 사역 인력을 확충하는 데 도움을 주며, 다양한 분야에서의 사역을 확장할 수 있는 기회를 제공한다. 이를 통해 사역의 범위와 영향력이 확대될 수 있다.

다양한 시각과 접근법 도입: 동남아시아 선교사들이 가져오는 다양한 문화적 배경과 시각은 사역에 새로운 접근법을 도입하고, 기존 사역의 발전에 긍정적인 영향을 미칠 수 있다. 이는 창의적인 사역 방안과 새로운 전략을 모색하는 데 도움이 된다.

도전:

문화적 차이로 인한 갈등 가능성: 동남아시아 선교사들과 아프리카 현지인들 간의 문화적 차이뿐만 아니라, 한인 선교사들과 동남아시아 선교사들 간에도 문화적 충돌이 발생할 수 있다. 이러한 차이는 사역 초기 단계에서 갈등을 유발할 수 있다.

지도와 협력에 대한 부담: 한인 선교사들은 새로운 선교사들을 지도하고 훈련하는 과정에서 추가적인 부담을 느낄 수 있다. 이 과정에서 한인 선교사들의 사역 시간이 분산될 수 있으며, 효과적인 협력이 이루어지지 않을 경우 사역의 효율성이 저하될 위험이 있다.

적응 기간의 필요성: 동남아시아 선교사들이 현지 문화와 환경에 적응하는 데 시간이 필요하며, 이로 인해 초기 사역 진행이 지연될 수 있다. 이 기간 동안 한인 선교사들은 지속적인 지원과 지도를 제공해야 할 필요가

있다.

(2) 아프리카에 파송된 동남아시아 선교사들의 이점과 도전

동남아시아에서 파송된 선교사들이 아프리카에서 사역하게 될 때 얻을 수 있는 장점과 도전은 다음과 같다.

장점:

기존 사역에 빠르게 합류 가능: 동남아시아에서 파송된 선교사들은 이미 현지에서 활동 중인 한인 선교사들의 사역에 합류함으로써, 사역 환경에 빠르게 적응할 수 있다. 이는 사역 초기 단계에서 발생할 수 있는 시행착오를 줄이고, 안정적으로 사역을 시작할 수 있는 기회를 제공한다.

선배 선교사들로부터의 멘토링: 한인 선교사들로부터 직접적인 지도와 멘토링을 받으면서, 선교 현장에서의 실질적인 경험과 지식을 습득할 수 있다. 이는 사역의 효과성을 높이고, 현지에서의 적응을 보다 원활하게 만드는 데 도움이 된다.

사역 연속성 확보: 은퇴를 앞둔 한인 선교사들로부터 사역을 이양받거나, 분리 개척을 통해 독립적인 사역을 수행할 수 있는 기회를 얻게 된다. 이를 통해 동남아시아 선교사들은 사역의 연속성을 유지하며, 장기적인 사역 계획을 수립할 수 있다.

문화 간 상호 작용을 통한 성장: 아프리카에서의 사역은 동남아시아 선교사들이 새로운 문화와 환경에서 사역하는 경험을 통해 개인적, 영적 성장을 이룰 수 있는 기회를 제공한다. 다양한 문화적 배경을 가진 사람들과 상호 작용하면서, 선교사들은 보다 넓은 시각을 갖게 된다.

도전:

문화적, 언어적 적응의 어려움: 새로운 문화와 언어에 적응해야 하는 도전이 있다. 아프리카 현지 문화와 동남아시아 문화 간의 차이가 클 경우, 이러한 적응 과정이 선교사들에게 심리적 부담이 될 수 있다.

자립적 사역으로의 전환 지연: 초기에는 현지 한인 선교사들의 지도를 받는 과정이 필요하며, 이로 인해 자립적인 사역을 시작하는 데 시간이 걸릴 수 있다. 이 과정에서 자신의 사역 철학과 스타일을 구현하는 데 어려움을 겪을 수 있다.

문화적 충돌 가능성: 동남아시아 선교사들이 아프리카 현지인뿐만 아니라 한인 선교사들과도 문화적 차이로 인한 갈등을 겪을 수 있다. 이러한 충돌은 사역의 효율성을 저해할 가능성이 있으며, 협력 과정에서 어려움을 초래할 수 있다.

정착 과정의 도전: 아프리카 현지에 정착하는 과정에서 생활 환경, 기후, 보건 등의 문제로 인해 어려움을 겪을 수 있다. 이러한 도전들은 선교사의 심리적, 신체적 건강에 영향을 미칠 수 있으며, 사역에 대한 동기부여에 영향을 줄 수 있다.

이와 같이, 동남아시아에서 파송된 선교사들은 아프리카에서 새로운 기회와 도전을 맞이하게 된다. 이들이 이러한 장점과 단점을 인식하고, 적절히 대비할 수 있도록 지원하는 것이 성공적인 선교 활동을 이루는 데 중요하다.

동남아시아에서 파송된 선교사들이 아프리카에서 사역할 때, 장점을 최대한 살리고 도전을 극복할 수 있는 방법은 다음과 같다.

3) 선교사들의 장점 극대화 및 도전 극복 전략

(1) 문화적, 언어적 적응의 어려움 극복

현지 문화 및 언어 교육 강화: 파송 전 및 초기 사역 단계에서 아프리카 현지 문화와 언어에 대한 집중적인 교육을 제공한다. 이를 위해 현지에 이미 정착한 한인 선교사들의 도움을 받아 실질적인 문화 이해와 언어 학습을 진행한다.

문화 중재자 활용: 현지 문화에 익숙한 중재자를 배치해 동남아시아 선교사들이 문화적 충돌 없이 원활하게 적응할 수 있도록 돕는다.

(2) 자립적 사역으로의 전환 지연 극복

단계적 자립 전략: 초기에는 현지 한인 선교사들과 긴밀히 협력하되, 점차 자립적인 사역으로 전환할 수 있는 단계적 계획을 수립한다. 예를 들어, 초기 1~2년 동안은 한인 선교사의 지도를 받으며 사역에 적응하고, 그 이후부터는 독립적으로 사역할 수 있는 프로젝트를 맡거나, 분리 개척을 추진한다.

멘토링 프로그램: 한인 선교사와 동남아시아 선교사 간의 멘토링 프로그램을 통해 자립적인 사역을 준비하는 데 필요한 기술과 리더십을 개발한다.

(3) 문화적 충돌 예방 및 해결

문화적 민감성 훈련: 동남아시아 선교사들이 파송 전에 아프리카 현지 문화뿐만 아니라, 한인 선교사들과의 문화적 차이에 대해서도 교육을 받도록 한다. 문화적 민감성 훈련을 통해 서로의 차이를 이해하고 존중하는 방법을 배운다.

정기적 소통 채널 마련: 정기적인 소통 채널을 통해 선교사들 간의 의견 교환과 피드백을 주고받을 수 있도록 한다. 갈등이 발생할 경우 이를 빠르게 해결할 수 있는 체계를 마련한다.

(4) 정착 과정의 도전 극복

현지 생활 지원 시스템 구축: 정착 과정에서의 어려움을 최소화하기 위해 현지 생활 지원 시스템을 구축한다. 이는 의료 지원, 주거 환경 개선, 보건 교육 등을 포함한다. 이를 통해 선교사들이 건강하게 사역할 수 있는 환경을 조성한다.

심리적 지원: 심리적 스트레스와 문화적 충격을 관리하기 위해 정기적인 상담 서비스와 영적 재충전 프로그램을 제공한다. 이를 통해 선교사들의 정신적, 영적 건강을 유지하도록 지원한다.

(5) 장점 극대화 방안

① 기존 사역과의 통합: 동남아시아 선교사들이 기존 사역에 빠르게 통합될 수 있도록, 한인 선교사들이 사역 과정에서 적극적으로 참여하도록 한다. 이를 통해 적응 속도를 높이고, 기존 사역에서의 성공 사례를 학습할 수 있는 기회를 제공한다.

② 성공적인 사역 이양: 은퇴를 앞둔 한인 선교사로부터 사역을 이양받을 수 있도록 체계적인 이양 계획을 수립한다. 이를 통해 사역의 연속성을 확보하고, 동남아시아 선교사들이 독립적으로 사역할 수 있는 기반을 마련한다.

③ 문화 간 상호 작용의 기회 활용: 다양한 문화적 배경을 가진 사람들과의 상호 작용을 통해 새로운 시각과 접근법을 도입하고, 이를 사역에 반영할 수 있는 방법을 모색한다. 이 과정에서 얻은 경험과 지식은 선교사 개인의 성장뿐만 아니라 전체 사역의 발전에도 기여할 수 있다.

이와 같은 방법들을 통해 동남아시아에서 파송된 선교사들은 아프리카에서의 사역을 보다 효과적으로 수행할 수 있으며, 잠재적인 어려움을 극복하면서 장점을 극대화할 수 있다. 이를 통해 선교사들의 사역이 성공적으로 이루어지고, 하나님의 사역이 더욱 확장될 수 있을 것이다.

4) 초기 단계에서의 실천

아시아아프리카 운동이 본격화 되면 플랫폼의 필요성이 대두될 수도 있다. 플랫폼이 공식적으로 구축되기 전에는, 아시아와 아프리카에서 사역하는 선교사들은 개인적인 친분 관계와 파송 교단, 선교 단체 내의 동료들 간의 협력을 통해 상호 협력의 첫걸음을 시작할 수 있다. 특히 아프리카에서 사역하는 선교사들은 현지의 선교적 필요, 인프라 상황, 그리고 네트워크에 대한 정보를 아시아에 있는 선교사들이나 관련 단체들에게 제공하여, 아프리카의 구체적인 필요와 사역 환경에 맞는 선교사들이 파송될 수 있도록 요청할 수 있다. 이러한 협력 방식의 장점은 즉각적인 대응이 가능하며, 현장의 실제 요구에 맞춘 맞춤형 사역이 이루어져 선교사역의 효과성을 높일 수 있다는 점이다. 또한, 신뢰를 바탕으로 한 협력은 원활한 소통과 자원 공유를 촉진하고, 자원의 효율적 활용을 가능하게 한다. 더 나아가, 이 과정에서 형성된 네트워크와 경험은 플랫폼이 구축된 후에도 견고한 협력의 기초가 되어, 보다 체계적이고 효과적인 선교 활동을 이루어가는 데 큰 도움이 될 것이다. 이는 또한 아시아 선교사들이 아프리카의 실질적인 필요를 미리 파악하고, 문화적 이해와 준비를 강화하는 데 기여하여, 선교 현장에서의 적응과 사역의 성공 가능성을 높이는 중요한 역할을 한다.

5) 아시아프리카 운동의 실현을 위한 전략

아시아프리카 운동의 실현을 위해서는 다음과 같은 전략이 필요하다.

(1) 새로운 선교 패러다임 구축: 국가 및 대륙 간 협력을 꿈꾸는 새로운 선교 패러다임을 만들어 나가야 한다. 이를 통해 국경을 초월한 글로벌 차세대 교차 파송이 가능해지며, 선교지의 인력 부족 문제를 해결하고, 세계적인 선교적 교회 운동을 촉진할 수 있다. 이 패러다임은 다양한 국가와 대륙 간의 협력을 통해 선교의 새로운 가능성을 열어줄 것이다.

(2) 다양한 교류의 장 마련: 아시아와 아프리카 선교사들 간의 협력을 강화하기 위해 아시아프리카 포럼, 전략 회의, 공동 훈련, 상호 격려 등을 위한 다양한 교류의 장을 만들어야 한다. 특히 네트워크를 통한 정규적인 기도회는 하나님의 인도하심에 의지하게 하고 영적인 유대감과 상호 비전 강화의 결과를 낳을 것이다. 이러한 교류는 선교사들 간의 경험과 지식을 공유하고 공동의 목표를 설정하는 데 중요한 역할을 할 것이다.

(3) 차세대 선교사 양성 및 위탁: 아시아에서 양성된 차세대 선교사들을 아프리카 지역에서 활동 중인 경험 많은 선교사들에게 위탁하여 정착, 협력, 인턴십 등의 과정을 거치게 함으로써 새로운 사역을 개척하거나 현지 사역을 이어 나갈 수 있도록 한다. 이는 젊은 선교사들이 현지에서 실질적인 경험을 쌓고, 효과적인 사역을 수행할 수 있는 기회를 제공한다.

① 직접적인 연결고리 구축: 선교사 개인, 지역 선교부, 교단, 단체, 한인 선교협의회 차원에서 직접적인 연결고리를 만들어 접근하거나, 전문 플랫폼을 통해 협력을 강화한다. 이는 선교사들의 네트워킹을 활성화하고, 효율적인 협력 구조를 형성하는 데 기여할 것이다.

② 디지털 플랫폼 조성: 디지털 플랫폼을 조성하여 선교지, 사역, 대상,

환경 등의 데이터를 공유함으로써 효율적인 매칭이 이루어지도록 한다. 이러한 플랫폼은 선교 자원의 배분과 사역의 계획을 최적화하는 데 중요한 도구가 될 것이다.

③ 파송국의 선교 활성화 노력: 파송국에서는 신학교, 교회, 선교 단체 차원에서 선교학 부흥, 선교 동원 집회, 모집, 훈련, 파송, 케어, 재교육 등의 노력이 병행되어야 한다. 이를 통해 선교 인력을 지속적으로 발굴하고, 그들이 효과적으로 사역할 수 있도록 지원해야 한다.

④ 현지에서의 다민족 선교사 협력 구조 마련: 동남 아시아 선교사들을 받아들이는 현지에서는 다민족 선교사들의 협력을 위한 정착 및 사역 구조, 의사결정 및 재정 원칙 등을 마련해야 한다. 필요 시 현지에 초기 지원 센터나 훈련원을 설립하여, 선교사들이 안정적으로 정착하고 사역할 수 있는 환경을 조성한다.

이러한 전략들은 아시아프리카 운동이 성공적으로 이루어지기 위한 핵심 요소들이며, 이를 통해 양 대륙의 교회들이 협력하여 글로벌 선교에 중요한 기여를 할 수 있을 것이다.

6. 아시아프리카 운동의 응용: 글로벌 차세대 교차 선교

아시아프리카 운동은 지리적 한계를 넘어 글로벌 차원에서 창의적으로 적용될 수 있는 잠재력을 지니고 있다. 이는 아시아와 아프리카뿐만 아니라 전 세계에 흩어져 있는 한인 선교사들의 제자들을 연결하여 글로벌 차세대 선교 자원으로 활용하는 가능성을 열어준다. 이를 실현하기 위해서는 단계적 접근이 필요하다.

1) 한인 선교사 네트워크 구축

첫 단계로, 세계 각지의 한인 선교사들을 연결하는 네트워크를 구축한다. 이를 통해 디지털 플랫폼을 활용해 정보 공유와 소통의 장을 마련하며, 효율적인 선교 자원 활용과 글로벌 전략 수립의 기초를 마련한다.

2) 선교 전략 및 인력 배치 협의체 구성

네트워크가 구축된 후, 선교 전략과 인력 배치를 조율할 협의체를 구성한다. 이를 통해 각 지역의 선교 환경과 필요를 분석하고, 인력을 효과적으로 배치하는 교차 파송 계획을 수립한다.

3) 현지에서의 교차 선교 실행

파송되는 차세대 선교사들에게 언어와 문화 훈련을 제공해 현지에 신속히 적응하도록 돕는다. 현지 선교사들과 협력 체계를 구축하여 원활한 정착과 사역 인수인계를 지원한다.

4) 현지 교단 및 단체와의 협력 확대

네트워크가 성숙하고 교차 선교가 자리 잡기 시작하면, 현지 교단 및 선교 단체와의 협력을 강화하여 선교사들이 현지에서 정착하고 사역을 수행할 수 있도록 돕는다. 이를 통해 지역 사회에 더 큰 영향을 미친다.

5) 재정적 및 행정적 지원 시스템 구축

글로벌 차세대 교차 선교를 성공적으로 실행하기 위해 재정적, 행정적 지원 시스템을 마련하여 파송과 사역을 원활하게 한다. 특히 현지 교단과의 협력을 통해 지원을 강화한다.

6) 현지 교단과 단체들의 역할 확대

교차 선교가 성숙함에 따라 현지 교단과 단체들의 역할을 더욱 활성화한다. 이를 위해 협력적 리더십을 구축하고, 현지 특성에 맞는 훈련 프로그램을 개발하며, 공동 사역 프로젝트를 추진한다.

이러한 단계적 접근을 통해 아시아프리카 운동을 글로벌 차원에서 창의적으로 적용하면, 세계 선교에 새로운 활력을 불어넣고 하나님 나라의 확장을 위한 중요한 전환점을 마련할 수 있을 것이다.

나가는 말

글로벌 차세대 동원을 위한 아시아프리카(AsiAfrica) 운동은 선교의 지속 가능성을 확보하기 위한 혁신적인 접근 방식으로, 아시아와 아프리카 교회 간의 협력을 통해 세계 선교의 미래를 밝히려는 중요한 전략적 움직임이다. 특히, 고령화와 선교 인력 감소로 어려움을 겪고 있는 한국 교회와 선교계가 이 운동을 통해 새로운 선교적 활력을 얻을 수 있을 것으로 기대된다.

첫째, 아프리카는 빠르게 성장하는 기독교 인구와 젊은 세대를 바탕으로 세계 선교에 큰 기여를 할 수 있는 잠재력을 지녔다. 반면에 아프리카 교회는 아직 혼합주의, 명목상 신앙, 지도자 훈련 부족 등의 도전에 직면해 있으며, 이를 극복하기 위해서는 아시아 교회의 지원이 필수적이다.

둘째, 아시아, 특히 동남아시아 지역에는 젊은 기독교 인구와 선교 잠재력을 가진 국가들이 있으며, 인도네시아와 필리핀 등은 선교적 교회로 성장할 수 있는 중요한 시기에 도달했다. 이러한 잠재력을 활용하여 아프리카에서의 선교적 협력을 강화할 필요가 있다.

셋째, 동남아시아에서 파송된 선교사들은 아프리카 한인 선교사들과 협력하여 현지 사역을 이어가거나 새로운 사역을 개척할 수 있으며, 아시아 선교사들의 유입은 아프리카 교회의 성장과 선교적 역량을 강화하는 데 기여할 것이다. 동시에, 아시아 교회는 아프리카에서의 선교적 열매를 통해 선교적 동력을 얻고, 글로벌 선교에 대한 사명을 더 깊이 새길 수 있다.

결론적으로, 아시아프리카 운동은 아시아 교회가 선교적 교회로 성장하고, 아프리카 교회가 세계 선교의 중요한 주역으로 자리매김하는 데 중요한 전략적 도구로 작용할 것이다. 이를 통해 두 대륙 간의 협력은 향후 반세기 이상 세계 선교의 지속성을 보장하고, 글로벌 차세대 선교 운동의 새로운 장을 열게 할 것이다.

글 / 전성진

KPM(고신) 선교사, MissioTech 설립자, OLIA 이사이며, 남아공에서 사역했고, 현재 동남아시아에서 사역 하면서 선교에 디지털 기술 활용, 신학교육, 지도자훈련, 컨텐츠 개발 등을 하고 있다.

< 참고 문헌>

Anderson, C., 2021. "Historic Commitment Signed to Send Missionaries from Asia to Africa - IMB." Available at: https://www.imb.org/2021/11/17/historic-commitment-signed-send-missionaries-asia-africa/ [Accessed 9 November 2024].

Bosch, D.J., 1991. Transforming mission: Paradigm shifts in theology of mission. Maryknoll, NY: Orbis Books.

David McClendon, 2017. "Sub-Saharan Africa Will Be Home to Growing Shares of the World's Christians, Muslims | Pew Research Center." Available at: https://www.pewresearch.org/fact-tank/2017/04/19/sub-saharan-africa-will-be-home-to-growing-shares-of-the-worlds-christians-and-muslims/ [Accessed 9 November 2024].

East Asia Forum, 2012. "Population Prospects in East and Southeast Asia." Available at: https://eastasiaforum.org/2012/01/30/population-prospects-in-east-and-southeast-asia/# [Accessed 9 November 2024].

Hiebert, P.G., 1985. Anthropological insights for missionaries. Grand Rapids, MI: Baker Academic.

Jenkins, P., 2002. The next Christendom: The coming of global Christianity. New York, NY: Oxford University Press.

Johnson, T.M. & Hickman, A.W., 2012. "Religious demography and mission strategy." International Journal of Frontier Missiology, vol. 29, no. 1.

Jun, S.J., 2024. "PopulAIte: Customised AI Tool That Analyses Global Population Data from the UN Agencies & World Bank by SJ Jun." Johor Bahru: MissioTech. Available at: https://chatgpt.com/g/g-S6OrkT9Lu-populaite [Accessed 9 November 2024].

KRIM, 2003. "2002년 기준 한국 선교 현황." Available at: https://krim.org/2003-korean-mission-statistics/ [Accessed 9 November 2024].

Königs, P., 2022. "Government Surveillance, Privacy, and Legitimacy." Philosophy and Technology, 35(1). https://doi.org/10.1007/s13347-022-00503-9.

Kramer, S., et al., 2022. "Modeling the Future of Religion in America." Pew Research. Available at: https://www.pewresearch.org/religion/2022/09/13/projecting-u-s-religious-groups-population-shares-by-2070/ [Accessed 9 November 2024].

KWMA, 2017. "제16회 한국선교지도자포럼 한국선교의 변곡점." In [Additional details needed if available].

Majumdar, S. & Villa, V., 2021. "Government Restrictions on Religion Remain at Highest Levels in 2019, Social Hostilities Decline." Available at: https://www.pewresearch.org/religion/2021/09/30/globally-social-hostilities-related-to-religion-decline-in-2019-while-government-restrictions-remain-at-highest-levels/ [Accessed 9 November 2024].

McGavran, D.A., 1970. Understanding church growth. Grand Rapids,

MI: Eerdmans.

Moon, S.S.C., 2016. Korean Missionary Movement: Dynamics and Trends, 1988-2013. William Carey Library.

PEW RESEARCH CENTER, 2019. "In U.S., Decline of Christianity Continues at Rapid Pace | Pew Research Center." Available at: https://www.pewresearch.org/religion/2019/10/17/in-u-s-decline-of-christianity-continues-at-rapid-pace/[Accessed 9 November 2024].

Peter, A. & Bakari, I., 2018. "Impact of Population Growth on Economic Growth in Africa: A Dynamic Panel Data Approach (1980-2015)." Economic Growth EJournal.

Ross, K.R., Alvarez, F.D., & Johnson, T.M., 2020. Christianity in East and Southeast Asia 2020.

Scherer, J.A. & Bevans, S.B., eds., 1999. New directions in mission and evangelization 3: Faith and culture. Maryknoll, NY: Orbis Books.

Shenk, W.R., 1999. Changing frontiers of mission. Maryknoll, NY: Orbis Books.

Ukpolo, V., 2002. "Population Growth and Economic Growth in Africa." Journal of Developing Societies, no. 18, pp. 315-29.

United Nations, 2016. "International Migration Report 2015." Available at: https://www.un.org/en/development/desa/population/migration/publications/migrationreport/docs/MigrationReport2015_Highlights.pdf[Accessed 9 November 2024].

United Nations, Department of Economic and Social Affairs, Population Division, 2024. "World Population Prospects 2024: Ten Key Messages." Available at: www.un.org/development/ desa/pd/ [Accessed 9 November 2024].

Weber, L.J. & Welliver, D., eds., 2007. Mission Handbook 2007-2009: U.S. and Canadian Protestant Ministries Overseas. Wheaton, IL: Evangelism and Missions Information Service.

Zurlo, G.A., Johnson, T.M., & Crossing, P.F., 2021. "World Christianity and Mission 2021: Questions about the Future." International Bulletin of Mission Research, 45(1), pp. 15-25. https://doi. org/10.1177/2396939320966220.

송재윤, 2022. "중국식 디지털 전체주의 '전 인민을 감시하라.'" 조선일보, 17 August 2022. Available at: https://www.chosun.com/opinion/ column/2022/08/27/K2CDZBJHGRANFIEXLZEILZFK74/.

전성진, 2007. "남아공 흑인타운쉽 교회실태 조사 보고." 제5회 중남부 아프리카 선교사대회 자료집.

전성진, 2019. "인구 통계학적 관점에서 본 초연결 시대와 차세대 선교: 저개발 국가, 특히 아프리카를 중심으로." 제4차 고신선교포럼 변혁의 시대와 선교, pp. 263-97.

전성진, 2022. 에덴 아프리카 하나님 나라. MissioTech. Available at: http://www.kormi.net/board/books?page=2[Accessed 9 November 2024].

한국선교연구원(KRIM), 2024. "2023 한국선교현황 보고 2024. 3. 7."

남부 아프리카 선교: 현황, 도전, 그리고 전략적 전환

김경래

21세기 남부 아프리카에서 한인 선교사들의 역할은 그 어느 때보다 중요하면서도 복잡해지고 있다. 빠르게 변화하는 젊은 아프리카 사회 속에서, 고령화 되어가는 한인 선교사들이 어떻게 선교의 역동성을 유지하며 영적 영양분을 제공할 것인지를 이 보고서에서 다루고자 한다. 이를 위해, 중남부 아프리카 한인선교사회(이하 중아선) 대회 핸드북과 주소록, 선교전략 세미나 자료들, 2016년 웨스턴케이프 선교사모임(Western Cape Missionary Fellowship, WMF) 설문조사, 2024년 중아선 설문조사를 면밀히 검토했다. 필요에 따라 교차 분석을 통해 데이터를 더욱 정밀하게 분석하려고 시도했다.

본 보고서는 남부 아프리카에서 한인 선교사들의 40년 선교 역사와 현황, 그리고 직면한 도전들을 살펴보며, 향후 선교전략에 대한 깊이있는 분석을 제공하여 선교사들이 자신의 위치와 역할을 점검하도록 돕는다.

1. 남부 아프리카 한인 선교사 현황

1)남부 아프리카 한인 선교사들

한국교회의 해외선교는 1907년부터 시작되었다. 1907년은 한국 기독교역사에서 가장 기억될 평양 대부흥이 있었던 해이며, 또한 평양 장로회 신학교에서 한국인 최초의 7인 목사들이 배출된 해이기도 하다. 이 7인 중 한 명인 이기풍 목사는 같은 해에 독노회(독립노회)에서 제주도로 파송되었다. 이기풍 선교사[1]가 제주도에서 사역을 시작한 것은 1908년 초부터였다.

만약 한인 디아스포라 교회의 역사를 선교의 역사로 포함한다면, 1903년 홍승하 목사의 사역까지 거슬러 올라갈 수 있을 것이다. 그러나 안타깝게도 이러한 선교의 열심은 일제의 탄압으로 인해 침체기에 들어갔다. 한국교회의 선교는 해방 후 1955년에 다시 시작되었다. 1980년 전까지는 선교사의 수가 소수에 불과했으나, 1980년대 이후부터 선교사가 급격히 증가하며 본격적인 선교활동이 시작되었다. 아프리카 한인 선교의 역사는 공식적으로 1981년 임종표가 케냐로 파송되며 시작되었고, 그다음 해 6월에는 이재환이 서부 아프리카의 감비아로 파송되었다. 남부 아프리카의 선교는 1985년 기하성과 독일 병원선교회를 통해 파송된 김종양(김수연 2023)을 선두로 시작되었다. 이어서 1987년 1월에는 기성의 전철환이 남아프리카 공화국(이하 남아공) 케이프타운(김경래 2022)에, 6월에는 예성의 조성수가 보츠와나에, 예장 합동/아프리카 내지선교회(African

---

1) 이후로는 타이틀로 사용된 선교사의 명칭은 모두 생략한다.

Inland Mission)의 김선옥이 레소토에(한국컴퓨터선교회 2000), 9월에는 예장 합동의 한성수가 남아공 프리토리아에, 그리고 10월에는 조현신이 나미비아에(한국세계선교협의회 1998) 파송되며 남부 아프리카 선교의 문을 본격적으로 열었다.

1985년에 시작된 남부 아프리카 한인 선교사 수는 1998년에 45유닛으로 약 80명에 이르렀고, 2006년에 250명(중남부 아프리카 선교사회 KOMICSA 2010)으로, 2011년 408명(KOMICSA 2011)으로, 2015년 438명(KOMICSA 2015)으로, 2019년 448명(KOMICSA 2019)으로 증가했다. 40년이 지난 2024년 선교사 수가 471명으로 성장했다(KOMICSA 2024).

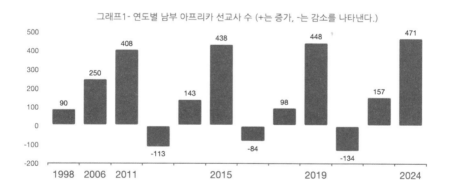

그래프1- 연도별 남부 아프리카 선교사 수 (+는 증가, -는 감소를 나타낸다.)

이는 전체 아프리카 선교사의 25%에 해당하는 수치이다.[2] 1998년 90명에서 2006년 250명으로 160명이 증가하여, 177.78%의 폭발적인 증가율을 보였다. 2006년부터 2011년까지는 63.2%로 증가했으며, 2012년부터

---

2) 아프리카 선교사 수는 1884명으로 남부 아프리카 선교사 472명은 아프리카 전체의 25%에 해당 된다. (한국선교연구원 2024)

2015년까지는 7.35%의 높은 증가율을 유지했다. 2016년부터 2019년 사이에는 증가율이 2.28%로 둔화되는 듯 보였으나, 코로나 기간을 지나며 2024년까지는 증가율이 6.07%로 다시 상승했다.

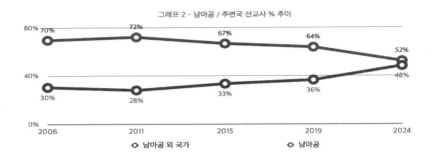

그래프 2 - 남아공 / 주변국 선교사 % 추이

남부 아프리카 선교사 수를 국가별로 자세히 분석해 보면, 2011년 이후 국가에 따라 다른 경향을 보인다. 특히 남아공의 경우, 선교사 수가 2011년 이후로 감소하기 시작하여 코로나 이후 더 큰 감소폭을 보였다. 코로나 이후 다른 남부 아프리카 국가의 한인 선교사 수는 40.63% 증가한 반면, 남아공은 유입보다 2배 많은 선교사들이 이탈 하면서 13.33% 감소했다. 2011년에 남부 아프리카 선교사의 72%를 차지했던 남아공은, 남아공 비자 발급 문제와 코로나 기간 등의 이유로 인해 2024년에는 52%로 감소했다.

남아공 처럼 선교사 감소가 뚜렷한 국가가 더 있는데 바로 보츠와나이다. 보츠와나는 선교사 수가 2011년 19명에서 2015년 14명으로, 2019년에는 12명으로, 2024년에는 6명으로 줄었다.

하지만 잠비아는 꾸준히 증가하여 2006년에는 11명이었던 선교사 숫자가 2024년에는 50명으로 증가 해 남아공 다음으로 가장 많은 한인 선교사가 사역하는 국가가 되었다. 한편 에스와티니는 단기간에 가장 많은 수의 선교사가 증가한 국가이다. 2006년 4명에서 2011년에 9명으로, 2019년

17명 그리고 2024년에는 42명으로 증가했다.

2) 한인 선교사 사역 기간

2006년 조사에 따르면, 남부 아프리카 선교사들의 사역기간은 4년 미만이 40.4%, 5-8년이 25.5%, 9-12년이 17%, 13-16년이 8.5%, 그리고 17-20년이 12.8%로 나타났다(KOMICSA 2010). 이 통계는 남부 아프리카 선교사들의 사역기간이 상대적으로 짧음을 보여주며, 8년 이하의 사역기간을 가진 한인 선교사가 전체의 65% 이상을 차지하고 있음을 나타낸다.

18년이 지난 2024년에는 상황이 크게 변화했다. 18년 전에 가장 많은 비중을 차지했던 4년 이하의 선교사들이 2024년에는 14명으로 전체에서 6.8%의 가장 작은 그룹이 되었다. 반면, 11년에서 20년 차의 선교사들이 40.1%를 차지하며 가장 큰 그룹으로 성장했다. 21년차 이상의 선교사들도 34.8%에 이르러, 남부 아프리카 선교사 사회는 전반적으로 성숙한 모습을 갖추게 되었다. 10년차 이상의 선교사들이 전체의 75%를 차지하고 있다는 것은, 이들 대부분이 언어 준비를 마치고 가정이 안정된 상태에서

표1 - 중남부 아프리카 선교사 연차 분석(2024년 중아선 주소록)

국가명	10년차 이하	11-20년차	21-30년차	31-40년차	합계
남아공	17	41	43	11	112
나미비아	1	1	1	1	4
레소토	0	1	0	0	1
마다가스카르	13	10	2	0	25
말라위	6	3	3	0	12
모잠비크	2	7	1	1	11
보츠와나	0	2	0	0	2
에스와티니	10	4	2	1	17
잠비아	1	6	2	2	11
짐바브웨	2	8	1	1	12
합계	52	83	55	17	207
%	25.12%	40.10%	26.57%	8.21%	414

본격적으로 사역 현장에 투입 되었음을 의미한다. 또한, 사역의 연차가 길어 질수록 선교사들은 현지 문화와 전통에 대한 깊은 이해를 가지게 되며, 넓은 네트워크를 구축하고 있음을 나타낸다.

이를 좀 더 세분화해 보면, 표 1[3]에서 확인할 수 있듯이, 남아공을 제외한 다른 남부 아프리카 선교사들은 주로 20년 이하의 사역 기간을 가지고 있다. 20년 이하의 선교사들이 전체의 81%를 차지하며, 10년 이하의 선교사들도 35%에 달한다. 이 데이터는 남아공 외의 다른 남부 아프리카 지역에서는 상대적으로 짧은 사역 기간을 가진 선교사들이 많음을 시사한다.

특히 마다가스카르, 에스와티니, 말라위의 경우, 10년 이하의 선교사들이 50%에 이른다. 이는 이들 지역에 한인 선교사들의 본격적인 진출이 비교적 최근에 이루어졌음을 보여준다.

3) 남부 아프리카 선교사 사역의 유형

1985년 부터 1990년 까지의 초기 선교사들은 교회 개척, 신학교 설립, 어린이 교회, 직업 학교, 항만 전도, 한인 교회, 유치원, 모슬렘 전도 사역 등을 주로 담당했다. 선교사들의 사역 유형에 대한 본격적인 분석은 2005년에 이르러서야 시작되었다. 2005년 13개(강병훈 2005)의 사역이 2006년에는 17개의 사역으로 증가했으며(오경환 2007), 2021년에는 134개의 사역이 25개의 카테고리로 나누어 질 정도로 다양해 졌다(전성진 2022). 이는 거의 모든 선교사들이 두 가지 이상의 사역에 참여하고 있음을 보여 준다.

---

3) 표1는 중아선 2024년 주소록을 참고하여 만들었다. 중아선 주소록에는 260유닛(가족과 싱글)이 있는데 그중에 207유닛만이 파송 연도를 기입했다.

(1) 2021년 중아선 주소록을 통한 빈도 분석

전성진은 2021년 주소록을 기반으로 단어 빈도 분석을 통해 선교사들의 사역 유형을 조사했다(전성진, 2022). 선교사들이 가장 많이 참여하는 사역은 교회 개척 및 목회 였다. 그 뒤를 이어 교육 사역, 신학 교육 및 지도자 양성, 그리고 어린이 사역이 주를 이뤘다. 전성진은 그의 분석을 통해 다음과 같이 지적한다.

> "한인 선교사들은 목회자 선교사들이 다수를 차지하고 있음에도 교회개척이나 목회에 전념하는 선교사는 절반에 미치지 못한다. 이는 아프리카가 교회 개척이 우선시 되는 전방 개척지가 아님을 보여 준다. 또한, 교육, 신학교육/교회 지도자 양성, 어린이/청소년 사역, 개발사역, 긍휼사역, 특수전도, 의료사역 등이 아프리카에서 주요 사역으로 부각되고 있음을 알 수 있다."(2022)

그의 지적은 옳다. 사역의 수가 늘어난 것도 중요하지만, 사역이 다양화되고 새로운 사역들이 부상하며 전문화되고 있는 점이 주목된다. 이는 선교지 상황(context)에 능동적으로 반응하는 선교사들의 노력 덕분일 것이다.

(2) 2024년 중아선 설문조사 교차 분석

위 사역 유형 분석이 선교사들이 자유롭게 표현한 단어를 기반으로 한 빈도 분석 이었다면, 이번 2024년 중아선 선교사들을 대상으로 한 설문조사에서는 한국선교연구원(이하 KRIM)에서 조사한 사역 유형을 기준으로 삼았다. 이는 사역을 더 정확한 카테고리로 분석하고, 전 세계 한인 선교사들과 비교하기 위해서이다.

설문조사 결과에 따르면, 남부 아프리카 선교사들은 총 31개 사역에 연관되어 있는 것으로 나타났다. 2024년 설문조사의 결과는 전성진의 빈도 분석과 다소 차이가 있었는데, 가장 높은 비율의 사역이 교회개척이 아니라 어린이/청소년 사역(20%)으로 나타났다.[4]

표 2를 보면, 남부 아프리카에서의 어린이/청소년 사역 비율이 20%로 나타났는데, 이는 2023년 한국 선교사 전체 결과와 비교해서 상당한 차이를 보여준다. KRIM의 조사에 따르면, 전 세계 한인 선교사들의 어린이/청소년 사역 비율은 단 4.2%에 불과하다. 이 차이는 남부 아프리카 선교사들이 사역 현장에서 어린이/청소년 사역의 필요성을 깊이 이해하고, 상황에 맞게 잘 반응해 왔음을 보여주는 증거이다.

표2 - 2024년 중아선 설문조사와 한국선교연구원 비교

사역	남부아프리카	%	KRIM %	사역	남부아프리카	%	KRIM %
어린이/청소년	85	20.0%	4.2%	HIV/AIDS 사역	5	1.2%	0.0%
교회개척	61	14.3%	27.6%	밥퍼사역	3	0.7%	0.0%
교육(학교)선교	51	12.0%	6.7%	IT	2	0.5%	0.0%
지도자 양육	37	8.7%	6.3%	문서/출판	2	0.5%	0.6%
신학교	31	7.3%	4.1%	미디어	2	0.5%	0.0%
제자훈련	31	7.3%	15.0%	선교사훈련	2	0.5%	4.8%
현지지역교회협력	29	6.8%	6.0%	MK사역	1	0.2%	0.0%
복지/개발	16	3.8%	2.5%	방송	1	0.2%	0.0%
비즈니스(BAM)	12	2.8%	1.9%	상담/치유/케어	1	0.2%	0.0%
한인교회 사역	11	2.6%	0.0%	선교동원(미션플랜팅)	1	0.2%	4.8%
문화/스포츠	10	2.3%	2.1%	선교연구/정보관련	0	0.0%	0.2%
난민사역	8	1.9%	1.0%	가정사역 (여성)	1	0.2%	0.0%
의료선교	8	1.9%	1.4%	기타	8	1.9%	0.0%
캠퍼스선교	7	1.6%	4.2%	합계	426	100.0%	0.0%

---

4) 이는 "교회개척/목회"가 교회 개척과 목회로 분리되고, 목회 사역이 사라지면서 다른 카테고리로 분산되어 조사 되었기 때문일 것이다. 목회 사역 내에 어린이/청소년 사역이 포함되어 있어, 이들이 어린이/청소년 사역으로 통합 되었을 가능성도 있다. 더불어, 어린이와 청소년 사역이 하나의 카테고리로 합쳐진 결과일 수도 있다.

2019년 통계에 의하면 사하라 이남 아프리카 1세 부터 15세 미만의 집단이 전체의 43%를 차지한다(Mustapha, 2023). 남부 아프리카 선교사들은 현장의 필요에 맞게 사역을 잘 진행하고 있다. 아프리카에서 많이 요구 되는 교육(학교)선교, 지도자 양육, 신학교 사역들도 다른 세계 한인 선교사들 보다 높은 비중을 보여 주고 있다. 하지만 제자 훈련 사역은 다른 세계 선교사들의 절반 수준이고 캠퍼스 사역은 3분의 1 수준이다.

2. 남부 아프리카의 한인 선교사들의 공헌

남부 아프리카에서의 한인 선교사들의 여정은 단순히 숫자나 통계로는 다 담아낼 수 없는 헌신과 열정의 역사이다. 선교사들이 사역하는 지역의 상황과 필요에 맞춰 다양한 사역이 발전해 왔고, 이들은 아프리카 토양에 맞는 전략적 접근과 연구를 통해 사역의 방향을 제시해 왔다.

이 장에서는 이러한 한인 선교사들의 헌신 그리고 그들이 이룩한 성과를 숫자로 정리해 보려한다.

1) 선교지 연구와 전략

선교지 연구와 전략의 중요성은 중아선 정관에서도 잘 드러난다.

2회 대회에서 발표된 정관 초안에서는 4개의 부서(문서편집부, 홍보부, 선교교육부, 복지부)를 두었지만, 정식 회칙에서는 7개의 연구분과(교회개척, 독립교회, 미전도종족, 선교전략, 신학교사역, 에이즈사역, 자녀교육)로 재구성되었다. 이는 선교의 전략적 접근을 위한 자료 보급의 필요성을 반영한 것이었다.

한인 선교사들은 이러한 필요성을 인식하고, 지속적인 노력을 기울여왔다. 2005년 중아선 대회에서는 6개의 선교 자료가 발제 되었고(KOMICSA, 2005), 2007년 대회에서는 8개의 선교지 연구(KOMICSA, 2007)가 추가로 발제되었다. 이러한 연구의 노력은 2007년 4월 블룸폰테인에서 시작된 첫 전략 세미나를 포함해 2012년까지 총 5차례의 전략 세미나로 이어졌다. 그 결과, 2010년 7월에는 남부 아프리카 선교 연구 글 모음인 [아프리카를 위로하라]가 출판되었다. 비록 2012년 이후 전략 세미나는 잠시 멈췄지만, 2023년 10월에는 6차 전략 세미나가 다시 시작되며 연구가 재개되었다.

이러한 연구는 10년간의 공백이 있는 것처럼 보일 수 있으나, 2015년부터 김경래, 전성진을 중심으로 Knowing Africa(이하 KA)라는 연구모임이 형성되면서 지속적으로 이루어졌다. KA는 남아공 역사, 남부 아프리카 선교 역사, 인종 연구, 아프리카 전통 문화 연구, 그리고 선교 사역 연구 등 다양한 주제를 다루며, 남부 아프리카 선교사들에게 선교지 연구의 중요성을 다시 일깨워 주었다. 특히, Covid-19 팬데믹 동안 줌(Zoom)과 유튜브(Youtube)를 활용하여 아프리카 선교를 논의하고 연구하는 기회를 제공하며, 연구의 영역을 넓히고 대중화에 기여했다. 또한 KA는 2편의 자료집을 출간하여 남부 아프리카 선교사들에게 연구 자료를 제공하며, 선교지 연구를 문서로 보급했다.

2) 숫자로 본 한인 선교사의 아프리카 선교 공헌도

남부 아프리카에서 활동 하는 260가정의 섬김을 우리는 어떻게 측정할 수 있을까?

눈에 확연히 보이는 개척된 교회 수, 교회 건축, 유치원 설립, 신학교 등과 같은 하드웨어 만으로 남부 아프리카를 섬기고 있는 260가정의 공헌도를 측정하는 데에는 분명한 한계가 있다. 260가정의 공헌을 정확히 정량화 하는 것은 불가능 하지만, 우리는 그들의 기여를 어느 정도 수치화 하려는 시도를 할 수 있다.

하나님은 모든 인간에게 공평하게 시간과 몸을 허락하셨다. 그래서 모든 인간은 주어진 시간 안에 육체적, 정신적 노동을 통해 가치를 창출한다. 이 가치는 사람과 물건을 통해 사역지 곳곳에 다시 에너지로 환원된다. 사역이 이루어질 때 항상 필요한 세 가지 요소인 재정, 시간, 그리고 사람을 기준으로 한인 선교사의 기여도를 정량화 해 본다. 첫째는 선교사들이 선교지에서 사용하는 재정, 둘째는 선교사들이 사역에 투자한 시간, 셋째는 사역에 동참하는 현지인의 숫자를 정량화 한다. 이 수치에는 단기 선교사나 철수한 선교사들의 기여는 포함되지 않았다. 또한, 이러한 작업은 남부 아프리카에서의 선교 기여도를 대략적으로 추산하기 위한 시도임을 기억해 주길 바란다.

남부 아프리카 선교사들은 얼마 정도 재정을 사용할까? 2023 한국선교 현황 보고에 따르면, 해외 선교의 총 지출이 3,162억 원(응답률 70%)으로 집계되었다. 이를 기준으로 계산해 보면, 남부 아프리카에서 활동하는 선교사들은 매달 약 7억 7천 6백만 원을 아프리카 10개국에 기여하고 있다(김경래 2024c).

남부 아프리카 선교사들이 아프리카에서 보낸 시간의 총량은 대략 얼마나 될까? 260가정의 선교사들은 각기 다른 파송 날짜를 가지고 있다. 이들의 모든 파송 날짜를 기준으로 선교 기간을 합산하면 총 10,043.18년에 달한다. 이를 시간으로 환산하면 약 91,607,680.44 시간이 된다(2024c).

한국인 선교사와 함께 사역하는 현지인은 대략 몇 명이나 될까? 2024년 설문 조사 결과를 바탕으로 남부 아프리카 선교사들이 협력하는 현지인의 총 수를 추산한 결과, 대략 4,214명(2024c)(최소 3,803명에서 최대 4,625명)으로 나타났다. 남부 아프리카의 선교사들은 이 현지인들과 함께 하나님의 나라를 확장해 나가고 있다. 이는 한국인 선교사를 통해 형성된 남부 아프리카의 선교 네트워크를 잘 보여주는 예이다.

3. 남부 아프리카의 선교적 도전

1) 내부적 도전

2024년 중아선 설문조사에서 '선교지에서 직면하고 있는 고충들은 무엇입니까?'라는 질문에 대해 응답자들은 다음과 같이 답변했다. '건강 문제'가 41.7%로 가장 큰 고충으로 나타났으며, 그 뒤를 이어 '안전에 대한 두려움', '영적 침체', 그리고 '재정적인 어려움', '언어 능력 부족'이 공동 4위로 기록되었다. 이 중에서 재정적인 어려움을 제외한 모든 항목은 내부적 도전으로 분류된다.

"건강 문제", "안전에 대한 두려움", "영적 침체", 그리고 "언어 능력 부족"은 고령화와 직접적, 간접적으로 연관이 있다.

(1) 영적 침체

안순근은 2023년 제6회 전략 세미나에서 "선교사 탈진"에 관한 발제를 했다(KOMICSA, 2023). 그는 87명의 선교사를 대상으로 설문조사를 진행했는데, 60%의 선교사들이 탈진을 경험한 적이 있다고 응답했으며, 특히 여성 선교사들 중 70%가 탈진을 경험 했다고 답했다. 이러한 탈진과 같은 영적 침체는 노령으로 인한 건강 악화나 누적된 육체적 피로가 원인이 될 수 있지만, 그 외에도 다양한 요인들이 작용한다.

외국 선교사들이 지적한 한국 선교사의 단점으로는 "편협한 비전과 열정, 조급한 결과주의, 선교 현장에서의 삶과 장기적인 열매에 대한 비현실적인 기대" 등이 있다(정민영, 2016). 이러한 조급한 결과주의와 비현실적인 기대는 사역에 대한 회의를 불러일으켜 영적 침체로 이어지기도 한다.

또한, 선교지에서의 생활 중 가장 큰 스트레스 요인으로 선교사 간의 갈등이 꼽힌다. 특히 여성 선교사들 중 63%가 이 갈등을 큰 스트레스로 인식하고 있었다. (KOMICSA, 2023) 외국 생활의 제한된 관계 범위 내에서, 선교사들은 작은 갈등도 크게 느끼며, 그로 인해 쉽게 죄책감을 느낄 수 있다. 이러한 선교사 간의 갈등은 영적 침체의 직접적인 원인이 되기도 한다.

전인적 인간 개념에서 영혼과 육체는 하나이다. 영이 혼과 육체에, 그리고 육체가 영혼에 서로 영향을 주고 받는다. 따라서 선교사의 일상에서 이루어지는 영적 충전은 영적 침체를 이겨내는 데 중요한 역할을 한다. 그러나 충분한 휴식, 여가 활동, 그리고 적절한 운동도 필요하다는 점을 잊지 말아야 한다.

(2) 안전에 대한 두려움

2024년 설문조사에서 "선교사가 직면한 고충들" 중 "안전에 대한 두려움"이 2위를 차지했다. 남부 아프리카 선교사의 절반이 거주하고 있는 남아공은 날로 위험해지고 있다. 매년 두 번 전 세계 도시별 범죄지수를 발표하는 NUMBEO의 2024년 중반기 자료에 따르면, 상위 10위 안에 남아공의 5개 도시가 포함되어 있다. 케이프타운도 17위를 기록하며, 남아공이 얼마나 위험한 지역인지 보여주고 있다(NUMBEO, 2024). 피터마리츠버그는 추가되자마자 1위를 차지 했으며, 포트 엘리자베스는 2023년에는 10위권 밖에 있었지만, 순위가 계속 상승하여 올해 7위에 올랐다. 이는 남아공 도시들의 범죄율이 지속적으로 상승하고 있다는 증거다.

주 남아공 대사관에서 2024년 4월에 배포한 자료에 따르면, 2022년 3분기와 2023년 3분기를 비교한 결과, 살인, 살인미수, 강도, 중강도 상해, 차량납치, 납치 등 거의 모든 범죄가 증가했다. 특히, 살인미수는 13%, 납치는 10.8% 증가하여 남아공의 안전이 얼마나 심각 한지를 보여 준다. 같은 기간 동안 하루 평균 살인 사건은 83.8건, 중강도 상해 사건은 438.4건, 차량납치강도 사건은 64.9건, 성범죄는 166.1건이 발생했다(외교부, 2024). 범죄 증가는 사회 전역으로 확대되고 있으며, 현지 교회 목회자들도 교회가 범죄의 대상이 되는 것에 대해 큰 우려를 표하고 있다. 교회가 타겟이 되는 이유는 현금으로 이루어지는 헌금과 스마트폰, 지갑 등을 쉽게 강탈할 수 있기 때문이다. 2023년 말, 1500개의 교회가 모여 안전 문제에 대해 공론화 했다(Malcolm, 2024).

타운십(Township) 지역의 몇몇 목회자들은 "안전에 대한 두려움"을 사역지에서 직면하는 가장 큰 고충으로 꼽았다. 범죄의 타겟이 되는 위험 때문에 자신이 목회자라는 사실을 드러내지 않는 목회자들도 많다고 덧붙였다. 이처럼 안전에 대한 두려움은 남아공의 범죄 증가와 직접적인 관련이 있다. 대부분의 선교사들은 범죄율이 높은 지역에서 사역하고 있으며, 외국인이라는 이유로 더 쉽게 범죄에 노출된다. 선교사들은 복음 전파라는 사명과 범죄율이 높은 사회라는 현실 사이에서 긴장감을 안고 살아가고 있다.

(3) 선교사 고령화

조선에 도착한 선교사들의 최대의 도전은 질병 이었다. 1880년대 말 조선 서울의 위생 상태는 극도로 열악했다. 1888년 3월에 선교사로 부임한 가드너는 서울의 환경을 보고 바로 사임했다. 헤론 부인은 출산후 건강이 악화 되어서 6개월 병상에 있어야 했다. 감리회 이화학당 교사 로드와일러와 하워드 여의사는 질병으로 철수를 선택해야 했다. 1890년 4월 데이비스 선교사는 전도여행중 천연두로 순교 하였다. 그해 7월 선교사 헤론은 이질로 사망했다. 1891년 3월에는 언더우드 부인이 관절염이 심해서 안식년을 떠나야 했다. 1888년에서 1891년 3월까지 질병으로 4명이 사임했고, 2명이 사망 했다. 2명은 요양을 해야 했다(옥성득, 2015).

초기 조선에 온 선교사들도 건강과 질병으로 많은 어려움을 겪었다. 현재의 상황과 유사해 보이지만, 원인은 다르다. 조선에 온 선교사들의 경우, 열악한 위생 상태로 인한 질병, 즉 외부적인 선교적 도전이었지만, 한국인 선교사들은 선교사 고령화로 인한 건강 문제를 겪고 있다. 이는 내부적인 선교적 도전이다.

한국 선교사 현황 보고에 따르면, 2023년 장기 선교사의 평균 연령은 53.7세 이다. 2020년에는 52.1세, 2021년에는 52.5세, 2022년에는 53.1세 였다(KRIM, 2024). 선교사 평균 연령이 계속해서 상승하고 있음을 알 수 있다. 이번 2024년 설문조사에 답변한 선교사들의 평균 연령은 55.8세로, 한

그래프 3 - 출생 연도별 선교사 수 (2024년 중아선 설문조사)

국 선교사의 평균 연령보다 2세가 높다. 이는 남부 아프리카 선교사들의 평균 연령이 다른 지역 선교사들보다 더 고령화되어 있음을 나타낸다. 50대 이상이 전체 선교사의 79.1%를 차지하고 있다. 남부 아프리카 선교사 중 가장 많은 연령 그룹은 제1차 베이비붐 세대와 제2차 베이비붐 세대이다. 제1차 베이비붐 세대(1955-1963)는 이미 60대를 넘어 70대에 진입하고 있으며, 제2차 베이비붐 세대(1964-1974)도 순차적으로 60대로 진입하고 있다. 60대 이후 부터는 노동 활동 범위와 역량이 급격히 감소하며, 70대에 이르면 실질적인 은퇴 시기가 된다. 1955년생에서 1959년생 선교사가 15.1%를 차지한다는 점을 고려할 때, 앞으로 5년 내에 1959년생 이상의 선교사 18.7%가 실질적인 노동 영역에서 제외될 가능성이 높다. 선교사 471명 중 약 88명이 앞으로 5년 내에 초 고령 선교사로 분류될 것이다. 더욱 심각한 문제는 젊은 세대가 선교지로 나오지 않는다는 점이다.

2024년 설문조사에 따르면, 2020년에서 2024년 사이에 선교지로 나온 선교사는 139명 중 15명에 불과했으며, 그중 10명이 50대 이상이었다. 특히 1955년생에서 1959년생이 4명이나 된다. 이는 최근 증가하는 선교사 숫자에서 실버 선교사들이 상당한 비율을 차지하고 있음을 보여준다. 선교사 고령화로 인한 건강 문제는 현장 사역 참여 기회를 줄이고, 질병으로 인한 병원 이용 비용과 약품 구입 비용으로 재정적 부담을 증가시키고 있다. 고령화된 선교사들은 평균 연령이 20세 이하인 아프리카에서 30년 이상의 세대 차이를 극복하지 못하고, 이로 인해 소통에 어려움을 겪게 될 경우가 많아질 것이다.

2) 외부적 도전

3회 중아선 대회에서 강병훈은 한인 선교사의 현황을 분석하며 외부적 도전으로 1) 불균형적인 선교사 분포, 2) 혼합주의 기독교, 3) 확산되는 에이즈를 꼽았다(KOMICSA, 2005). 5회 대회에서는 오경환이 1) 선교사 케어, 2) 선교사 네트워크 부족, 3) 선교지에 대한 무지를 주요 도전 과제로 제시했다(KOMICSA, 2007). 강병훈, 오경환의 분석은 20년 전 그 시기에 절실하게 해결이 필요한 도전 과제가 무엇이었는지를 잘 보여주었고, 그 결과로 선교지에서 긍정적인 성과를 거둘 수 있었다.

2024년 선교사들에게 가장 큰 도전은 무엇일까?

전성진은 혼합주의 기독교, 명목상 신자, 지도자 양육, 방치된 차세대를 중요한 과제로 제시했다(전성진, 2022). 저자는 그의 연구를 바탕으로 좀 더 구체적인 부분을 제시하고자 한다.

(1) 혼합주의 기독교

중아선 2회 대회 때 발표한 정관 초안에서는 역원을 두어 4개의 부서를 만들었다. 그러나 정식 회칙에서는 역원이 팀장 형태의 7개 연구 분과로 재편되었다. 이는 선교 현장에 대한 선교사들의 깊이 있는 이해가 중요하다는 인식을 반영한 결과이다. 7개의 연구 분과 중 5개 연구는 혼합주의에 대한 연구 없이는 더 깊은 연구가 불가능하다. 현재 주류가 된 아프리카 독립교회(AICs)의 주요 특징이 바로 혼합주의 기독교다.

아프리카의 혼합주의 문제는 남부 아프리카 선교사들이 초기부터 인식한 외부적 도전이었으며, 이를 극복하기 위해 꾸준히 노력해 왔다.

인구 조사를 통한 남부 아프리카의 혼합주의 실태에 대해서 저자를 포함해서 몇몇 선교사들이 이미 여러차례 언급했다. (전성진, 2022; 양승록, 2023; 김경래, 2024). 사회적 관점에서 간략히 살펴 보면 2017년 기준으로 남아공에서 무티[5])에 사용되는 야생 약초 거래는 연간 20억 랜드에 달한다. 이는 약 2,700만 명의 소비자에게 서비스를 제공하는 20만 명의 인양가[6])와 상고마[7])들을 기준으로 추산한 것이다 (Nokwanda, 2017). 2019년 자료에 따르면 남아공 인구의 80%가 상고마나 인양가를 찾고 있다고 한다 (Yap Boum, 2021). 이는 기독교 인구의 60%가 여전히 상고마나 인양가에 의존하는 혼합주의적 성향을 지니고 있다는 것을 의미한다.

이러한 전반적인 이해를 넘어서, 현장에서의 질적 인터뷰와 데이터 수집을 통해 더 깊은 이해가 필요하다. 현재의 선교 현장은 실제로 어떤 상황인가? 위에서 언급한 일반적인 정보와 얼마나 일치하는가? 더 정확한 정보를 얻기 위해서는 지역 설문조사를 통한 정량적 분석이 필수적이다. 설문 조사와 인터뷰를 통해 사역지 내에서 실질적인 종교 활동과 사고방식에 관한 데이터를 수집하고 분석함으로써, 종교 활동의 변화와 영향을 수치화할 수 있다. 이러한 데이터 분석을 바탕으로 사역의 방향성을 설정할 수 있다(김경래, 2023). 2023년 KA를 통해 실시된 "남아공 흑인 기독교인의 혼합주의 실태 조사"는 우리의 현장 가까이에 있는 사람들의 혼합주의 형태를 파악했던 좋은 사례다. 데이터를 기반으로 하는 선교지 분석은 선교사들이 경험하는 외부적 도전에 대처할 수 있는 하나의 길을 제시할 수 있을 것이다.

---

5) 무티(uMuthi)는 남부 아프리카 전통 신앙에서 질병이나 인간사의 문제 해결에 사용하는 주술적 도구이다. 차로 마실 수 있는 식물이기도 하고 때로는 동물의 신체 일부인 경우도 있는데 이것은 몸에 지니고 다니는 부적처럼 사용하기도 한다.
6) 인양가(Inyanga)는 무티를 제조해 주는 남부 아프리카 전통 약사이다.
7) 상고마(Sangoma)는 인간사의 문제를 해결해 주는 남부 아프리카 전통 주술사이다.

(2) 새로운 아프리카 세대[8]

아프리카는 다양한 영역에서 급격한 변화 가운데 있다. 우리는 이 급변하는 아프리카를 4가지 영역에서 발견 할 수 있다.

빠르게 성장하는 아프리카 경제 - 아프리카에는 경제가 빠르게 성장하는 국가들이 많다. 예를 들어, 코트디부아르의 GDP 성장률은 6.6%, 에티오피아는 6.2%, 탄자니아는 6.1%로 상당히 높은 성장률을 기록하고 있다. 사하라 이남 아프리카 전체의 평균 성장률도 3.9%로, 세계 평균인 2.9%보다 높은 수치이다. 이 지역의 총 GDP는 1990년 7,772억 달러에서 2019년 2조 2,073억 달러로 약 3배 증가했다. 2043년 이 지역의 GDP는 6조 2,217억 달러로 3배 증가할 것으로 전망된다.

높은 비율의 교육 투자 - 남부 아프리카는 교육에 대한 투자가 활발한 지역으로, 2021년 기준으로 나미비아(10.03%), 레소토(7.51%), 모잠비크(7.51%), 남아공(6.56%), 에스와티니(5.29%)가 GDP 대비 교육비 지출 비율이 높다. 이는 세계 평균인 4.18%보다 상당히 높은 수치다.

경제 활동 인구 증가 - 사하라 이남 아프리카의 인구는 1990년 대비 117.77% 증가하여 2019년에는 10억 1,600만 명에 이르렀다. 2043년에는 77.38% 더 증가하여 19억 6,200만 명에 이를 것으로 전망된다. 2019년 아프리카에서 인구가 가장 많은 국가는 나이지리아, 에티오피아, 콩고민주공화국, 남아공, 탄자니아 순이다. 이 지역의 중위 연령은 2019년에 18.74세였으며, 2043년에는 22.82세로 증가할 것으로 예상된다. 경제 활동 인구는 2088년에 아프리카가 아시아를 역전할 것으로 예측된다.

---

8) 여기에 소개된 내용은 저자의 글 "변화하는 아프리카, 변화하는 선교: 미디어를 통한 새로운 가능성"을 요약한 것이다. 이 부분에 대해서 좀더 자세히 보길 원하면 "변화하는 아프리카, 변화하는 선교: 미디어를 통한 새로운 가능성. 전방개척 저널 2024·7.8 | Vol. 113"을 참고 하라

급속도로 증가하는 아프리카의 모바일 인구 - 아프리카의 모바일 전화 사용자는 급증하여 2022년에 8억 5천만 명에 이르렀다. 이는 아프리카가 세계적인 4차 산업혁명의 네트워크에 빠르게 연결되고 있음을 보여준다. 젊고 빠르게 적응하는 아프리카의 차세대들은 인터넷을 통해 세계의 우수한 콘텐츠에 접속하며 정보 격차를 줄일 수 있을 것이다. 이러한 변화의 중심에는 새로운 세대가 있다.

아프리카는 2030년까지 15-24세 청소년 인구가 전체 인구의 42%를 차지하며, 가장 높은 청소년 인구 증가를 경험할 것으로 예상된다. 2080년까지는 현재 청소년 인구 수가 두 배로 늘어날 것으로 보인다. 아프리카는 세계에서 가장 젊은 대륙일 뿐만 아니라, 2067년에는 전 세계 어린이의 67%가 아프리카에 살고 있을 것으로 예상된다. 이러한 아프리카 인구의 젊은 특성은 세계 기독교 운동에서 가장 전략적인 잠재력을 지니고 있을 수 있다(Bedicks, 2024).

아프리카에서는 그들을 아프릴레니얼(Afrillennial) 이라고 부른다(김경래, 2024b). 아프릴레니얼 세대의 특징은 다음과 같다.

① 가족 중심의 가치관 ② Black tax[9] (블랙 세금) ③ 교육 가치관의 변화 ④ 문화적 다양성 ⑤ 국제적 욕망 ⑥ 기술적으로 연결된 세대

아프릴레니얼(Afrillennials)은 아프리카에서 가장 많은 인구를 차지하는 세대이며, 미래엔 전 세계의 주역이 될 것이다. 2021년 기준 아프릴레니얼 세대는 전체 노동 인구의 10%를 차지하고 있다. 2025년까지 이 그룹은

---

9) 블랙 세금은 직계 가족 및 친족을 부양해야 하는 암묵적 의무를 의미한다. 이는 특히 남아프리카와 같은 지역에서 경제적으로 자립한 개인이 가정과 친족에게 재정적 지원을 해야 하는 사회적 관행을 지칭한다. 이러한 책임은 개인이 자신의 성공을 가족과 공동체와 나누어야 한다는 기대에서 비롯되며, 종종 흑인 커뮤니티에서 경제적 부담을 가중시키는 요인으로 작용하기도 한다.

전체 인력의 40%까지 늘어날 것이다. 2030년에는 약 75%를 차지할 것으로 예상된다(Seedadmin, 2021). 이들에 대한 지속적인 연구가 필요하며, 신세대와의 선교적 접촉점을 개발해야 한다.

(3) 다수의 낮은 학력의 지도자

2024년 설문 조사에서 "남부 아프리카에서 직면한 한인 선교사의 선교적 도전은 무엇인가?"라는 질문에 139명 중 99명이 지도자 양육이라고 답했다. 이는 76.7%로 가장 높은 비율을 차지하며, 지도자 양육이 남부 아프리카 선교에서 긴급히 요청되는 사역임을 보여 준다.

2021년 기준으로, 25~64세 남아공 흑인 인구 중 57.1%가 고등학교 중퇴 이하의 학력을 가지고 있다(Khuluvhe, 2022). 기준을 35세에서 64세로 좁히면 이 비율은 66%를 넘는다. 선교사들이 접하는 대부분의 목회자들은 한국의 중졸 학력 수준에 해당할 것으로 예상된다.

전성진도 비슷한 결론을 내렸다.

아프리카 신학교(Africa Theological College . ATC)에서 2006 년부터 2008년까지 ATC에 등록했던 112명의 최종학력을 산출했다. 공부하는 학생들의 반 이상이 이미 목회자들이다. 그중 51명만이 자신의 최종학력을 기록했는데, 기록한 학생들의 평균학력은 약9.6학년 정도 였다. 한국의 중졸정도의 학력이다(KOMICSA, 2010).

러시아 학자 루리아(A.R. Luria)는 1931년부터 2년 동안 소비에트 연방의 우즈베크 공화국과 키르기스 공화국의 오지에서 글을 읽을 수 없는 사람들을 대상으로 광범위한 현장 조사를 실시했다. 그 조사에서 그는 글을 읽지 못하는 사람들 사이에 공통적인 사고 형태가 존재한다는 것을 발견했다.

① 추상적 사고를 하기 보다는 주변 상황에 의존하는 사고를 한다. ② 논리적인 사고가 익숙하지 않다. ③ 사물에 정의를 부여하는 것에 익숙하지 않다. ④ 자기를 분석하는 데 어려움을 겪는다(월터 웅, 2018). 이는 학력이 낮은 사람일수록 추상적인 개념과 논리적인 사고, 정의를 내리는 데 익숙하지 않음을 보여준다.

2024년 KA에서 "삼위일체 개념 이해에 관한 조사"[10]를 진행했는데, "예수님은 하나님이 창조하신 최초이자 최고의 존재이다"라는 질문에 "강하게 동의한다"고 답한 비율의 목회자가 70.95%에 달해, 많은 목회자들이 예수님을 피조물로 이해하고 있음을 나타냈다. "성령님은 힘이며 인격이 아니다"라는 질문에 16.89%가 "강하게 동의한다"고 답했다. 이는 16.89%의 목회자들이 성령님을 인격이 아닌 힘으로 이해하고 있음을 보여준다(KA 리서치, 2024). 기독교의 많은 추상적인 개념을 더욱 주의 깊게 교육할 필요성이 있다. 다행히 30대 이하의 새로운 세대가 기독교 지도자로 성장하고 있다. 남아공에서는 밀레니얼 세대 이하를 '본프리(Born Free)' 세대라고 부르기도 한다. 이들에 대해서는 뒤 지면에서 좀더 자세히 다룬다.

4. 전략적 전환을 위한 제안

향후 한 세대 동안 아프리카 교회에서 일어나는 일이 향후 수 세기 동안의 교회 역사의 전체적인 모습을 결정할 것이며, 21세기 기독교의 가장 특징적인 신학의 종류는 그 기간에 아프리카 기독교인들의 마음속에서 일어

---

10) 이 설문조사는 남아공 전 지역 및 일부 보츠와나 지역의 사람들을 대상으로 2024년 7월 20일부터 9월 1일까지 진행되었으며, 총 1079명이 응답한 결과이다.

나는 일에 크게 좌우될 것이다(Walls, 1976). 앤드류 웰스는 우리가 현재 얼마나 중요한 시점에 있는지를 정확히 지적하고 있다.

지금까지 한인 선교사들의 현황과 공헌, 그리고 현재 직면하고 있는 도전들에 대해 살펴보았다. 이러한 작업들은 현재 남부 아프리카 선교사들의 위치를 점검하기 위한 것이었다. 지나온 과거를 통해 우리는 하나님께서 어떤 일을 하셨는지 알 수 있다. 미래는 항상 과거와 현재의 연장선상에 있으며, 이를 바탕으로 하나님이 앞으로 어떤 일을 하실지 어렴풋이 예측할 수 있다. 남부 아프리카의 선교사들은 늘 현장의 필요를 잘 파악하고 능동적으로 대처해 왔다. 현재의 변화하는 아프리카 상황 속에서 선교사들에게 도전이 되는 과제들은 미래 남부 아프리카 선교에서 반드시 극복해야 할 장애물들이다. 이러한 장애물을 넘기 위해 고려해야 할 점들과 방안을 조심스럽게 제안하고자 한다.

1) 정량적 선교지 연구 필요성

남부 아프리카 선교지 연구는 두 가지 축으로 이루어졌다. 첫 번째는 중아선에서 진행된 전략 세미나를 통해 이루어진 것이다.[11] 두 번째는 2015년부터 시작된 KA를 통해 진행 되었다. 2005년부터 2012년까지 중아선에서 이루어진 대부분의 연구는 일반적인 이해를 위한 것이었다.[12] KA의 경우도 2023년 "남아공 흑인 기독교인의 혼합주의 실태 조사"가 있기 전까지, 중아선 전략 세미나와 마찬가지로 일반적인 이해를 위한 연구

---

11) 2004년 부터 2024년까지 시간적으로 연결성을 가지고 있지만 그룹의 구성원들이 다르다는 것에서 두 그룹으로 이해는 것이 좋을 것이다.

12) 단 2007년 "남아공 흑인타운십 교회 실태 조사 보고"는 일반적 이해를 넘어서 실제 선교사 사역지 기독교 실태를 조사해서 발표했다.

를 해왔다.

(1) 일반적인 연구

일반적인 연구는 아프리카의 역사, 정치, 경제적 사회 구조, 그리고 종교적 이해를 다루는 것이 대부분이었다. 이러한 연구들은 주로 책, 정부 기관 자료, NGO 보고서 등 다양한 단체의 연구나 통계를 통해 아프리카를 이해하려는 시도이다.

아프리카의 맥락을 이해하는 것은 선교지의 현지인을 이해하는 데 매우 중요하다. 현지인들은 오랜 역사 속에서 사회적 변화와 다양한 문화 충돌을 통해 형성되었다. 따라서 특정 종족 집단을 이해하려면 그들의 역사를 반드시 알아야 하며, 이 역사에는 문화 충돌과 사회 변화가 복잡하게 얽혀 있다. 현지인의 역사는 그들의 현재 위치를 이해하는 데 중요한 큰 그림을 제공한다.

사회는 사람들이 모여 있는 곳을 의미하며, 정치는 그들의 다양한 의견을 조율하는 장치이다. 정치 과정에서 법이 만들어지고 규범과 제도가 제정된다. 경제는 사람들이 생계를 유지하는 문제를 다루며, 이는 각 나라의 역사적 맥락에 따라 정치적, 경제적 사회 구조가 다르게 나타난다. 따라서 현지인의 현 상황을 이해하기 위해서는 그들의 정치, 경제적 사회 구조를 이해해야 한다.

아프리카인들은 자신의 행위를 종교적 의미와 맥락을 통해 경험하고 이해하며, 인간 중심의 종교적 존재론(Mbiti, 1975)을 가지고 있다. 따라서 아프리카인의 종교적 삶을 이해하는 것은 매우 중요하다. 1900년대에 아프리카에서 전통 종교는 76%를 차지했지만, 2010년에는 13%로 감소했다. 반면, 기독교 인구는 1900년대 13%에서 2010년에는 57%로 증가하여 아프리카에서 가장 높은 비율의 종교로 자리 잡았다. 이 과정에서 아프리카 기독교는 혼합주의적 특성을 가지게 되었다. 현지인의 종교적 성향을 이해하는 것은 복음 전도와 제자화 전략을 수립하는 데 필수적이다. 이러한 일반적인 연구는 선교지 이해를 위한 큰 그림을 제공하며, 선교사가 일반화 오류에 빠지지 않도록 돕는다(김경래, 2023).

(2) 일반화 오류와 확증편향(Confirmation bias) 오류

한스 로슬링(Hans Rosling)은 우리가 세상을 오해하는 10가지 이유를 제시하는데, 그 중 하나가 "일반화 오류"다. 일반화 오류는 특정한 경험이나 사례를 기반으로 전체 상황을 일반화하거나, 특정 경험을 통해 모든 상황을 판단하려는 경향을 의미한다. 예를 들어, 한 지역에서 발생한 부정적인 사건으로 인해 그 지역 전체를 부정적으로 인식하는 것이 일반화 오류의 한 형태다(한스 로슬링, 2018). 선교사는 자신이 경험하는 사역 현장에서 현지인과 그들의 문화를 접하게 되는데, 이 경험은 쉽게 일반화 오류에 빠지기 쉽다. 한국 선교사는 한국적 상황에서 하나님을 만났지만, 그 강력한 체험(대부분의 한국 선교사들은 한국 부흥의 시기를 경험했다)으로 인해 자신의 경험을 신앙인이라면 누구나 경험하게될 보편적 체험으로 확신하게 된다. 윌리엄 테일러(William Taylor)는 한국 선교사의 단점 중 하나로 "강력한 신학적 확신으로 인한 유연성 부족"을 지적했다(한철호, 2023). 이러한 "유연성 부족"은 현지인과 그들의 문화를 올바르게 이해하는 데 방해가 된다.

또한 선교사들은 확증 편향의 오류를 범하기 쉽다. 선교지에서 선교사는 사역의 좋은 결과를 기대하는 마음이 크다. 힘들게 뿌린 씨앗이 좋은 열매로 나타나길 바라는 것은 모든 농부의 마음이며, 복음을 열심히 전한 선교사가 좋은 열매를 기대하는 것도 당연한 일이다. 그러나 이러한 큰 기대는 잘못하면 확증 편향의 오류에 빠질 수 있다. 확증 편향은 빅테크의 영향으로 전 세계적으로 더욱 두드러지게 나타나는 현상이다. 확증 편향은 기존의 생각이나 신념을 확인하려는 경향성으로, 흔히 "사람은 보고 싶은 것만 본다"는 말이 이 현상을 잘 설명한다. 이 두 오류에 빠지지 않기 위해서는 선교사가 현지인과 그들의 문화를 더 넓은 안목(일반적인 연구)으로 바라보고, 자신의 사역지 상황을 데이터와 통계를 통해 객관적으로 검증해야 한다. 한스 로슬링은 일반화 오류를 데이터 통계를 통해 극복할 수 있다고 주장했다. 확증 편향의 오류 또한 더 많은 데이터와 통계를 통해 극복될 수 있다.

(3) 지역 설문조사를 통한 정량적 분석 (예 - KA에서 실시한 2023년 설문조사)

좀 더 정확한 정보를 얻기 위해서는 지역 설문조사를 통한 정량적 분석이 필요하다. 현지인에게서 설문 조사 및 질적 인터뷰를 통해 종교 활동과 관련된 데이터를 수집하고 분석함으로써 종교적 변화와 그 영향을 이해할 수 있다. 이러한 데이터 분석을 기반으로 사역의 방향성을 설정할 수 있다. 정량적 분석 데이터는 주관적 판단을 객관적 시각에서 평가할 수 있게 해주며, 사역에의 전략적 접근을 가능하게 한다.

남아공의 기독교 인구는 85.3%(Statistics South Africa, 2023)에 달한다. 아프리카 현장에서 사역하는 선교사들은 종종 "진실한 기독교인은 얼마나 될까?"라는 질문을 던지게 된다.

2023년 KA에서 실시한 "남아공 흑인 기독교인의 혼합주의 실태 조사"는 다각적인 질문을 통해 아프리카 기독교인과 조상신 간의 상관관계를 규명하려고 노력했다. 남아공 전역의 924명을 대상으로 설문 조사를 진행했으며, 복음적 기독교인이라면 설문조사에서 제시된 질문중 6가지 질문에 올바르게 답할 것으로 기대되었다. ① 스스로를 기독교인으로 인식하는 사람이어야 한다. ② 조상이 우리 삶에 영향을 미치지 않는다는 사실을 인지해야 한다. ③ 매주 교회에 출석해야 한다. ④ 삼위일체를 인정해야 한다. ⑤ 예수 그리스도의 유일성을 인정해야 한다. ⑥ 상고마를 의지하지 않는 사람이어야 한다. 이 모든 조건을 충족한 사람은 기독교인 782명 중 149명으로, 이는 기독교인의 19.1%에 해당한다. 즉, 19.1%만이 복음적 기독교인으로 분류될 수 있다(김경래, 2024a).

다음은 설문조사에 참여한 한 선교사의 간증이다(김경래, 2023).

처음 KA에서 남아공 사람들의 조상신에 대한 설문조사를 한다고 얘기를 들었을 때는 열심히 참여하면 내가 섬기고 있는 성도들을 이해하는 데 도움이 되겠다는 생각도 있었던 반면에 내가 그동안 열심히 복음을 명확히 전해 왔고 예수 그리스도만이 우리의 구주시라고 강력하게 외쳤기 때문에 굳이 설문조사를 할 필요가 있을까 하는 마음도 동시에 있었던 것이 사실이다. 나와 아내는 두 교회를 사역하고 있다. 흑인 지역에 있는 G 교회와 야외 공원에서 예배 드리는 R 교회 이다. G 교회에서는 어른 성도들과 유스를 중심으로 설문지를 돌렸고, R 공원 교회는 어른 성도들에게 설문지를 돌렸다. 그런데 설문 결과를 보고 깜짝 놀랐다. G 교회 중고등부의 대략 80% 아이들이 조상신이 존재한다고 믿는다고 대답한 것이다. 그래서 그 다음 주에 중고등부 설교시간에 오직 하나님만이 유일한 신이시고 조상신은 없다고 하니까 교회에 거의 빠지지 않고 나오는 아이들이 적극적으로 반발을 했다. (생략) 아무튼 집에 들어와서 복잡한 마음이었다. 나의 회중에 대해 너무 무지했다는 자괴감과 하나님 앞에서의 죄송함, 땅을 파고 씨앗을 뿌리다 커다란 암석을 만난것 같은 난감함. 그래도 지금이라도 알아서 다행이라는 생각…

이러한 설문조사를 통한 정량적 분석은 우리가 사역하고 있는 현장에서 일반화 오류를 피하고 확증 편향의 오류를 범하지 않도록 충분한 정보를 제공해 준다. 또한, 우리의 사역 방향성을 더 명확히 잡아가는 데 도움이 된다.

2) 협업을 통한 선교사 연합

(1) 선교사간의 관계

우선 선교사의 관계에서의 갈등부터 살펴 보자. 선교사간의 갈등은 초대교회에서도 찾아 볼 수 있다.

"바울은 밤빌리아에서 자기들을 떠나 함께 일하러 가지 아니한 자를 데리고 가는 것이 옳지 않다하여 서로 심히 다투어 피차 갈라서니 바나바는 마가를 데리고 배 타고 구브로로 가고"(행15:38,39)

초기 한국에 온 선교사인 언더우드와 알렌의 갈등은 잘 알려진 선교사들 간의 갈등 중 하나이다.

그는 선교부에 1886년 9월 17일에 편지를 보낸다.

근 2년 간의 사역을 담당한 이후 지금 저는 제가 받았던 위임을 내려놓고 미국 장로교회 해외선교위원회의 선교사 자리에서 사의를 표명코자 하며, 제가 감리교 해외 선교위원회에서 위임을 받고 사역 할 수 있게 해주시기를 바라는 바이다.그래서 이제는 헤론 의사와 제가, 아니면 알렌 의사가 이곳 장로교 선교부의 사역 에서 물러나야 하는 상황에 이르게 되었다. 저는 이곳의 문제들을 해결할 수 있는 다른 방법을 전심으로 찾아보았으나 그 어떤 방법도 발견할 수 없었다(김인수, 2003).

언더우드가 얼마나 힘든 시간을 보냈으면 타교단으로 옮기려는 생각까지 했을까? 갈등은 초대교회 때부터 선교사들이 가는 곳마다 존재해 왔다. 이러한 갈등은 초기 선교사들에게 특히 많이 나타나며, 문화 충격과 안정되지 않은 가정과 사역은 자연스럽게 인간관계의 어려움을 초래한다.

그렇다면 남부 아프리카에서 활동하는 한인 선교사들의 동료 선교사 간 관계는 어떠할까?

2016년 WMF에서 실시한 설문 조사에서 동료 선교사 간의 관계에 대해 66%가 상당히 만족한다고 답변했다. 2024년 설문 조사에서도 비슷한 결과로, 64.7%가 만족한다고 응답했다. 이를 통해 남부 아프리카 선교사들의 동료 관계가 대체로 원만하다는 것을 알 수 있다. 이는 남부 아프리카 선교사들 중 70%가 10년 이상 사역한 안정된 선교사들이라는 사실과 관련이 있다. 이들은 갈등의 문턱을 넘어 이제는 협력이라는 아젠다를 고민하고 있다.

2024년 설문 조사에 따르면, "한인 선교사 간의 협력에 대해서 어떻게 생각하시나요?"라는 질문에 18.7%가 절대 필요하다, 53.2%가 필요하다고 응답했다. 이는 71.9%의 선교사가 협력의 필요성에 공감하고 있음을 의미한다. 남부 아프리카에서 사역하는 선교사들은 단지 협력의 필요성에 공감할 뿐만 아니라, 협력에 대해 상당히 적극적이다. "한인 선교사 간의 협력을 시도한 경험이 있나요?"라는 질문에 66.2%가 3번 이상 시도했고, 2번 이상 시도한 응답자가 17.3%였다. 전체적으로 92.8%의 선교사가 협력 경험을 가지고 있었다.

(2) 선교사 간의 협력이 충분히 가능한 단계에 와 있다.
선교사가 3번 이상 선교사 간의 협력 경험을 가지고 있다는 것은 협력의 장단점을 충분히 숙지하고 있다는 것을 의미한다. 3번 이상 협력 경험이 있는 선교사들 만을 대상으로 연차별로 협력 필요성에 대한 답변을 조사하면, 협력을 강하게 인식하는 그룹을 파악할 수 있다.

우선, 모든 선교사들의 연차별 협력 필요성을 살펴보자. "필요"와 "매우 필요"를 합한 수치를 총 응답자 수로 나누어 필요도 비율(%)을 계산했다. 표3은 선교 연차에 따른 협력 필요성을 나타낸다. 10-20년차 선교사들이 협력의 필요성을 강하게 느끼고 있다는 것을 알 수 있다. 또한 협력을 3번 이상 경험한 선교사들 사이에서는 그 필요성이 더 강하게 나타난다. 특히 10-30년차 선교사들로 그룹이 확장되면서 협력의 필요성도 더욱 높아지는 것을 볼 수 있다. 이는 협력 경험이 많을수록 협력의 중요성을 더 깊이 인식하게 되며, 협력에 대해 더 긍정적인 태도를 가지게 된다는 증거이다.

표3 - 연차 별 협력의 필요성/ 협력 3번 경험자의 협력 필요성

선교사 년차	협력의 필요성	3번 경험자 협력의 필요성
1-4년차	60.0%	66.7%
5-9년차	50.0%	53.3%
10~15년차	84.4%	91.7%
16~20년차	86.4%	94.1%
21~25년차	73.9%	100.0%
26~30년차	76.9%	85.7%
31~35년차	66.7%	50.0%

그렇다면 관계 만족도는 어떨까? 표4 에서 볼 수 있듯이, 16-25년차 선교사들 사이에서 70% 이상의 높은 만족도를 보였다. "만족"과 "매우 만족"을 모두 합한 수치를 총 응답자 수로 나누어 만족도 비율을 계산 했으며, 16-25년차 선교사들 중에서 70% 초반의 높은 만족도를 나타냈다. 그렇다면 3번 이상 협력 경험이 있는 선교사들은 어떠할까?

표4 에서 볼 수 있듯이 3번 이상 협력 경험이 있는 경우, 10-30년차 선교사들로 범위가 확장되며 만족도도 함께 상승하는 것을 확인할 수 있다. 이

표4 - 연차 별로 본 관계 만족도/ 협력 3번 경험자 만족도

	관계 만족도	협력 3번 경험자 만족도
1-4년차	66.7%	66.7%
5-9년차	60.0%	53.3%
10~15년차	62.5%	70.8%
16~20년차	72.7%	76.5%
21~25년차	73.9%	78.6%
26~30년차	61.5%	71.4%
31~35년차	33.3%	0.0%

는 협력 경험이 많을 수록 관계 만족도도 함께 높아진다는 것을 보여준다. 협력의 경험 횟수와 선교사 간의 만족도 사이에는 양의 상관 관계가 있다는 것을 알 수 있다. 선교사 간의 협력은 부정적인 요소보다 긍정적인 요소가 더 많다.

남부 아프리카 선교사들은 이제 성숙한 단계에 접어든 그룹이다. 대부분의 갈등은 사역 초기 정착 과정에서의 문화 충격과 가정 및 사역이 정착하는 과정에서 오는 스트레스와 연관이 깊다. 하지만 남부 아프리카 선교사들 중 75%가 10년차 이상으로서 이들은 사역과 가정이 안정권에 들어간 성숙한 그룹이다.

(3) 협력과 전문성

이미 앞에서 살펴본 것처럼, 남부 아프리카 선교사들의 사역은 각 지역의 상황에 맞게 발전해 왔으며, 선교사들의 긴 시간 동안 반복된 선교 활동을 통해 전문성을 쌓아왔다. 사역의 종류를 지역별로 살펴보면, 각 사역이 어떤 특징을 가지고 해당 지역에 정착 되었는지 확인할 수 있다.

남아공과 그 주변 국가들을 비교했을 때, 남아공은 사회 기반 시스템이 잘 갖추어져 있지만, 주변국들은 여전히 많은 필요가 있다. 교육(학교) 선교, 복지/개발, 의료 선교가 남아공보다 주변국이 높은 비율을 차지한다.

반면, 남아공은 "어린이/청소년 사역"과 "제자훈련 사역"의 비중이 다른 국가들보다 높게 나타난다. 또한, 사역의 종류도 남아공이 31개로 주변국들보다 38.2% 더 많다. 이는 남아공이 인프라를 구축하는 사역 보다는 콘텐츠 중심의 사역에 더 많이 접근하고 있음을 보여준다.

같은 남아공 내에서도 해안 지역(웨스턴케이프, 이스턴케이프, 크와줄루 나탈)과 내륙 지역(하우텡, 노스웨스트, 음푸말랑가, 림포포) 간의 사역이 다르게 나타난다. 해안 지역에서의 "교회 개척" 비율이 내륙 지역보다 현저히 낮고, "현지 지역 교회와 협력" 비율이 내륙 지역보다 높다. 이는 남아공 내에서도 교회를 바라보는 시각에 차이가 있음을 보여준다. 해안 지역의 선교사들은 현지 지역교회와 협력하는 방식으로 교회 사역에 접근하는 반면, 내륙 지역은 직접 교회를 개척하는 것을 선호한다. 또한 해안 지역에서는 교육(학교) 선교, 에이즈, IT, 가정, 상담, 문서, 성경 번역 등의 다양한 영역에서 선교 사역이 활발히 개발되고 있다. 이러한 차이는 사역 현장에 대한 선교적 반응으로 볼 수 있다. 남부 아프리카에서 선교의 역사가 길어지면서, 선교사들은 각자의 상황에 맞게 사역을 발전시키고 그 전문성을 키워왔다.

(4) 협력과 전문성을 넘어 협업으로

선교사 간의 협력은 어떤 형태가 가장 좋을까?

동역의 방법적 측면에서 우리는 자연스럽게 "협동", "협력", 그리고 "협업"이라는 단어를 떠올릴 수 있다. 협동의 사전적 의미는 "서로 마음과 힘을 하나로 합함"(네이버 사전, 2024)이며, 협력의 사전적 의미는 "힘을 합하여 서로 도움"(2024) 이다. 협동과 협력은 유사한 의미로, 힘을 합쳐 함께 일하는 것을 의미한다. 협동과 협력은 영어로 "Cooperation" 또는 "Co-working"으로 표현되며, 물리적인 결합으로 동종의 업종을 가진 사람들이 함께 일하는 것이다. 반면, 협업의 사전적 의미는 "생산의 모든 과정을 여러 전문적인 부문으로 나누어 여러 사람이 분담하여 일을 완성하는 노동 형태"(2024) 이다. 이는 서로 다른 전문 역량을 보유한 사람들이 분담하여 공동의 목표를 달성하는 것을 의미하며, 영어로는 "Collaboration"으로 표현된다.

협업은 각각의 배경을 인정하고 유지하며, 각각의 역량과 전문성, 즉 은사를 최대한 발휘하여 공동의 목표에 도달하려는 측면에서 선교사 간의 동역에 더 적합한 모델이 될 것이다. 협업을 위해서는 우선 전제되어야 할 것이 바로 전문성이다.

이미 살펴본 것처럼, 남부 아프리카의 선교사들은 각자의 사역 안에서 전문성을 개발해 왔다. 남부 아프리카에는 다양한 선교 협력 그룹들이 존재한다. 이들 그룹은 친목을 목적으로 하거나, 동일한 목표를 위한 협력을 목적으로 하며, 각각의 역할이 분명하다. 웨스턴케이프 선교사 모임, 말라

표5 - 현재 사역 / 당면한 과제 (2024 선교사 설문조사139명)

사역	현재사역%	당면 과제%	사역	현재사역%	당면 과제%
어린이/청소년	20.0%	11.6%	HIV/AIDS 사역(고아)	1.2%	1.7%
교회개척	14.3%	4.3%	밥퍼사역	0.7%	0.2%
교육(학교)선교	12.0%	8.5%	IT	0.5%	1.9%
지도자 양육	8.7%	16.6%	문서/출판	0.5%	0.6%
신학교	7.3%	4.6%	미디어	0.5%	0.6%
제자훈련	7.3%	13.0%	선교사훈련	0.5%	4.3%
현지지역교회협력	6.8%	8.5%	MK사역	0.2%	1.3%
복지/개발	3.8%	3.8%	방송	0.2%	0.2%
비즈니스(BAM)	2.8%	3.5%	상담/치유/케어	0.2%	3.2%
한인교회 사역	2.6%	0.3%	선교동원(미션플랜팅)	0.2%	2.1%
문화/스포츠	2.3%	1.3%	가정사역 (여성)	0.2%	0.3%
난민사역	1.9%	1.3%	선교연구/정보관련	0.0%	1.9%
의료선교	1.9%	2.7%	기타	1.9%	0.3%
캠퍼스선교	1.6%	1.6%		100%	100%

위 선교사회, 마다가스카르 선교사회 등은 친목을 중심으로 만들어진 플랫폼이다. 아프리카 대륙선교회와 아프리칸 리더쉽과 같은 선교 단체들은 여러 사역이 어우러진 사역 중심의 플랫폼을 구축했다. 아바(ABBA)와 KA모임 같은 단체들은 전문성을 기반으로 선교사들이 협력하는 모델로, 아바는 목회자(지도자) 훈련, KA는 선교 현장 연구라는 전문성을 기반으로 둔다. 남부 아프리카의 선교는 이제 새로운 차원으로 나아가고 있다.

표5를 보면, 선교사들이 꼽은 아프리카 선교의 가장 시급한 당면 과제는 "지도자 양육"이다. 이는 아프리카 지도자들의 낮은 학력과 정규 신학 과정을 거치지 않은 상태에서 목회를 시작하는 목회자들이 많기 때문이다. 그러나 지도자 양육과 직접적으로 연관된 신학교 사역은 감소할 것으로 예상된다. 이는 신학교 자체에 문제가 있다는 인식보다는, 교회 리더나 목회자 재교육까지 확대할 필요성을 인식했기 때문일 것이다. 제자 훈련 역시 시급한 과제 중 하나다. 앞서 살펴본 바와 같이 남아공에서 복음적 기독교인의 비율이 19%에 불과하다는 통계는 남부 아프리카에 강력한 제자도가 절실히 필요하다는 사실을 보여준다.

또한, 앞으로 교회 개척 보다는 현지 지역 교회와의 협력 형태로 사역이 이동할 것으로 예상된다. 흥미로운 점은 어린이/청소년 사역도 20%에서 11%로 감소가 예상된다. 아프리카는 여전히 어린이/청소년 사역이 절실히 필요하지만, 선교사의 고령화로 인해 선교사들이 "어린이/청소년 사역"에서 체력적 한계와 세대적 격차를 경험하고 있기 때문일 것이다.

선교사 훈련 사역의 필요성은 4배에 가까운 선교사들이 이를 필요로 한다고 동의하고 있다. "선교 연구/정보 관련" 사역의 경우, 이 사역을 주사역으로 인식하는 선교사는 없으며, 대부분 주사역 이외의 시간에 참여하고 있다. 그러나 더 깊은 선교 연구/정보 관련 사역의 필요성을 절감하고 있기 때문에, 앞으로 더 많은 선교사들이 이 영역에 동참할 것으로 예상된다.

지도자 양육, 제자 훈련, 선교사 훈련원, 상담, 선교 동원, 선교지 연구 등은 사역의 필요성이 더욱 증가할 것이다. 아울러 어린이/청소년 사역의 한계성을 극복하기 위해 새로운 접근이 필요하다. 이를 위해 전문성을 갖춘 선교사나 그룹들이 협업의 길을 찾을 것으로 예상된다.

3) 30대 이하의 젊은 지도자 양성

로잔 리포트 "지역별 청소년 인구"에서는 아프리카를 다음과 같이 평가했다.

> 아프리카는 2030년까지 15-24세 청소년 인구가 전체 인구의 42퍼센트를 차지하며 가장 높은 청소년 성장 인구의 증가를 경험할 것으로 예상되며, 2080년까지 현재의 청소년 인구수가 두 배로 늘어날 것으로 예상된다. 아프리카는 세계에서 가장 젊은 대륙일 뿐만 아니라, 2067년에는 전 세계 어린이의 67퍼센트가 아프리카에 살고 있을 것으로 예상된다. 아프리카 인구의 이러한 젊은 특성은 어쩌면 세계 기독교 운동의 가장 전략적인 잠재력을 내포하고 있을 수 있다(Bedicks., 2024).

아프리카의 24세 이하 인구 증가를 고려할 때, "어린이 사역/청소년 사역"에는 더욱 많은 인력이 필요하다. 그러나 앞서 살펴본 것처럼 한인 선교사들은 "어린이 사역/청소년 사역"에서 "지도자 양육" 사역으로 전환하려는 준비를 하고 있다. 선교사들은 "지도자 양육"을 전략적으로 접근할 필요가 있으며, 선택과 집중이 요구된다.

(1) 사역 대상자에 대한 관점의 변화가 필요하다.

모슬렘 대상 사역을 하던 한 사역자는 사역 대상자들이 "너무 힘들다"고 느끼며 사역을 종료할 계획이었다. 그러나 미디어 사역의 도움을 받은 후, 그는 다음과 같은 간증을 나누었다.

> 사역의 첫 10 년 동안 우리는 열매를 거의 보지 못했다. 첫 8 년 동안 단 한 명에게 세례를 주었다. 하지만 지금은 MTDMM 선교회[13] 전략을 사용하고 있기 때문에 우리에게 접촉을 시도하는 수와 우리가 접촉하는 사람의 수가 정말 많다. 매우 흥분되는 것은 많은 사람이 세례를 받는 것을 보는 것 이다

MTDMM 선교회의 전략은 미디어를 통해 긍정적인 반응을 보이는 사람들을 선별하는 것이다. 이 사역자의 전환점은 사역 대상자를 바라보는 관점이 바뀌었기 때문이다. 그동안의 사역의 문제는 회심 가능성이 있는 2.5%가 아닌, 회심 가능성이 낮은 97.5%의 사람들을 대상으로 사역을 진행해 왔다는 점이었다. 드와이트 맥과이어(Dwight McGuire)는 어느 나라의 인구든 2.5%가 언제든지 종교를 바꿀 준비가 되어 있다고 주장했다(Warrick, 2021).

남부 아프리카는 모슬렘 국가처럼 복음에 완전히 닫혀 있는 곳은 아니다. 그러나 혼합주의 기독교와 교육받지 못한 교회 지도자들로 인해, 많은 교회가 율법주의나 기복신앙 같은 복음에 대한 잘못된 인식을 가지고 있

---

13) Media to disciple making movements 선교회

다. 10년 이상 사역을 경험한 많은 선교사들은 "너무 힘들다"는 모슬렘 사역자의 고백에 깊이 공감할 것이다. 남부 아프리카 선교사들도 이제 전략적인 선교 접근을 시도해야 하며, 선택과 집중이 필요하다. 하나님은 복음을 온전히 이해하고 좋은 지도자가 될 수 있는 2.5%의 사람들을 아프리카에 준비해 놓으셨을 것이다. 예수님이 제자들을 전도하러 보내실 때, 그들과 협업할 사람들을 사역 현장에 미리 준비해 놓으신 것처럼 말이다.(눅 10:11-12)

(2) 30대 이하 교육 받은 세대에 집중하자.

30대 이하의 새로운 세대가 지도자로 성장하고 있다. 남아공에서는 이들을 '본프리(Born Free)' 세대라고 부르기도 한다. 이 세대는 1994년[14] 이후에 태어난 사람들로, 기회 균등의 시대에 자라났으며, 많은 교육을 받고 불확실성과 변화가 특징인 사회에서 성장했다. 이는 이들의 태도와 우선순위에 영향을 미쳐, 이전 세대와는 확연히 다른 모습을 보이게 했다(Liquid Telecom, 2018).

"지도자 양육"의 필요성을 강하게 느끼는 선교사들은 30대의 젊고 교육받은 지도자들에게 특별한 관심을 가져야 한다. 이들은 이전 세대보다 더 많은 교육의 기회를 누릴 수 있었다. 2023년 KA에서 조사한 "남아공 흑인 기독교인의 혼합주의 실태 조사"에 따르면, 복음을 가장 잘 이해한 연령층이 30대 남성들로 나타났다. 이들은 전체 평균 19.1%의 두 배에 가까운 40%를 차지했다. 이것은 이들이 교육 기회를 누린 본프리(Born Free)세대라

---

14) 1994년은 남아프리카공화국에서 인종차별 정책인 아파르트헤이트(Apartheid)가 공식적으로 폐지되고, 첫 민주적 총선거가 열려 넬슨 만델라(Nelson Mandela)가 대통령으로 선출되면서 흑인 민주 정부가 들어선 해다.

는 사실과 밀접한 관련이 있을 것이다.

　새로운 아프리카 젊은 세대는 지도자 양육의 가장 적절한 대상이다. 전 세계적으로 헌신적인 청소년은 극소수에 불과하다. 청소년 중 43%가 기독교를 자신의 종교라고 답하지만, 오직 7%만이 복음적 신자라고 할 수 있다. One Hope의 세계 청소년 문화 보고서(Global Youth Culture Report 2020)에 따르면, 아프리카 케냐, 나이지리아, 남아공에 있는 1,575명의 청소년을 대상으로 한 설문 조사에서, 아프리카 내 헌신된 청소년 기독교인의 비율은 28%로, 아프리카 외 다른 대륙들의 비율의 합인 17%를 크게 상회하는 결과가 나왔다. 이는 아프리카가 앞으로 세계 기독교를 이끌어 갈 가능성이 충분함을 보여주는 통계이다.

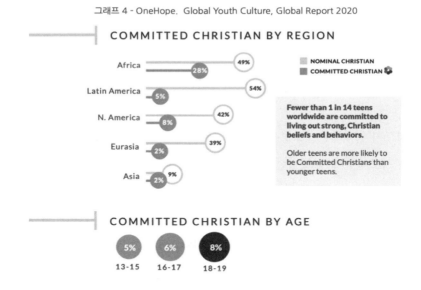

그래프 4 - OneHope. Global Youth Culture, Global Report 2020

　여기서 주목할 점은 연령이 올라갈수록 복음적 기독교인이 될 가능성이 높다는 것이다. 18-30세 청년들은 지도자 양육의 좋은 대상이 될 수 있다.

그러나 One Hope 조사에서는 이 신세대가 직면한 부정적 측면도 지적되었다. 30%의 기독교 청소년들이 예수 그리스도를 믿어야만 죄 사함이 가능하다는 말에 동의하지 않는 것으로 나타났다. One Hope는 이러한 현상이 기독교 청소년 뿐만 아니라 모든 종교에서 공통적으로 나타나는 특징이라고 지적했다. 또한 44%가 자신의 신앙을 다른 사람들과 공유할 책임이 있다는 사실에 동의하지 않았다. 이 두 가지 사실은 젊은이들을 대상으로 하는 지도자 양육에서 고려해야 할 중요한 요소들을 잘 보여 준다(One Hope, 2023).

젊은 지도자 양성을 위해서는 청소년, 청년 사역자들과 연구 기관의 협업이 필요하다. 현장의 청소년들과 청년들이 어떤 상황에 처해 있는지를 질적 인터뷰나 설문조사를 통한 정량화된 데이터를 수집하여 더 깊이 연구해야 한다. 이는 상황에 맞는 복음 접촉점을 발견하는 데 필수적인 과정이다. 또한 청소년/청년 사역자들과 어린이 사역자들 간의 협업을 통해, 젊은 지도자들이 현재 아프리카 상황에서 절대적으로 필요한 어린이 사역에 어떻게 협력할 수 있을 지에 대한 방향을 제시해 주어야 한다.

청소년/청년 전문가들과 연구자들의 협업, 그리고 청소년/청년 전문가들과 어린이 사역 전문가들의 협업은 선교 사역의 새로운 영역을 열고, 새로운 접근 방법을 창출하는 데 효과적일 것으로 기대된다.

4) 1차 베이비부머 선교사의 중요성

한국은 고령화 사회를 넘어 2018년에 고령 사회로 진입했다. 그리고 2025년에는 65세 이상 인구가 20%를 넘는 초고령 사회로 진입할 예정이다. 이는 베이비붐 세대가 노령 인구에 진입했기 때문이다. 한국의 베이비붐 세대는 1차 베이비붐 세대(1955-1963)와 2차 베이비붐 세대(1964-1974)로 나뉜다. 1차 베이비붐 세대는 이미 법정 은퇴 연령에 도달 했으며, 올해부터 2차 베이비붐 세대가 순차적으로 은퇴 연령에 들어선다. 한국은행은 2024년 7월에 "2차 베이비부머의 은퇴 연령 진입에 따른 경제적 영향 평가" 보고서를 발표했다. 이 보고서에 따르면, 1차 베이비부머의 은퇴는 취업자 수 감소를 통해 2015-2023년 기간 중 연간 경제 성장률을 0.33%p 하락시켰다. 2차 베이비부머의 은퇴로 연간 성장률을 0.38%p 하락시켜, 1차 베이비붐 세대의 은퇴때 보다 더 큰 성장 저해를 가져올 것으로 예상했다. 그러나 2차 베이비부머를 위한 재고용 법제화 등 강력한 정책 대응을 한다면 연간 성장률 하락을 0.16%p로 막을 수 있다(이재호,강영관,조윤해, 2024).

그렇다면 남부 아프리카 한인 선교사는 어떠한가? 전체 한국 사회와 비슷하게, 2024년 설문조사에 따르면 남부 아프리카 한국인 선교사회도 65세 이상이 18.7%로 이미 고령 사회[15]에 진입했다. 선교사의 특성상 은퇴 연령이 70세로 법정 은퇴 연령보다 상당히 높다. 올해부터 본격적으로 1차 베이비붐 세대가 실질적인 은퇴 시기로 들어섰다. 1차 베이비붐 세대의 45.2%는 2024년 설문조사에서 선교지에 남아 사역을 계속 진행할 계획이라고 답변했다. 이들은 은퇴 후 다른 삶을 사는 대신, 자신의 전문성을 살려 계속 사역을 이어가길 원한다. 이는 2차 베이비붐 세대의 30.3% 보다 상당히 높은 비율이다.

2024년 설문 조사에 따르면, 1차 베이비부머 선교사들이 전체의 30.2%를 차지했다. 이를 기준으로 보면 전체 남부 아프리카 선교사 중 약 153명이 1차 베이비부머에 해당할 것으로 예상된다.

---

15) 65세 이상 인구의 13% 부터 고령사회라 칭한다.

두가지 시나리오로 1차 베이비부머들이 10년 후 선교지에 미치는 영향력을 살펴 보았다. 첫번째 시나리오는 모두 은퇴후 선교지를 떠난다. 두번째는 모두 선교지에 남아서 사역을 진행한다.[16]

표 6 - 1 차 베이비부머 선교사들의 10년 간 사역 유무 시나리오

	현 선교사	시나리오 1	결과	시나리오 2	결과
선교사 수	471	354	-117	506	35
재정	92,951,764,466	69,861,835,714	-23,089,928,752	99,859,008,110	6,907,243,644
현지인 총수	4212	3167	-1045	5902	1690

10년 후 남부 아프리카의 선교사 수는 506명으로 증가할 것으로 예상된다. 첫 번째 시나리오에서는 1차 베이비부머 153명이 은퇴할 경우, 선교사 수가 117명(-24.8%) 감소하여 354명이 되고, 지금까지 증가세를 보였던 남부 아프리카 선교사 수는 감소세로 전환될 것이다. 이에 따른 영향도 상당할 것으로 예상되며, 10년간 선교사가 선교지에 기여하는 재정이 230억 원 감소할 것으로 보인다. 또한 협력하는 선교 네트워크 인원도 1,045명이 줄어들어, 4,212명에서 3,167명으로 예상된다. 그러나 두 번째 시나리오에서는, 1차 베이비부머 선교사들이 10년 더 사역지에서 활동을 지속할 경우, 선교사 수는 감소하지 않고 오히려 증가하여 약 1,000억 원의 재정적 기여를 선교지에 할 것으로 예상된다.

70세에서 80세로 넘어가는 초고령이라는 점을 고려할 때, 10년 더 연장 사역을 할 가능성은 높지 않다. 그러나 사역의 형태를 전환 한다면 가능성이 더 높아질 수 있다. 1955년에서 1959년생 선교사들의 57.1%가 교회 개척 사역을, 52.4%가 어린이 사역을 진행하고 있다. 이들이 진행하는 사역

---

16) 두 시나리오 모두 지난 10년간 증가율 7.53%을 반영한 10년후 선교사 수치이다.

의 개수는 평균 3.6개로, 다른 연령층보다 월등히 많다. 1960년에서 1963년생 선교사들의 경우도 상황은 비슷하다. 이들 중 52.4%가 교회 개척 사역을, 42.9%가 어린이/청소년 사역을 진행하고 있으며, 사역의 개수도 평균 2.7개로 다양하다.

1차 베이비부머 선교사들이 현재 진행하는 사역의 수를 줄이고, 현장 사역에서 컨텐츠 중심의 "지도자 양육" 사역으로 전환 한다면, 10년 더 사역을 지속하는 것도 불가능하지 않을 것이다.

나가는 말

남부 아프리카에서의 한인 선교사 사역은 수십 년간의 헌신과 도전을 통해 지속적으로 발전해 왔다. 현지 상황에 맞게 사역을 조정하며 전문성을 개발해 온 선교사들은 아프리카 대륙에서 복음을 전하기 위해 부단히 노력해왔고, 그 헌신은 남부 아프리카의 기독교 역사에 중요한 발자취를 남겼다. 이러한 노력은 향후 수십 년간 아프리카 교회의 발전에 중요한 영향을 미칠 것이다.

본 보고서에서는 남부 아프리카 한인 선교사들의 현황, 공헌, 그리고 현재 직면하고 있는 도전들을 심도 있게 분석하였다. 이를 통해 남부 아프리카 선교사들이 처한 현재의 위치를 점검하고, 앞으로 나아갈 방향에 대한 통찰을 제공하고자 했다.

특히 새롭게 부상하고 있는 30대 이하 세대를 위한 지도자 양육은 앞으로 세계 기독교의 방향성을 결정짓는 중요한 요소가 될 것이다. 이를 위해 한인 선교사들은 전문성을 기반으로 한 협업, 현장에 대한 깊은 이해를 위한 데이터 분석, 그리고 고령 선교사들의 역할에 대한 전략적 전환이 필요하다.

글 / 김경래

예성교단 예수소망교회 파송 선교사로 복음과 성령론을 중심으로 한 Back2Basic Movement를 남부 아프리카에서 확산 진행중에 있다. 전방개척 저널 편집위원, 성결지 편집위원, 남부 아프리카 선교연구모임인 Knowing Africa 대표로 섬기고 있다.

< 참고 문헌 >

강병훈. (2005). 중남부 아프리카 한인선교사역 현황분석. 제3회 중남부
아프리카한인선교사 대회 핸드북.
https://kamission.tistory.com/395

김경래. (2022) [Knowing Africa] KA Class 특강 1 - 남부 아프리카 초기
선교사 이야기 /전철한 선교사. 유튜브.
https://www.youtube.com/watch?v=PsO2rFQdJiQ&list=PLg7Xk
PF_LW5Arth93QoV3bvK6XFMJ8PkQ&index=3

(2023). 아프리카 컨텍스트 이해를 위한 리서치. 6회 중남부 아프
리카 전략 세미나 자료집.
https://kamission.tistory.com/410

(2024a). 남아공 흑인 기독교인의 혼합주의 실태 조사. 전방개척 저
널 2024·1. 2 | Vol. 110

(2024b). 변화하는 아프리카, 변화하는 선교: 미디어를 통한 새로
운 가능성. 전방개척 저널 2024·7.8 | Vol. 113.

(2024c). 21 세기 남부 아프리카 선교: 현황, 도전, 그리고 전략적
전환. 7회 중남부 아프리카 전략 세미나 자료집.
https://kamission.tistory.com/412

김수연. (2023). 온갖 고난에도 주님과 동행한 아프리카는 우리 부부에게
천국이었다. 아이굿뉴스.
https://www.igoodnews.net/news/articleView.
html?idxno=72515

김인수 (2003). 호러스 그랜트 언더우드. 장신논단, 19, 135-157.

네이버 사전. (2024). 네이버.

> https://dict.naver.com/dict.search?query=협동

양승록. (2023). 남아공 기독교 이단과 사이비에 대한 연구. 전방개척 저
> 널 2023·5.6 | Vol.106

오경환 (2007). 중남부 아프리카 한인 선교사를 위한 제안. 제5회 중남부
> 아프리카한인선교사 대회 핸드북

옥성득. (2015). [양화진에 묻힌 첫 선교사 헤론]헤론의 사망과 그의 유산.
> 국민일보.

> https://www.kmib.co.kr/article/view.asp?arcid=0923303375

외교부. (2024). 남아공 2023년 10-12월 주요 범죄 통계.

> https://overseas.mofa.go.kr/za-ko/brd/m_9937/view.
> do?seq=1345708

월터J.웅. 임명진역. (2018). 구술문화와 문자문화. 문예출반사

이재호,강영관,조윤해. (2024). BOK 이슈노트 -2차 베이비부머의 은퇴연
> 령 진입에 따른 경제적 영향 평가 제2024-17호 한국은행

> https://www.bok.or.kr/portal/bbs/P0002353/view.do?nttId=100
> 85515&menuNo=200433&programType=newsData&relate=Y&de
> pth=200433

전성진. (2022). 에덴 아프리카 하나님 나라. MissioTech.

> http://www.kormi.net/board/books?page=2.

정민영. (2016). 한국선교 및 선교사 평가. 설악포럼.

> http://missionpartners.kr/main/gmb_board_printpage.
> php?gmb_id=&no=1229

중남부 아프리카한인선교사회. KOMICSA. (2005). 제3회 중남부 아프리

카한인선교사 대회 핸드북.

https://kamission.tistory.com/395

(2007). 제5회 중남부 아프리카한인선교사 대회 핸드북.

https://kamission.tistory.com/398

(2011). 제8회 중남부 아프리카한인선교사 대회 핸드북. https://
kamission.tistory.com/401

(2015). 제12회 중남부 아프리카한인선교사 대회 핸드북.

https://kamission.tistory.com/404

(2019). 제16회 중남부 아프리카한인선교사 대회 핸드북.

https://kamission.tistory.com/408

(2024). 제20회 중남부 아프리카한인선교사 주소록

(2010). 아프리카를 위로하라. 목양

(2023). 제6회 중아선 전략 세미나 자료집.

https://kamission.tistory.com/410

한국선교연구원. KRIM. (2024). 2023 한국선교현황 보고.

한국세계선교협의회. (1998). 1998 한국선교사 주소록 (아프리카).

http://kcm.co.kr/kwma/1998/kwma9816.html

한국컴퓨터 선교회. (2000). 한국 선교사 연표

http://kcm.kr/dic_view_title.php?nid=38327

한스 로스링,올라 로슬링,안나 로슬링 뢴룬드 공저. 이창신역. (2018). 팩
트풀니스, 김영사

한철호. (2023). 새로운 선교를 소망하며. 제8차 세계선교전략회의 주제강의

Ana Lucia Bedicks, Menchit Wong & Maggie Gathuku, (2024) 지역별 청
소년 인구

https://lausanne.org/ko/report/부상하는-인구-통계는-무엇인가/
지역별-청소년-인구

KA 리서치. (2024). 남부 아프리카 삼위일체 개념 이해에 관한 조사
Knowing Africa.

Khuluvhe, M. and Ganyaupfu, E.M. (2022). Highest Level of
Educational Attainment in South Africa. 6
https://www.dhet.gov.za/Planning%20Monitoring%20and%20
Evaluation%20Coordination/Fact%20Sheet_Highest%20Level%20
of%20Educational%20Attainment%20in%20South%20Africa%20
-%20June%202022.pdf

Liquid Telecom. (2018). African Gen Z report 2018,
https://liquid.tech/wp-content/uploads/2023/01/
LiquidGenZReport2018.pdf

Malcolm Libera. (2024). Warning for churches and churchgoers in
South Africa. Malcolm Libera.
https://businesstech.co.za/news/lifestyle/781921/warning-for-
churches-and-churchgoers-in-south-africa/

Mbiti, J. S. (1969/1975). African religions & philosophy. London:
Heinemann.

Mustapha Jobarteh. (2023). Sub-Saharan Africa Geographic Futures.
African Futures and Innovation.

Nokwanda Tina Mdluli. (2017). Recalling African Healing and the use
of uMuti.
https://www.vukadarkie.com/recalling-african-healing-and-the-

use-of-umuti/

Numbeo. (2024). Crime Index by City 2024 Mid-Year.
     https://www.numbeo.com/crime/rankings.jsp?title=2024-mid

One Hope (2023). Global Youth Culture: Insights From a Digital
     Generation.
     https://globalyouthculture.oriocdn.com/wp-content/
     uploads/2021/07/GYC-Global-Report-English-1.pdf.

Seedadmin. (2021). 'Afrillennials - the future leaders of your
     organisation'. Yellow Seed.
     https://yellowseed.co.za/afrillennials-the-future-leaders-of-your-
     organisation/

Statistics South Africa. (2023). STATISTICAL RELEASE P0301.4. Census
     2022
     https://census.statssa.gov.za/assets/documents/2022/P03014_
     Census_2022_Statistical_Release.pdf

Walls, Andrew F. Essay. (1976). In Religion in a Pluralistic Society.
     Leiden:Brill.

Warrick Farah (2021). Motus Dei. William Carey publishing

Yap Boum,Sylvie Kwedi-Nolna,Jessica E Haberer,Rose R G Leke. (2021).
     Traditional healers to improve access to quality health care in
     Africa.
     https://doi.org/10.1016/S2214-109X(21)00438-1

남부 아프리카에서의 성경적인 성윤리와
건강한 생활습관

양승훈

본 글에서는 에스와티니를 중심으로 중남부 아프리카에서의 보건의료 사역을 살펴보고자 한다. 이를 위해 본 글에서는 먼저 아프리카가 직면하고 있는 보건의료 분야의 근본적인 문제들을 두 가지 측면에서 살펴본 후 기독교 세계관적 관점에서의 방향을 제시한다.

첫 번째로 살펴볼 것은 성적 타락(sexual immorality)과 이로 인한 깨어진 가정의 문제이다. 이 중 성적 타락은 아프리카의 여러 비극적인 보건의료 상황과 직간접적인 관계가 있다. 성적 타락은 성병(STIs)이나 에이즈(AIDS/HIV)의 확산과 더불어 매춘, 실업, 빈곤 등 직접적인 문제와 더불어 결핵, 자궁경부암(cervical cancer), 학습 지진(slow learning), 청소년 자살, 알코올 중독(alcoholic), 니코틴 중독, 마약 중독, 마약 밀매(drug trafficking) 등에 이르는 많은 문제들과 관련되어 있다.

두 번째로 살펴볼 것은 나쁜 생활습관(lifestyle)과 이로 인한 각종 만성질환의 문제이다. 지난 한 세대 동안 하버드 의대를 비롯한 주류 의학계를 중심으로 활발하게 확산되고 있는 생활습관의학(lifestyle medicine, LM)의 관점에서 볼 때 아프리카인들의 나쁜 생활습관들(좌식 생활, 불량한 식사, 과체중/비만, 흡연, 과도한 음주, 스트레스 등)의 문제는 만성질환과 낮은 평균기대수명의 가장 중요한 원인이 되고 있다. 당연히 나쁜 생활습관에는 성적 타락도 포함되어 있다. 구체적으로 나쁜 생활습관은 앞에서 언급한 성병이나 AIDS는 물론 암, 심장병, 뇌졸중, 2차 당뇨병, 비만증, 고혈압, 골다공증, 우울증, 치매증 각종 만성질환의 원인이 되고 있다.

지금까지 많은 학자들이나 국제적인 보건의료 단체들은 대부분 아프리카의 보건의료의 문제를 의료 인프라(의료인력, 의료시설, 의료정보)의 부족이라는 관점에서 접근하였다. 하지만 의료 인프라의 확보는 오랜 시간과 천문학적 재정이 필요하기 때문에 단기간에 쉽게 해결할 수가 없다. 설사 그런 재정이 있다고 해도 아프리카의 보건의료 문제를 해결하기 위해서는 재정 문제 이전에 선결해야 할 과제가 있다. 필자는 기독교 세계관적 교육과 계몽이 선행되지 않고는 아무리 많은 재정을 투입해서 의료 인프라를 만들어도 현재 아프리카가 직면하고 있는 보건의료 문제를 해결할 수 없다고 본다. 아프리카의 보건의료 분야의 근본 문제들은 성과 결혼과 가정의 문제에 대한 기독교 세계관적 접근을 통해서만 해결할 수가 있다.

1. 성과 결혼과 가정

필자가 지난 3년 동안 에스와티니에 와서 받은 여러 문화적인 충격들 중 가장 큰 것은 깨어진 가족 혹은 가정의 문제였다.[1] 다른 말로 표현하자면 이곳에는 성경적으로 정상적이라고 할 수 있는 가정이 드물다는 점이었다. 가정에는 다양한 가정이 있을 수 있다. 가족의 형태로 볼 때는 근래 급증하고 있는 1인 가정을 비롯해서 재혼 가족, 계부모 가족, 동성 부부 가족, 사실혼 부부 가족, 한 성인 남녀가 아이(들)를 입양한 가족 등 여러 형태가 있을 수 있다. 그러나 본고에서는 적어도 성경적으로 정상적인 가정이란 법적 혼인관계에 의해 맺어진 한 남편과 한 아내가 있고, 그들 사이에서 태어난 자녀가 있고, 또한 부부의 노동에 의해 가정 경제가 유지되는 가정을 말한다. 물론 부모 양쪽의 조부모, 부모 양쪽의 다른 형제나 자매, 입양아 등도 가족에 추가될 수 있을 것이다.

1) 비정상적인 가정

정상적인 가정을 이렇게 정의한다면 남아공이나 에스와티니에는 적어도 전체 가구의 2/3 이상이 정상적인 가정을 이루고 있지 못한 것으로 보인다. 다소 오래된 통계이기는 하지만 Holbron과 Eddy가 First Steps to Healing the South African Family란 보고서의 "Fractured families: A crisis for South Africa"란 섹션에서 보고한 바에 의하면 남아공 어린이의 3분의 1만이 친부모와 함께 살고 있다. 5명 중 1명의 어린이가 고아이다. 그들은 부모 중 한 명 또는 둘 다를 잃었으며, 그 부모들 중 많은 수

---

[1] 장명욱 (2024): "가족은 애정으로 맺어진 인간 관계의 결합이지만, 가정은 인간 관계만으로는 성립되지 않고 생활을 영위하기 위한 의·식·주 등의 물자를 생산하고 소비하는 기능도 더해져야 한다. 즉, 가정 생활은 가족의 애정의 결합이 아무리 긴밀하더라도 의·식·주 등의 물적 내용이 채워지지 않으면 성립될 수 없다." - "가정 (家庭)", [한국민족문화대백과사전], https://encykorea.aks.ac.kr/Article/E0000329#:~:text=쉽게%20말하면%20가족은%20애정,하는%20기능도%20더해져야%20한다.

가 AIDS로 사망했다. 5명 중 2명의 어린이가 한부모 가정에서 살고 있으며, 약 10%가 조부모와 함께 살고 있다. 또한 "가장"(가정에서 가장 나이 많은 구성원)이 18세 미만인 가정에서 사는 어린이가 약 100,000명이다. 모든 어린이의 거의 절반은 살아 있지만 함께 살지 않는 아버지가 있다. (Holborn and Eddy, 2011)

Holborn과 Eddy는 같은 보고서의 "Broken families breaking youth"란 섹션에서 "안정적인 가정에서 자라는 것은 많은 젊은이들에게 불가능한 꿈이다."라고 한다. 그러면서 저자들은 보고서에서 두 부모와 함께 사는 것이 소수자의 특권이 된 나라에서 자라는 많은 젊은이들이 직면한 어려움과 위험을 다루고 있다. 저자들은 이 섹션에서 가족 붕괴가 교육, 청년 실업, 십대 임신, 청소년의 성에 대한 태도, HIV/AIDS 감염, 청소년 폭력 및 범죄, 청소년의 정신 건강에 큰 영향을 미친다고 말한다. (2011) 비록 이것은 남아공에서의 상황을 요약한 것이지만 에스와티니를 비롯하여 사하라 이남의 대부분의 나라 상황도 이와 크게 다르지 않을 것이라고 본다. (Galal, 2024)

이와 더불어 사하라 이남 나라들의 또 다른 특징은 다른 대륙에서는 찾아보기 어려울 정도로 기독교인들의 숫자가 많다는 점이다. 현재 사하라 이남 아프리카에서는 기독교인들의 비율이 62%에 이르며, 남부 아프리카에는 80%에 이른다. 아래 [그림 1]에서 볼 수 있듯이 남아공과 에스와티니에서는 기독교인의 비율이 85-90%에 이른다. 그러면 기독교인들의 숫자가 절대적으로 많은 사하라 이남 지역에서 왜 이렇게 비정상적인 가정들이 많을까?

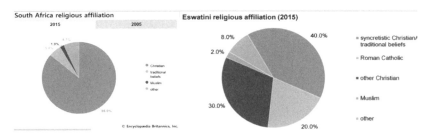

[그림 1] 남아공(South Africa Religions Affiliation 2015) 및 에스와티니의 종교 분포(Eswatini Religions Affiliation 2015)

　여기에는 몇 가지 사회적, 역사적 이유가 있겠지만 깨어진 가정 문제의 중심에는 성적 무질서라는 문제가 있다. 이 문제는 아프리카의 문제만 아니라 전 세계적인 문제이기는 하지만 아프리카는 특히 이 문제에 대한 오랜 전통이 있다. 그 전통의 중심에 있는 것이 바로 지도층과 부유층에서 일반화된 일부다처제와 대부분의 사람들에게 요구되는 신랑지참금 (Lobola), 정부 차원에서 주도하고 있는 술과 성이 결합된 각종 축제들 등이다. 한 예로 에스와티니에서는 [그림 2]와 같이 갈대 축제(Reed Dance) (Umhlanaga), 마룰라 (부가누) 축제(Marula (Buganu) Festival), 잉크왈라 축제 (Incwala Festival)를 3대 축제라고 하는데 이들은 상당 부분 술과 성이 관련되어 있다.

[그림 2] 왼쪽부터 Umhlanaga, Incwala, Marula 축제

2) 한국 개화기의 교훈

이러한 아프리카의 상황은 한국 개화기의 초대 교회 상황과는 매우 다르다. 한국에는 개신교 복음이 들어오면서 서양 선교사들이 교회에 오는 남자들에게 술과 담배, 노름, 축첩, 제사, 심지어 상투까지 근절하기 위해 노력했다. 그들은 여자들이 여름철 뙤약볕에 나가서 밭을 매고 있는데 양반입네 하는 남자들은 내일 끼닛거리가 없으면서도 모시적삼 입고 정자에 앉아서 부채질하고 있는 것을 용납하지 않았다. 많은 갈등도 있었고, 핍박도 받았지만 이러한 과정을 통해 한국교회는 상당 부분 악한 전통과 비성경적 관행으로부터 벗어날 수 있었다. 선교사들의 그런 노력 때문에 한국 교회에서는 지금도 그리스도인들이 축첩은 말할 것도 없고 술과 노름, 우상숭배적 제사 문화를 따르지 않는 것을 성경적이라고 생각한다.

한국의 초기 개신교 선교사들의 사역을 살펴보면서 오늘날 우리 아프리카 선교사들이 아프리카 사람들의 비성경적 문화나 관행을 바꾸기 위해 얼마나 노력했는지를 다시 돌아볼 필요가 있다. 특히 에스와티니와 같이 왕명(Royal Command)이 헌법을 포함한 모든 법 위에 있는 절대왕정 국가에서는 왕이 본을 보이거나 장려하고 후원하는 어떤 행사나 전통에 반대하는 것은 매우 어렵다. 그럼에도 불구하고 선교사들은 자기 교회 성도들부터라도 바른 성경적인 전통문화는 장려하고, 비성경적이라고 생각되는 전통문화에 대해서는 분명하게 교육하는 것이 필요하리라 생각된다.

근래 한 아프리카 교회 지도자는 이를 잘 지적했다. 지난 2024년 6월 17일, 대한예수교장로회(통합) 총회의 초청으로 아프리카장로교회(Presbyterian

Church of Africa, PCA) 총회장 음주키시 팔레니(Mzukisi Faleni) 목사가 방문했다. PCA는 아프리카에서 가장 오래된 독립 교회 중 하나로서 말라위, 남아공, 잠비아, 짐바브웨 등에 분포하고 있다. PCA에는 9개 노회에 3,40만 명의 성도들, 9,000개의 회중, 600개의 가정 교회가 있다("Presbyterian Church of Africa" 2011). 팔레니 목사는 남아공에서 사역하는 한국인 선교사들의 사역에 대해 이렇게 말했다:

"한국의 선교사들은 정이 많고 친절하며 남아공에서 훌륭한 사역들을 했지만 현지의 필요와 한국교회의 열심 사이에 간극이 있었다 … 남아공에 필요한 것은 빵이 아니라 교육이다. 잘 교육받은 목회자가 없다면, 교회의 미래는 오래 가지 못할 것이다. 우리는 개혁교회 신학 전통에서 목회자들을 교육할 필요가 있다. 그것이 남아공의 교회와 복음 전파를 지속하게 하는 힘이 될 것이다."(남기은 2024)

[그림 3] 아프리카장로교회(PCA) 총회장
팔레니(Mzukisi Faleni) 목사

　팔레니 목사의 지적은 남부 아프리카에서 사역하는 한인 선교사들도 어느 정도 공감하고 있는 사항이다. 2024년 설문조사에서 "남부 아프리카에서 직면한 한인 선교사의 선교적 도전은 무엇인가?"라는 질문에 대해 139명 중 99명이 현지인 지도자 양육이라고 대답했다. 이것은 이 지역 목회자들의 공적인 교육수준이 낮다는 것을 지적한 것이다(김경래 2024). 하지만 교회 지도자들의 교육의 필요성은 단지 공적 교육의 부족에만 그치지 않고 기독교 세계관적 훈련의 부족까지도 포함한다.

팔레니 목사의 지적은 모든 아프리카 선교사들이 귀담아 들어야 할 충고라고 생각된다. 아프리카에 필요한 것은 예배당이나 선교센터와 같은 건물을 짓고 사람들에게 뭔가를 나누어주는 것이 중요한 것이 아니라 아프리카 사람들의 세계관 속에 바르지 않은 부분들을 교정하는 것이 필요하다. 교정해야 할 부분들 중 대표적인 영역이 바로 아프리카의 잘못된 성문화와 깨어진 가정의 문제이다.

2. 잘못된 성문화와 깨어진 가정, 그리고 의료

잘못된 성문화와 깨어진 가정은 단지 사회적인 이슈로만 끝나지 않고 아프리카의 건강 및 의료 문제와 직간접적인 관련이 있다. 앞의 Holborn 과 Eddy의 보고서에서 언급한 바와 같이 청소년들의 성행동은 가정의 안정성 및 부모들의 성행동에 의해 크게 영향을 받는다. 에스와티니에서의 성행동과 관련된 몇 가지 예를 들어보자.

1) 성병

아프리카의 성적 문란은 만연한 성병(STIs)과도 무관하지 않다. 근래 음바바네에 소재한 어느 중고등학교 진로지도 교사(career guidance teacher)는 자기 학교를 방문한 에스와티니의 왕자이자 법무부 장관(Prince Simelane, Minister of Justice and Constitutional Affairs)에게 "자기 학교 학생들 대부분이 성병(STIs)에 감염되어 있다"는 충격적인 보고를 하였다(Simelane, 2024). 에스와티니의 중고등학교 학생들이 모두 이와 같지는 않겠지만 가장 성욕이 왕성하고 성에 대한 호기심이 많은 중고등학생들이 성에 무방비 상태로 노출되어 있는 것은 부인할 수가 없다(2024).

[그림 4] 학생들의 성적 문란

하지만 이것은 중고등학생들에게만 국한된 문제가 아니다. 근래 신문에서는 에스와티니의 유일한 국립대학인 에스와티니 대학교(University of Eswatini, UNESWA) 여학생들이 기숙사에서 성매매를 한다는 충격적인 소식을 보도한 적이 있었다(Simelane, 2024). 교육 사회주의를 채택하고 있는 에스와티니에서는 정부가 대부분의 UNESWA 학생들에게 등록금은 물론 생활비와 책값까지 지불하고 있다. 물론 정부가 지불하고 있는 돈이 충분하지는 않지만 그렇다고 턱없이 부족하지도 않다. 그런데 에스와티니 최고 대학에 재학하는 여학생들이 돈 때문에 매춘을, 그것도 기숙사에서 매춘을 하는 것을 단순히 가난의 문제라고만 치부할 수 있을까?

[그림 5] UNESWA 여학생들의 기숙사 성매매

　이러한 성적 문란의 문제는 남아공에서도 비슷한 것으로 보고 되고 있다. 프레토리아대학교에서 대학생 사역을 하고 있는 박창식.박선희 선교사에 의하면 남아공 대학에서의 성적 문란 현상도 에스와티니와 다르지 않은 것으로 보인다(박창식,박선희 2024). 이러한 성적 문란의 문제는 모든 사하라 이남 국가들에서 볼 수 있는 공통적인 현상이라 생각된다.

2) 신랑지참금

　다음으로는 신랑지참금(Lobola, bride price) 전통에 대해 살펴보자. 신랑지참금은 아프리카의 전통적인 결혼 관습으로서 신랑이 신부의 가족에게 결혼 승낙의 표시로 지불하는 돈이나 가축을 말한다. 남아공 하우텡 지역의 경우 평균 신랑지참금은 소 11-12마리(R82,500, 610만 원)이나 신부의 가족, 지역, 신부의 교육수준이나 직업적 성공 등 여러 조건에 따라 R100,000(740만 원) 이상이 될 수도 있다(김인식, 김재민 2024). 에스와티니에서도 비슷한 수준이라 생각된다. 에스와티니 국민들의 1인당 연간 소득이 한국의 1/9 정도임을 생각한다면 6백만 원이라는 돈은 에스와티니 미혼 남자들에게는 매우 큰 돈이다.

신랑지참금은 몇 가지 사유로 인해 명백히 나쁜 전통, 비성경적인 전통으로 보인다. 첫째, 신랑지참금은 결혼을 미루거나 포기하게 만드는 요인이 된다. 둘째, 신랑지참금은 결혼이 사랑과 헌신의 결과하기보다는 경제적 거래로 인식되게 만들 수 있다. 셋째, 신랑지참금은 여성을 금전적 가치로 환산하여 여성의 지위를 낮추고 나아가 가정폭력(gender-based violence)과 같은 문제를 야기할 수 있다. 넷째, 신랑지참금으로 인해 신혼 가정이 결혼 초기부터 경제적 어려움을 겪는 경우가 많다. 실제로 신랑지참금으로 인해 결혼 후에 가정이 깨어지는 경우가 있다(김인식, 김재민 2024).

신랑지참금이 많다고 사랑의 불이 붙은 남녀 간에 하나 되고 싶은 욕구가 사라지는 것은 아니다. 그래서 많은 부부들이 신랑지참금을 지불하지 못해서 법적인 혼인신고를 못하고 산다. 남녀 간에 뜨겁게 사랑해서 결혼하고, 혼인신고를 해서 법적 틀로 보호를 해도 타락한 인간의 본성 때문에 결혼이 깨어지는 경우가 많다. 하물며 법적인 보호도 받지 못하는 임의적 동거는 쉽게 깨어질 수 있다.

어떤 부부들은 신부 부모의 동의와는 무관하게 같이 살면서 아이를 낳기도 한다. 어떤 사람들은 신랑지참금을 할부로 1년에 얼마씩 신부 가족에게 갚기도 한다. 그러다가 이혼이라도 하게 되면 이미 지불한 돈을 받아내야 하는 데 이로 인해 생기는 문제가 적지 않다. 신랑지참금은 에스와티니나 남아공의 가정을 약하게 만드는 중요한 요소가 된다. 복음이 전해진 후 한 세기 이상 지난 남부 아프리카에서, 그것도 국민들의 90%가 스스로를 그리스도인이라고 말하는 에스와티니에서 어떻게 이런 비성경적인 제도가 아직도 교회 내외에 버젓이 남아 있을까?

3) 일부다처제

다음에는 일부다처제(polygamy)의 문제를 생각해 보자. 에스와티니는 스스로를 기독교인이라고 말하는 사람들이 90%나 되지만 일부다처제를 부끄러워하지 않는다. 특히 에스와티니에서 가장 큰 교세(40%)를 자랑하는 자이온 교회(Zionist Church)라는 기독교 이단은 구약의 아브라함도, 다윗도, 솔로몬도 일부다처가 아니었느냐고 항변한다.

언젠가 필자의 아내가 지역 청소년들 80여 명을 대상으로 몇 주간 순결교육을 한 적이 있다. 그런데 교육을 시작하기 전에 일부다처를 원하는 청소년들은 손을 들어보라고 하니 대부분의 남자 아이들이 손을 들었다. 적어도 에스와티니에서 일부다처는 출세한 사람의 표지가 된다. 기독교인이 90%가 되는 나라에서 일부다처가 자랑거리인 양 회자 되는 것이 이해가 되지 않는다. 하지만 이것은 에스와티니에서만의 문제가 아니다.

2024년 5월 13일, 필자는 학교 사무실에서 임상병리학과에 새로 부임한 유니스(Eunice)와 데이빗(David)이라는 두 명의 새로운 남녀 교수들과 인사하는 시간을 가졌다. 그들은 둘 다 나이지리아에서 왔다. 데이빗은 자기 집에는 네 명의 엄마가 있는데, 자기는 두 번째 엄마에게서 태어난 첫 번째 아들이라고 소개했다. 유니스는 자기 집에는 세 명의 엄마가 있는데, 자기는 첫 번째 엄마에게서 태어난 첫 번째 딸이라고 했다. 이런 현상이 아프리카에서는 드문 일이 아닌 것으로 보인다.

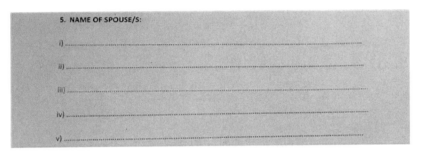

[그림 6] 에스와티니 정부의 공식문서인 공직자 재산 신고란의 배우자 리스트(양승훈 2021)

우정이나 하나님의 사랑과는 달리 남녀 간의 사랑은 독점적이다. 이것은 일부다처의 사회에서도 결국 가장 뜨겁게 사랑하는 대상은 두 사람이 될 수가 없다. 성경에는 이를 보여주는 사례들이 여럿 있다. 아브라함이 사라를 사랑한 것, 야곱이 라헬을 사랑한 것, 솔로몬이 술람미 여인을 사랑하는 것 등등… 하나님께서 에덴동산에서 아담과 하와를 지으시고 "이러므로 남자가 부모를 떠나 그의 아내와 합하여 둘이 한 몸을 이룰지로다"(창2:24)라고 선언한 것은 결혼에 관한 창조 원리를 표현한 것이다.

하나님은 하와를 지으시면서도 아담에게 신랑지참금을 요구하지도 않으셨다. 말라기 선지자는 하나님은 영이 충만하신 분이지만 한 여자만 만

드셨다고 말한다: "그에게는 영이 충만하였으나 오직 하나를 만들지 아니하셨느냐 어찌하여 하나만 만드셨느냐 이는 경건한 자손을 얻고자 하심이라 그러므로 네 심령을 삼가 지켜 어려서 맞이한 아내에게 거짓을 행하지 말지니라"(말2:15). 하나님께서 아담과 하와를 지으시고 이들의 결혼을 축복하셨기 때문에 일부일처 제도는 창조원리라고 할 수 있다. 인간의 죄성으로 인해, 때로는 전쟁 등으로 인해 남자가 없어서 불가피하게 일부다처를 허용하기는 했지만 일부다처제는 분명히 성경의 가르침이 아니다.

4) 가난과 매춘과 AIDS/HIV

정상적으로 결혼을 해서 법적인 부부가 된 가정들에서도 가난은 아프리카의 보편적인 현상이다. 하지만 일단 가정이 깨어지면, 그래서 남편과 아내가 헤어지면 가난의 문제는 한층 더 심각해진다. 이 가난은 특히 깨어진 가정의 여자와 자녀들에게 심각한 문제가 된다. 아프리카에서는 피임과 가족계획에 대한 개념이 부족하기 때문에 사람들은 생기는 대로 아이들을 다 낳게 된다. 그러다가 가정이 깨어지면 대체로 아이들은 엄마를 따라가게 되고, 엄마는 아이들을 먹여 살릴 뚜렷한 방안이 없다.

아이들은 계속 낳고, 낙태는 불법이고, 먹고 살 방법은 없으니 마지막에 가서 일부 엄마들은 매춘으로 나서게 된다. 남편이 없이 극한의 가난 속에서 여러 자녀들을 부양해야 하는 엄마들이 마지막으로 내몰리는 곳이 바로 매춘이다. 먹고 살기 위해 도리 없이 생계 매춘에 나서는 것이다. 그리고 일단 매춘에 나서게 되면 각종 성병(STIs)은 물론 AIDS/HIV에 감염되는 것은 시간 문제라고 할 수 있다. 현재 에스와티니 국민들의 27%가 AIDS/

HIV 감염자라고 하지만 매춘으로 나선 여자들은 60% 이상이 AIDS/HIV
에 감염되어 있다고 한다. 일반적으로 매춘에 나서는 생산기 여자들은 그
렇지 않은 여자들에 비해 30배 정도 HIV 감염의 위험이 높다고 한다(Global
HIV, Hepatitis, and STIs Programmes:Populations - Sex Workers).

5) AIDS/HIV 수직감염

다음에는 AIDS/HIV 수직감염(vertical transmission,mother-to-child transmission,
MTCT)에 대해 살펴보자. AIDS/HIV에 감염된 임산부라도 조기검사를 통해
부모의 감염여부를 미리 알고 적절한 예방요법을 잘 따르기만 한다면 건
강한 아기를 출산할 가능성이 높다. [그림 기과 같이 임산부가 항레트로바
이러스 치료(Anti-Retroviral Therapy, ART)를 받지 않게 되면 수직감염의 확률이
대략 40% 정도지만 ART를 받게 되면 수직감염의 확률은 5% 미만으로 줄
어든다. ART 플러스 백신(ART Plus Potential Vaccine)을 사용하게 되면 수직감
염 확률이 1% 미만으로 줄어든다(Sarah Avery 2018). ART를 받더라도 출산 후
모유 수유를 하지 말아야 한다. 엄마가 조심하지 않으면 아이들은 자신의
행위와는 무관하게 수직감염을 통해 AIDS/HIV 환자로 태어난다.

[그림 7] ART와 수직감염 확률

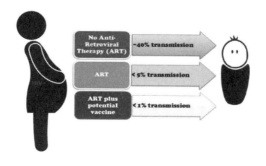

6) "처녀 정화"의 신화

남부 아프리카에서 AIDS/HIV의 확산에 기여하는 또 하나의 원인은 소위 "처녀 정화"의 신화(Myth of Virgin Cleansing)이다. 이는 처녀와 성관계를 가지면 HIV/AIDS가 치료될 수 있다는 미신인데 남아공을 비롯한 남부 아프리카에서 유아와 아동 강간의 원인으로 지목되기도 한다. 구체적인 통계는 없지만 에스와티니에서도 큰 축제가 있을 때 부모들은 여자 아이들이 납치되지 않도록 조심해야 한다는 얘기를 들었다(Leclerc-Madlala, Suzanne 2002).

7) 아버지가 없는 가정

이처럼 AIDS/HIV 감염과 관련해서 우리가 주목해야 하는 것은 아프리카의 성적 타락과 가정 해체, 이로 인한 아버지의 부재이다. 에스와티니에서는 한 평생, 한 남편과 한 아내, 그리고 그 부부 사이의 아이들로 이루어진, 성경적으로 정상적인 가정이 그렇지 않은 가정보다 훨씬 적다. 아프리카에서는 한 여자가 여러 남자의 아이를 낳는 것을(한 엄마가 성이 다른 여러 자녀들을 양육하는 것을) 흔히 볼 수 있다. 그렇다고 여자가 결혼한 후 남편과 사별하고 또 다른 남자와 결혼해서 아이를 낳는 것도 아니다. 결혼도 하지 않고 여러 남자의 아이를 낳기도 한다. 남자들은 씨만 뿌리고 가족부양의 책임도 지지 않고 떠나간다. 많은 남부 아프리카의 가정들이 극빈의 악순환을 벗어나지 못하는 중요한 한 가지 이유는 바로 이들을 부양할 아버지가 없기 때문이다.

2019년도 남아공 통계청 자료에 의하면 부모가 없는 아이들이 21.3%,

엄마만 있는 아이들이 42.0%인데 비해, 아버지만 있는 아이들은 4%에 불과하다. 즉 아버지가 없는 가정이 63.3%에 이른다는 말이다. 구체적으로 흑인 자녀는 31.7%만이 친아버지와 함께 지내고, 유색인 자녀는 51.3%, 인도/아시아 자녀는 86.1%, 백인 자녀는 80.2%가 친아버지와 함께 지내는 것으로 나타났다. 여기서 우리는 아버지 부재의 가정이 특히 흑인 가정에서 두드러지는 것을 알 수 있다(Statistics South Africa 2019). 이것은 남아공의 통계지만 에스와티니를 비롯한 남부 아프리카의 다른 나라들의 상황도 비슷하리라 생각된다. 아버지 부재의 가정은 단순히 가난의 문제로 그치지 않는다. 아버지 부재는 사회적, 경제적 문제에 더하여 자녀들의 정서적 불안, 자아존중감 저하, 학업 성취도 감소, 범죄률 증가 등과 밀접한 관련이 있다(김인식, 김재민 2024).

사하라 이남 지역, 좀 더 구체적으로 중남부 아프리카는 전 세계적으로 가장 기독교인 비율이 높은 지역이지만 동시에 거의 세계 최고의 AIDS/HIV 감염률과 청소년 자살률을 기록하고 있는 지역이기도 하다. [그림 8]과 같이 아프리카 대륙의 북쪽에서 남쪽으로 내려오면서, 다시 말해 기독교인들의 숫자가 증가하면서 동시에 AIDS/HIV 감염률도 증가하기 때문에 모슬렘들이 AIDS/HIV를 "기독교 질병"(Christian disease)이라고 조롱하는 것이다.

[그림 8] 아프리카에서 15-49세 사이의 AIDS/HIV 분포 (2017). 남쪽으로 갈수록 기독교 인구와 AIDS/HIV 환자가 증가한다("Geographical Distribution of HIV/AIDS in Africa" 2017).

우리는 AIDS/HIV로 인한 불행의 배후에는 깨어진 가정, 이로 인해 거의 버려진 채 자라는 아이들, 여기에 더해 극심한 가난이 있음을 주목해야 한다. 그러므로 복음을 전할 때 우리는 복음의 영적인 요소만 가르치지 말고 성경이 가르치는 성윤리, 결혼과 가정, 건강한 생활습관에 대한 성경의 교훈을 가르쳐야 한다.

8) 깨어진 가정과 건강하지 못한 생활습관

성적 타락은 결속력이 약한 가정, 깨어진 가정의 출발점이 된다. 그리고 안정되고 화목한 가정의 본을 보지 못하고 자란 아이들은 후에 작은 갈등도 견디지 못하고 다시 가정을 깨뜨릴 가능성이 높아진다. 가난이 대물림 되고, 깨어진 가정이 대물림 되는 것이다.

깨어진 가정에서는 가난만이 문제가 되는 것이 아니다. 가정이 깨어지게 되면 엄마는 가혹한 생업의 현장으로 내몰리고 아이들에게 바른 생활습관을 가르칠 여유가 없게 된다. 그 중 하나는 아이들의 영양 문제이다. 정상적인 가정에서는 엄마가 중심이 되어서 자녀들의 균형 잡힌 식사와 영양을 챙겨줄 수 있지만 끼니가 어려운 깨어진 가정에서는 균형 잡힌 식단은 고사하고 충분한 음식물조차 섭취하지 못하게 된다. 이런 상태 속에서 자라난 아이들은 후에 빈식, 폭식, 편식, 과도한 당 섭취나 지방 섭취에 익숙하게 되고, 이는 곳 비만, 심뇌혈관 질환 등에 노출되는 결과를 낳는다. 앞에서 언급한 Holborn과 Eddy 보고서는 균형 잡힌 영양을 섭취하지 못하게 되면 면역력 저하와 더불어 아이들이 각종 질병에 시달리게 됨을 지적하고 있다.

  깨어진 가정에서 자라나게 되면 단지 균형 잡힌 식단과 이로 인한 신체적 건강만이 문제가 아니라 정신 건강에도 문제가 생긴다. 성경이 말하는 정상적인 가정에서라도 극한의 가난에 처하게 되면 자녀들의 식단만이 아니라 정신적이고 정서적인 면에서도 문제가 생긴다. 정서적으로 안정되지 못하면 후에 학교에서의 학업도 제대로 이루어질 수가 없다. 학업의 성취도가 낮게 되면 이는 결국 저학력, 비숙련 직업, 저임금, 가난의 악순환의 틀에 빠지게 된다.

  건강의 상당한 부분은 간단한 생활습관 훈련만으로도 개선될 수 있는 바가 많다. 식습관을 포함해서 수면습관, 운동습관, 인간관계 등은 대부분 돈이 드는 일이 아니며, 가정에서의 교육과 훈련만으로도 얼마든지 개선될 수 있는 것이다. 예를 들면 손을 잘 씻는 습관, 칫솔을 바르게 사용하는 훈련, 치간솔이나 치실을 사용하는 훈련 등도 우리의 건강상태에 상당한 영향을 미친다. 하지만 건강한 가정이 아니면 부모들 자신도 정서적으로 불안정한 상태에 있기 때문에 아이들의 삶의 구석구석까지 지도할 수가 없게 된다. 부모들이 바르게 지도하지 않으면 아이들은 자기도 모르게 건강하지 못한 생활습관의 틀에 빠지게 되고, 이러한 습관이 굳어지게 되면 어른이 되어서는 고치는 것이 거의 불가능하게 된다.

3. 에스와티니 사람들의 생활습관과 건강

생활습관이 개인의 건강에 미치는 영향에 대해서는 의학의 아버지 히포크라테스(Hippocrates of Cos, c. BC 460-c. BC 370)나 양생사상(養生思想)을 제창한 장자(莊子, c. BC 369-c. BC 286)로부터 잘 알려져 왔다.[2] 하지만 편편이 전해지는 생활습관과 건강의 관계를 주류 현대 의학의 학문적 체계로 편입시키기 시작한 것은 그리 오래 되지 않는다. 하버드 의과대학을 비롯하여 최고 수준의 여러 미국 의과대학들과 병원들, 각종 보건의료 분야의 전문학회들 등 주류 의학계가 중심이 되어 생활습관과 건강의 문제를 본격적으로 연구하게 된 것은 불과 20여 년 전이다.

1) 생활습관의학

미국생활습관의학회(American College of Lifestyle Medicine, ACLM)가 설립된 것이

---

[2] 양생사상은 고대의 보건위생 또는 질병예방법으로 천지인 합일사상에 근거하고 있다. 즉 인간은 소우주이므로 대자연의 순환법칙과 기후변화의 이치를 이해하고 이에 순응하면 건강하고, 거역하면 망한다는 것이다. 그러므로 음식·운동·정서 및 성생활 등 일체의 생활규범을 규칙적으로 하면 몸이 건강하여 질병을 예방하고 장수할 수 있으나 그렇지 않으면 타고난 수명도 다할 수 없다는 것이 기본원리이다.

2004년이기 때문에 생활습관의학(LM)은 매우 젊은 의료분야이다. LM 관련 학회, 컨퍼런스, 학술지, 전문 위원회의 창설을 기준으로 본다면 LM의 역사는 더 최근이라고 할 수 있다. 최근 들어 LM은 "공식적인" 의료 행위 중 하나로 현대 의료 시스템에 편입되기 시작했다.[3]

2023년 9월, 세계보건기구(WHO)는 세계 인구의 주요 사망 원인이 전쟁, 기근, 자연재해 또는 사고가 아니라 비전염성 질환이라고도 알려진 만성 질환이라고 발표했다. 발표에 따르면 매년 사망자의 약 74%가 심혈관 질환(심장마비 및 뇌졸중 등), 암, 만성 호흡기 질환(만성 폐쇄성 폐질환 및 천식 등), 당뇨병의 4가지 주요 질병 범주와 관련이 있다(Noncommunicable Diseases ,2023). 그러나 다행히도 만성 질환의 약 80%(최대 90%)는 생활습관을 바꾸면 예방 및 치료할 수 있으며, 질병 유형에 따라 역전될 수도 있다(Katz et al. 2018).

ACLM는 LM을 다음과 같이 정의한다. "생활습관의학은 치료적 생활습관 개입을 주요 방식으로 사용하여 심혈관 질환, 2형 당뇨병, 비만을 포함하되 이에 국한되지 않는 만성 질환을 치료하는 의학 전문 분야이다. 자격을 갖춘 의사는 증거 기반의 전인적 처방적 생활습관 변화를 적용하여 이러한 질환을 치료하고 집중적으로 사용할 경우 종종 역전하도록 훈련을 받는다(Katz et al. 2018)."

---

3) 대한생활습관의학원 (2024): https://www.lifestylemedicinekorea.org/. cf. 미국생활습관의학원 홈페이지 (https://lifestylemedicine.org/)

[그림 9] 생활습관의학의 6대 기둥

이 정의와 같이 LM은 만성 질환을 예방하고 치료하기 위해 건강한 생활 습관 선택을 촉진하는 데 중점을 둔 예방의학의 한 분야이다. 다시 말해 LM은 만성질환의 원인에 초점을 맞춘 증거 기반 의학이며, [그림 9]와 같이 여섯 개의 기둥으로 이루어져 있다: (1) 식물성 음식을 중심으로 하는 완전 식단, (2) 규칙적인 신체 운동과 활동, (3) 충분한 휴식과 회복적 수면, (4) 중독적이고 위험한 물질을 피하거나 통제, (5) 각종 스트레스 관리, (6) 사회적 관계 증진 등이다. LM은 여러 만성질환을 예방하고 역전하는 데 있어 기존 의학만을 사용하는 것보다 훨씬 더 효과적이고 비용 효율적이다.

2000년대에 이미 세계보건기구(WHO)는 2020년까지 전 세계 인구의 3분의 2가 만성 질환을 갖게 될 것이라고 예측했다. 그리고 작금에 이르러 이 예측이 실제로 적중하고 있다. 만성 질환에 대한 증가하는 연구 문헌과 데이터는 건강에 해로운 생활 방식과 습관이 암, 심장병, 뇌졸중, 2형 당뇨병, 비만, 고혈압, 골다공증, 우울증, 치매 등과 같은 만성 질환의 원인이라는 것을 반복적으로 확인해 주고 있다.

건강과 관련하여 생활습관의 중요성은 의료 인프라가 부족한 아프리카에서 특히 돋보인다. 아프리카의 열악한 의료 인프라를 개선하는 것은 많은 시간과 인력, 천문학적인 예산이 필요하다. 하지만 생활습관을 건강하게 바꾸는 것은 많은 예산보다 교육과 계몽을 통해 가능하다. 필자는 아래에서 의료 인프라가 부족한 사하라 이남 국가들에서 LM의 중요성과 의미를 살펴보고, 어떻게 LM이 사람들의 보건의료 상황을 개선하는 데 큰 도움이 될 수 있는지를 살펴보고자 한다. 아래 데이터는 WHO와 같은 국제적인 기관에서 발표한 것들을 인용하였다.

2) 사망원인 상위 10가지

먼저 에스와티니 사람들의 평균 기대수명을 살펴보자. 다른 대부분의 중남부 아프리카 사람들처럼 에스와티니 사람들의 평균기대수명은 상당히 낮다. 에스와티니 사람들의 낮은 기대수명과 건강한 기대수명에 기여하는 원인은 무엇일까? 아래 [그림 10]은 에스와티니 사람들의 사망 원인 상위 10가지를 나타낸다. 이 그림에서 에스와티니 사람들의 사망 원인은 남성과 여성 간에 상당한 차이가 있음을 알 수 있다. 먼저, 10만 명당 남성과 여성의 사망 원인별 수를 살펴보면(남성과 여성 간에 비교할 수 있는 원인에 초점을 맞춤), 순서는 뇌졸중(72:68), 당뇨병(90:66), 하부 호흡기 감염(104:57), 허혈성 심장병(78:54), 신생아 질환(51:38), 설사성 질환(58:33)이다. 이러한 질병 분야에서 남성은 여성보다 훨씬 더 많이 죽는다. 하지만 흥미롭게도 사망자 수가 가장 많은 AIDS/HIV 분야에서는 여성이 남성보다 훨씬 더 많이 죽는다(남성 175명 대 여성 227명). 참고로, 같은 남부 아프리카 지역에서도 다른 주변 국가들은 일반적으로 AIDS/HIV 분야에서 남성 사망자가 더 많다.

HIV/AIDS	227		HIV/AIDS	175
Stroke	68		Lower respiratory infections	104
Diabetes mellitus	66		Diabetes mellitus	90
Lower respiratory infections	57		Ischaemic heart disease	78
Ischaemic heart disease	54		Stroke	72
Neonatal conditions	38		Diarrhoeal diseases	58
Cervix uteri cancer	37		Self-harm	55
Diarrhoeal diseases	33		Road injury	55
Hypertensive heart disease	26		Neonatal conditions	51
Maternal conditions	20		Kidney diseases	48

[그림 10] 에스와티니에서 여성(좌)과 남성(우)의 사망 원인 상위 10가지: 10만 명당 사망자 수(2019년)(World Health Organization: Eswatini Data)

이러한 현상의 정확한 원인은 알 수 없지만, 일반적으로 다음 세 가지 가능성을 추정할 수 있다. 첫째, 에스와티니에서 흔한 일부다처제와 같은 성적 방종이 원인일 수 있다. 둘째, 에스와티니에는 이혼 후 혼자 가정을 꾸리는 싱글맘이나 여성이 많은데, 이들이 빈곤으로 인해 생계를 위해 매춘을 하는 경우가 많기 때문일 수 있다. 셋째, 에스와티니 여성은 AIDS/HIV 검사나 치료를 위해 병원에 가는 것을 꺼리고 숨긴다. 물론 이러한 원인이 복합적으로 작용할 수도 있을 것이다. 앞으로 이 문제들에 대한 더 많은 정량적 연구가 필요하다.

3) AIDS/HIV로 인한 사망률과 생활습관

AIDS/HIV는 2000년 아프리카에서 주요 사망 원인(약 107만 명 사망, 전체 사망자의 12.4%)에서 2019년 4위(약 435,000명 사망, 전체 사망자의 5.6%)로 옮겨갔다. 사망 원인 중 가장 높은 AIDS/HIV 사망률은 주로 중남부 아프리카 국가에서 발견된다. 보츠와나, 콩고, 적도 기니, 에스와티니, 레소토, 말라위, 모잠비크, 나미비아, 남아프리카, 잠비아, 짐바브웨 등의 국가들 중 에스와티니는 다른 질병에 비해 특히 AIDS/HIV로 인한 사망률이 높다(Regional Mortality Factsheet). 에스와티니의 최근 10대 사망 원인은 [그림 11]에 나와 있다("What Are the Leading Causes of Death in the African Region?" 2023). 이 그림에서 AIDS/HIV를 생활 습관병으로 간주하면 결국 모든 사망 원인의 절반은 생활습관과 관련된 비전염성 질환이라고 할 수 있다.

UNAIDS 보고서에 따르면 2021년 에스와티니 전체 인구의 약 27%가 AIDS/HIV를 앓고 있다. 이는 2000년 대비 5% 증가한 수치이며 세계에서 가장 높은 비율이다. 에스와티니 다음으로 레소토와 보츠와나가 뒤를 잇는다. 또한 이 보고서에 따르면 AIDS/HIV 감염률이 가장 높은 직종은 성노동자로, AIDS/HIV 감염률이 60%에 달한다. 15세 이상 여성의 감염률이 남성의 두 배인 이유도 매춘 때문이라 생각된다. 참고로 남성 동성애자의 AIDS/HIV 감염률은 약 27%로 알려져 있다. 2022년에는 성인과 어린이를 포함한 에스와티니 주민 6,900명이 AIDS/HIV에 새로 감염된 것으로 등록되었고, 2,600명이 HIV 관련 원인으로 사망했다.

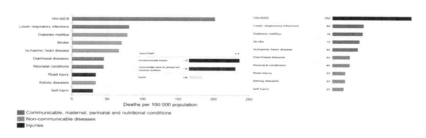

[그림 11] 에스와티니의 10대 사망 원인(남녀 합계) (10만 명당 사망자 수, 2019)

에스와티니에서 첫 AIDS/HIV 감염 사례는 1986년에 보고되었다. 그리고 2016년 이후 에스와티니는 15~49세 성인의 AIDS/HIV 감염률에서 줄

곧 세계 1위를 차지했다. 1987년 에스와티니 보건부는 국가 AIDS 프로그램을 수립했고, 1999년 스와티 3세 국왕은 AIDS/HIV를 국가적 재난으로 선포했다(National Emergency Response Council on HIV and AIDS 1999). AIDS는 만성 소모성 질환이기 때문에 발병률이 증가할수록 국가는 더욱 가난해지고, 국가가 더욱 가난해질수록 환자의 치료나 예방이 더욱 어려워지는 악순환을 겪는다.

그렇다면 왜 남부 아프리카, 특히 에스와티니에서 AIDS/HIV 전염병이 만연할까? UNAIDS는 2019년 연구에서 안전한 성행위에 대한 부정적인 태도, 상업적 성관계, 성 활동의 조기 시작, 성 불평등과 성폭력, 낮은 수준의 남성 할례, 알코올 및 약물 남용이 원인이라고 제시했다. 이러한 원인은 행동적, 구조적, 생물학적 요인을 포함하여 다면적이지만 대부분 불건강한 생활습관과 관련이 있다(Belle and Gamedze 2019). 불건강한 생활습관은 다시 깨어진 가정의 문제로 귀착된다. 이는 교육이나 캠페인을 통한 건강한 가정 운동과 생활습관 변화가 에스와티니에서 AIDS/HIV 감염을 예방하는 데 중요한 역할을 할 수 있음을 의미한다.

[그림 11]의 좌측 그림 속에 포함된 그래프는 사망 원인 중에 비전염성 질병(noncommunicable disease)과 전염성 질병(communicable disease)의 비율을 보여준다. 여기서 주목해야 하는 것은 비전염성 질병은 대부분 생활습관과 관련된 질병이고, 전염성 질병 중에서도 영양으로 인한 사망은 생활습관과 관련되어 있다는 점이다. 이는 생활습관을 바꾸게 되면 에스와티니, 나아가 아프리카 사람들의 수명을 크게 증가시킬 수 있음을 의미한다. 그리고 이 생활습관의 변화는 건강한 가정을 통해 이루어질 수 있다.

4) 비만과 당뇨병

[그림 11]에서 AIDS/HIV를 제외한 나머지 비전염성 질환인 당뇨병, 뇌졸중, 허혈성 심장병, 신장 질환은 대부분 건강하지 못한 생활습관과 관련된 만성질환이다. 특히 비만과 당뇨병은 생활습관과 관련된 대표적인 만성 질환이다. 먼저 비만의 문제를 살펴보자.

[그림 12]에서 비만 유병률은 남성과 여성 모두 시간이 지남에 따라 증가하는 것을 볼 수 있다. 특히 여성이 남성보다 비만 유병률이 상당히 높은 것을 볼 수 있다. 구체적으로 여성의 경우 2000년에 17.6%가 비만이었고, 2019년에는 29.2%로 증가했다. 같은 기간 동안 남성의 비만은 2.6%에서 6.6%로 증가했다. 이 데이터는 또한 에스와티니 수도 음바바네(Mbabane) 거리에서 마주치는 성인 여성의 대부분이 과체중이거나 비만이라는 사실에서도 드러난다. 반면 남성은 과체중이거나 비만인 사람은 눈에 띄게 적다. 비만 및 과체중의 이러한 추세는 5~19세 사이의 어린이와 청소년에서도 유사한 추세를 보인다(2022).

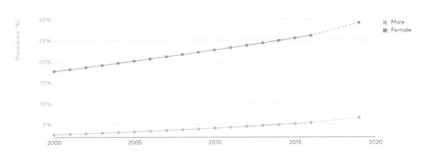

[그림 12] 18세 이상 에스와티니 성인의 비만 유병률(NCD Risk Factor Collaboration, 2022)

2형 당뇨병의 경우에도 에스와티니 성인 남성과 여성의 유병률 추세는 분명히 다르다. 우리는 [그림 13]에서 남성과 여성 모두 2형 당뇨병 유병률이 시간이 지남에 따라 증가하는 것을 볼 수 있다. 이유는 알려지지 않았지만 특히 여성의 당뇨병 유병률이 남성보다 상당히 높다. 구체적으로, 2000년에 여성의 8.6%가 당뇨병을 앓았고, 이는 2019년에 12.8%로 증가했다. 같은 기간 동안 남성의 당뇨병은 5.4%에서 9.4%로 증가했다.

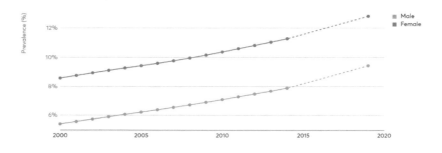

[그림 13] 18세 이상 에스와티니 성인의 2형 당뇨병 유병률(NCD Risk Factor Collaboration 2022)

비만과 당뇨병의 유병률에 대한 흥미로운 사실은 남성과 여성의 차이이다. 에스와티니 성인 남성과 여성 사이에서 비만과 당뇨병의 유병률이 (통계적 오류를 넘어) 현저히 다른 이유는 아직 알려지지 않았다. 생활습관, 식단 패턴, 흡연 패턴, 음주 패턴 등이 남성과 여성 사이에서 다르다는 보고는 없다. 유전적 소인이 있을 수 있지만, 아직 구체적으로 보고된 바는 없다.

5) 자궁경부암

다음에는 자궁경부암의 문제를 살펴보자. 에스와티니는 세계은행 하중위소득분류표(World Bank Classification of Low and Middle Income Countries, LMICs)에 의하면 하중위 소득국가(일인당 GNI가 $1086-$4255)에 속한다. 에스와티니는 자궁경부암으로 인한 ASIR(Age-standardised incidence rate, 여성 10만 명 당 연간 발병률) 84.5명, ASMR(Age-standardised motality rate, 여성 10만 명 당 연간 사망률) 55.7명에 이른다(World Bank 2024). 이러한 수치는 하중위 소득국가들은 물론 하위 소득국가들(일인당 GNI가 $1085 이하)까지 포함하는 통계에서도 가장 높은 수치이다. 이는 하중위 소득국가들 중에서 2위에 속하는 잠비아(ASIR 65.5, ASMR 43.4)보다 월등히 높은 수치이다. 심지어 하위 소득국가들 중에서 가장 높은 말라위(ASIR 67.9, ASMR 51.5)보다도 훨씬 더 높은 수치이다.

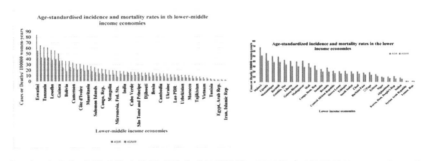

[그림 14] 하위 및 중하위 소득국가들의 자궁경부암 ASIR(좌)과 ASMR(우)(Reza et al. 2024)

왜 에스와티니에서 여성들의 자궁경부암 비율이 높을까? 자궁경부암에 영향을 미치는 여러 가지 요소가 있지만 그 중에서도 특히 중요한 몇 가지 요소가 있다. 음바바네 정부병원(Mbabane Government Hospital)의 은고야니(Ngoyani) 박사에 의하면 그 중 하나는 성 파트너의 숫자이다. 일반적으로 한 명의 파트너만 있는 여자에 비해 두 명의 파트너가 있는 여자는 두 배의 자궁경부암 위험이 있고, 여섯 명이나 그 이상의 파트너가 있는 여자는 세 배의 자궁경부암 위험이 있다.

은고야니에 의하면 자궁경부암의 발병에 영향을 미치는 또 하나의 요소는 첫 성교를 시작한 나이이다. 일반적으로 21세 이상에서 첫 경험을 한 여자에 비해 18-20세 사이에 첫 경험을 한 여자는 자궁경부암의 위험이 1.5배 높고, 18세 미만에서 첫 경험을 한 여자는 자궁경부암 위험이 두 배에 이른다.

자궁경부암의 발병에 영향을 미치는 세 번째 요소는 성병(STIs)이다. 앞에서 언급한 것처럼 에스와티니에서의 결혼 전 여자들의 성병 감염률이 매우 높다. 이것은 결국 성윤리의 계몽과 더불어 생활습관의 변화가 자궁경부암의 발병을 줄이는 데 매우 중요한 요소임을 의미한다(Ngoyani, 2024).

자궁경부암의 발병에 영향을 미치는 네 번째 요소는 HIV 감염이다. 뮌헨 공대(Technical University of Munich)의 타나카 등(LF Tanaka, et. al)은 4대륙(아프리카, 아시아, 유럽 및 북미)의 HIV 감염 여성 236,127명을 대상으로 수행한 24개 연구의 데이터를 메타분석한 결과 HIV에 감염된 여성이 감염되지 않은 여성에 비해 자궁경부암에 걸릴 위험이 6배(6.07, 95% CI 4.40-8.37) 높은 것을 발견했다(Tanaka, Stelzle, and Klug 2021).

이러한 연구결과들을 종합한다면 에스와티니에서의 자궁경부암 문제역시 생활습관 문제로 귀착된다. 자궁경부암 예방 백신 접종과 조기 검진에 더하여 성생활 시작 시기를 늦추고, 일부일처의 부부관계를 유지하여 성병과 HIV 감염을 예방하는 것이 에스와티니에서 여성들의 자궁경부암 발병률을 줄이는 방법이라고 할 수 있다.

4. 에스와티니에서 LM의 의미

지금까지 우리는 LM을 소개하고 에스와티니의 건강 관리 상황, 특히 LM과 밀접한 관련이 있는 만성 질환을 살펴보았다. 에스와티니 사람들의 건강 관리 문제에 대한 의미는 무엇일까? 먼저, 음식과 만성 질환의 관계를 살펴보자.

1) 식이 문제

[그림 15]는 에스와티니의 음식과 주요 만성 질환의 관계를 보여준다. 이 그림에서 우리는 음식에서 과일, 채소, 콩류, 견과류의 비율이 낮고 붉은 고기, 가공육, 설탕이 많은 음료의 비율이 높은 것이 관상 동맥 심장 질환, 뇌졸중, 암, 당뇨병과 같은 만성 질환과 밀접한 관련이 있음을 알 수 있다.

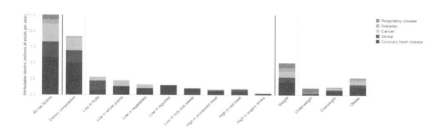

[그림 15] 식단 구성 및 체중에 기인하는 사망률(Global Nutrition Report 2024)

에스와티니에는 신선한 야채와 과일이 풍부하고 저렴하지만 사람들은 식단에서 과도하게 육식을 한다. 여기에는 몇 가지 이유가 있다. 그 중 하나는 에스와티니에 소가 엄청나게 많기 때문이다. 앞에서 언급한 것처럼 에스와티니에서는 결혼할 때 신랑이 전통적으로 신부의 아버지에게 신랑 지참금(Lobola)을 소로 주기 때문에 온 나라가 소로 가득하다!

에스와티니는 소만 많은 게 아니라 닭, 돼지, 염소도 많다. 그리고 돼지를 제외한 대부분의 가축들은 방목하고 있다. 에스와티니는 온 나라가 가축 방목장이라고 할 수 있다. 많은 가축을 키우면서 자연스럽게 과도한 육류 소비로 이어진다.

육식 외에도 에스와티니에는 중요한 비만 음식이 있는데 그것은 설탕이다. 에스와티니 동부 저지대(low veld)에서 생산되는 사탕수수는 고품질로 유명하다. 설탕은 음식 맛을 돋우지만 과식과 비만, 나아가 당뇨병을 유발하는 식품이다. 영양학자이자 척추교정 전문의인 제오프리(Daryl Gioffre)는 [설탕을 끊으라] (Get Off Your Sugar)는 책에서 설탕이 뇌와 장기에 얼마나 나쁜 영향을 미치는지 설명하고, 설탕의 중독성은 마약의 8배라고 주장한다 (Gioffre 2021).

설탕을 먹으면 유독 살이 많이 찌는 이유는 구성 성분인 과당이 인슐린 저항성을 촉진하기 때문이다. 고도로 정제된 탄수화물인 설탕은 인슐린 생산을 촉진해서 체중증가를 유발한다. 따라서 에스와티니에서 생산되는 설탕은 콜라의 원료로도 사용되며 사람들은 많은 설탕 음료를 섭취한다. 수퍼에는 아예 설탕 코너가 따로 있을 정도이다. 이러한 요소들이 합쳐져 에스와티니 사람들의 건강을 위협하고 있다("에스와티니").

2) 계몽과 교육

LM은 모든 사람에게 필요하지만, 의료 인프라가 부족한 지역 사람들에게 특히 유익하다. LM은 질병이 악화되는 것을 예방하는 것을 목표로 하는 예방의학 분야이지만, 기본적으로 만성질환을 예방한다. 따라서 에스와티니를 포함하여 의료 인프라가 부족한 지역에서는 질병을 치료하는 것보다 질병으로부터, 특히 만성질병으로부터 보호하는 것이 더 중요하다.

앞서 언급했듯이, LM은 건강의 주체가 의사나 다른 의료 제공자가 아니라 환자 자신이라고 생각한다. 이는 인간이 주권적인 하나님의 형상으로 창조되었다는 사실과 관련이 있다(창1:26-27). 하나님의 형상대로 지음 받은 인간은 주권적인 존재이다. 다시 말해, 환자는 자신의 건강을 스스로 돌볼 수 있는, 또한 돌봐야만 하는 책임 있는 존재로 창조되었다. 여기서 교육이나 캠페인의 중요성이 등장한다. 사람들에게 건강에 해로운 생활방식을 바꾸도록 교육할 수 있다면 에스와티니 사람들은 물론 사하라 이남 지역 사람들의 건강이 크게 개선될 수 있다.

다행히도 에스와티니는 주변 국가에 비해 초등 및 중등 교육이 좋고 교회가 많다. 따라서 학교와 교회를 통해 사람들을 잘 교육하면 에스와티니 사람들은 훨씬 더 건강하고 오래 살 수 있을 것이다. 의료 인프라에 대규모 투자할 형편이 되지 않더라도 생활습관의 변화를 통해 에스와티니 사람들의 건강한 수명과 평균 수명이 크게 증가할 것이다. LM의 6가지 기둥인 완전 음식, 식물성 식단 패턴, 신체 활동, 회복적 수면, 스트레스 관리, 위험한 물질 회피 및 긍정적인 사회적 연결을 적용하면 에스와티니의 대부분 만성 질환을 효과적으로 예방할 수 있다(American College of Lifestyle Medicine).

3) 전통 주술사 협회

불건강한 생활습관과 더불어 에스와티니 사람들의 건강에 악영향을 끼치는 또 다른 요소는 주술사들이다. 에스와티니를 비롯한 사하라 이남 국가들에서는 의료행위를 하는 전통 주술사들이 있다. 이들은 시골 지역에서 상당한 영향력을 갖고 있으며, 에스와티니에는 전통 주술사 협회(Traditional Witchdoctors Association)를 결성하여 공식적인 의료 시스템 속으로 들어오려고 시도하고 있다. 2024년 9월 5일자 Times of Eswatini의 보도에 의하면 전통 주술사 협회 마칸야(Makhanya Makhanya) 회장은 에스와티니 정부에 주술사들(tinyanga)도 처방전을 발행해서 의료계통에서 일하는 의료인들과 협력할 수 있도록 해달라는 요청을 했다. 특히 그는 악령들(tilwane)의 공격을 받고 있는 환자들은 공식적인 처방전(formal prescriptions)을 통해 주술사들에게 추천(referral)되어야 한다고 주장한다(Mamba 2024).

[그림 16] 주술사들(Tinyanga)이 병원에서 못 고치는 환자들은 자기들에게 보내줄 것을 요청한다.

조상신들의 영적 능력을 믿는 주술사들은 지금도 창문도 없는 전통움막(tindumba)에서 결핵이나 HIV와 같은 전염성이 높은 환자들까지 치

료한다고 한다. 에스와티니 보건부(Ministry of Health) 산하의 National Control TB Programme(NCTP)은 주술사들이 환기가 되는 곳에서 환자들을 진료할 수 있도록 창문이 있는 전통움막을 지어줄 것을 요청하기도 했다. 보건의료 분야에서 체계적인 의학 훈련을 받지 않았지만 시골 지역에서 상당한 영향을 갖고 있는 전통 주술사들은 에스와티니와 사하라 이남 국가들이 현대적인 보건의료 시스템을 구축하는 데 있어서 해결해야 할 큰 도전이다.

[그림 17] 의료인들과 같은 인정과 권한을 요구하는 주술사들과 이들의 "진료실"인 전통움막(tindumba)

4) 가정 회복

남부 아프리카, 특히 에스와티니의 의료 시스템에 가장 큰 부담을 주는 AIDS/HIV 문제는 생활습관의 변화를 통해서도 개선될 수 있다. UNAIDS가 지적했듯이, 에스와티니의 AIDS/HIV 발병은 주로 생활습관과 관련이 있다. 여기에는 안전한 성행위에 대한 부정적인 태도(콘돔 사용 등), 상업적 성관계(매춘), 조기에 시작하는 성활동, 낮은 수준의 남성 할례(포경), 알코올 및 약물 남용이 포함된다(Belle and Gamedze 2019). 즉, 교회 교육을 통한 생활습관의 변화는 에스와티니에서 AIDS/HIV 감염을 예방하는 데 중요한 역할을 할 수 있다.

에스와티니는 작은 나라이고 인구도 적다. 그리고 에스와티니 사람들은 권위에 저항적이지 않다. 따라서 필자는 건강에 해로운 생활습관의 변화를 위한 전국적인 캠페인을 시작한다면 상당한 성과를 거둘 수 있을 것이라고 본다. 말할 필요도 없이 그러한 캠페인에는 성경적 결혼 제도를 확립하고 건강한 가정을 회복하는 것이 포함되어야 한다.

일반적으로 LM의 6대 기둥 중 하나인 인간 관계 문제는 사회적 관계에 초점을 맞춘다. 그러나 가장 중요한 사회적 관계는 가족 간의 관계에서 시작된다고 할 수 있다. 에스와티니 사람들의 기대 수명과 평균 수명이 세계에서 가장 낮은 것은 엄청난 수의 싱글맘, 이혼, 그리고 그로 인한 가족의 약화 또는 붕괴와 깊은 관련이 있는 것으로 생각된다. 다행히도 대부분의 에스와티니 사람들은 교회에 다니기 때문에 교회에서 결혼과 가족에 대한 성경적 원칙을 가르친다면 창조 질서에 따라 가족과 건강을 회복하는 데 도움이 될 것이다.

나가는 말

아프리카에는 대략 15억 인구, 54개 국가, 수천 개 부족이 있다고 말한다.[4] 아프리카 대륙에는 수많은 언어와 방언이 있지만 사람들은 문화적으로 많은 부분을 공유하고 있다. 그 중에서도 48개에 이르는 사하라 이남 국가들(Sub-Saharan Countries)은 기독교 인구가 많고 특히 많은 전통을 공유하고 있다. 아프리카 사람들이 공유하고 있는 전통들 속에는 기독교 세계관

---

4) WorldOMeter (2024. 9. 30.): UN이 인정하는 나라들만을 고려한다면 아프리카에는 54개 나라가 있다. 부족의 숫자는 정확하게 알려진 것이 없으며 2-3,000개 정도라고 말한다. Worldometers의 추계에 의하면 아프리카의 인구는 15.22억 명, 사하라 이남 아프리카의 인구는 12.42억 명이다. https://www.worldometers.info/world-population/africa-population/

적으로 수용할 수 있는 것들도 있지만 그렇지 못한 것들도 많다.

　기독교 세계관과 반하는 몇 가지 예를 든다면 조상숭배와 관련된 정령숭배, 성경적 원리와 반하는 일부다처제, 신랑지참금, 일처다부의 모계 중심적 가족 개념, 술과 성적 타락이 개입되는 각종 축제들, 일찍 시작하는 혼외 성관계와 이로 인한 수많은 혼외자 출산, 십대 임신, 다양한 이름으로 포장되는 뇌물 등등… 기독교인 인구가 다른 어떤 지역들보다 많은 사하라 이남 지역의 상황을 고려한다면 이해하기 어려운 일들이다.

[그림 18] 전형적인 모계적 가족구성을 보여주는 수공품. 에스와티니의 인기 수공품의 하나이다.

　기독교 인구가 많은 사하라 이남 아프리카에서의 선교는 사람들이 단순히 교회에 출석하는 것, 기독교적인 여러 의식에 익숙해지는 것을 목표로 하는 것은 별 의미가 없는 것으로 보인다. 이들에게는 기독교 세계관적 관점을 가지고 살아가도록 훈련하는 것이 중요하다. 나라 전체가 기독교의 껍질은 입고 있지만 외형만 기독교일 뿐 내용에 있어서는 비성경적인 전통을 극복하지 않는다면 아프리카 선교는 앞으로 100년이 지나도 19세기 리빙스톤 시대 이전과 크게 다를 바 없는 것으로 보인다.

성윤리의 회복이나 건강한 가정 회복, 건강한 생활습관을 갖는 것은 모두 계몽교육과 관련되어 있다. 기존의 서구의학은 거대한 인프라와 인력을 필요로 하고 이는 엄청난 돈과 자원이 소요되는 일이다. 하지만 정작 아프리카를 변화시킬 수 있는 가장 효과적인 방법은 계몽교육을 하는 것이다. 다시 말해 바른 기독교 세계관, 성경적 세계관을 갖고 살도록 가르치는 것이다. 그리고 그것의 출발점이 바로 성윤리의 회복이고, 건강한 가정을 회복하는 것이다. 부모의 이혼과 자녀들의 건강 상태에 관한 근래의 연구는 이혼하지 않은, 건강한 가정에서 자라나는 자녀들이 더 건강하다는 것을 정량적으로 보여준다(Smith-Greenaway and Clark 2007).

우리가 지상명령이라고 알고 있는 마태복음 28장 19-20절은 교육명령이라고 할 수 있다. 즉 28장 19절에서 "그러므로 너희는 가서 모든 민족을 제자로 삼"으라고 하신 예수님의 말씀은 선교명령이 아니라 교육명령이라는 것이다. 19-20절에서 "세례를 베풀고" "가르쳐 지키게" 하라는 제자를 삼으라는 본동사에 따르는 분사구문이다.

본고에서 말한 가정사역의 중요성이나 교육과 계몽의 중요성이 사하라 이남 아프리카가 아닌 지역에서는 그렇게 절실하지 않을지 모른다. 회교권이나 공산권 등에서는 예배를 위해 모이는 것 자체가 엄청난 위험과 희생을 전제하는 것이기 때문이다. 또한 자신이 속한 기존의 공동체와는 다른 공동체에 속하는 것이 쉽지 않은 일본과 같은 나라에서도 상황은 다를 수 있다. 하지만 기독교가 주류 종교로 정착되어 있는 사하라 이남 아프리카에서는 상황이 다르다. 교회를 통한 LM 훈련, 혹은 선교 사역의 기초로서의 LM 도입은 의료 인프라가 부족한 에스와티니와 남부 아프리카에 큰 영향을 미칠 수 있다.

에스와티니를 비롯한 중남부 아프리카 지역은 세계에서 가장 높은 AIDS/HIV, 자궁경부암 감염률을 갖고 있으며 비만과 당뇨병과 같은 생활 습관 관련 만성 질환이 널리 퍼져 있다. 이는 세계에서 가장 짧은 평균 수명과 가장 짧은 건강 수명에서 나타나고 있다. 교육과 계몽을 통해 기독교 세계관에 기초한 건강한 생활습관을 채택하도록 장려하는 것은 모든 대륙에 필요하다. 하지만 이는 특히 비성경적인 전통으로부터 벗어나고 있지 못하는 사하라 이남 아프리카에서 중요하다.

지금까지 많은 선교사들이나 학자들은 "아프리카를 위로하라"는 관점에서 아프리카의 문제들을 접근하였다. 오랜 세월 서구열강의 식민지배, 인종차별, 노예무역, 내전의 아픈 역사, 극한의 가난 상태에 있는 사람들을 위로하는 것은 당연하다. 아직도 아프리카는 서구열강이 부족을 고려하지 않고 자기들 마음대로 국경을 획정해서 생긴 문제들로 고통을 당하고 있다. 하지만 이제는 대부분의 아프리카 국가들이 독립한 지 50년이 지났다. 그리고 현재 아프리카가 직면하고 있는 성적 무질서, 일부다처, 깨어진 가정, 게으름과 부정부패, 도둑질과 거짓말, 나쁜 생활습관, 부족주의 등은 식민지배와 직접적인 관계가 없다. 아프리카의 내부적인 문제들을 제쳐두고 언제까지 서구를 원망하며 아프리카를 위로만 할 것인가! 이젠 "아프리카여 회개하고 일어나라"를 외쳐야 할 때가 되지 않았을까!

글/양승훈

KAIST 물리학과에서 반도체 물리학을 연구했으며(MS, PhD), 졸업 후 곧바로 경북대에서 근무했다(조교수-정교수, 1983-1997). 미국 시카고대학 물리학과(KOSEF post-doc)에서 연구했고, 미국 위스콘신대학에서 과학사(MA)를, 미국 위튼대학에서 신학(MA)을 공부했다. 1997년에 경북대 정교수직을 사임한 후에는 밴쿠버기독교세계관대학원(VIEW)을 설립하여 원장으로 재직하면서 창조론과 세계관 분야의 강의와 글을 쓰는 데 주력했다. 2021년 10월부터는 VIEW에서 은퇴한 후 밴쿠버한인기독실업인협회, 캐나다 쥬빌리채플의 파송으로 에스와티니 기독의과대학(Eswatini Medical Christian University) 3대 총장으로 재직하고 있다. 2002년에 목사 안수를 받았으며, 2010년부터 2021년까지 캐나다 복음주의 독립교단(Evangelical Free Church of Canada)에 소속된 쥬빌리교회를 개척하여 11년간 담임목회를 했다. 창조론 대강좌 시리즈(7권)을 포함하여 45권의 저서를 출간하였으며, 국내외 학술지에 반도체 물리학, 창조론, 기독교 세계관, 과학교육 분야에서 100여 편의 논문을 발표했다. 2023년에는 대한생활습관의학원(KCLM)과 국제생활습관의학보드(IBLM)에서 주관한 생활습관의학 국제 보드시험에 응시하여 생활습관의학 전문인 자격증(DipIBLM/KCLM-Certified Lifestyle Medicine Professional)을 취득하였다.

< 참고 문헌 >

김경래 (2024). "21세기 남부 아프리카 선교: 현황, 도전, 그리고 전략적 전환," 아프리카 선교부흥을 위한 효율적인 선교 전략. 중아선 7회 선교 전략 세미나.

김인식. 김재민 (2024). "가정/여성사역 사례연구: 아프리칸 리더십 가정사역 중심으로," 아프리카 선교부흥을 위한 효율적인 선교 전략. 중아선 7회 선교 전략 세미나.

남기은. (2024) "식민지 역사 아픔 극복한 한국교회 역할 배우고 싶어" [인터뷰] 남아공 아프리카장로교회 총회장 므주키시 팔레니 목사. 한국기독공보.

    https://pckworld.com/article.php?aid=10280239387

대한생활습관의학원 홈페이지(https://www.lifestylemedicinekorea.org/)

미국생활습관의학원 홈페이지(https://lifestylemedicine.org/)

박창식. 박선희 (2024). "ENM 캠퍼스 사역현황 (프레토리아대학을 중심으로)," 아프리카 선교부흥을 위한 효율적인 선교 전략. 중아선 7회 선교 전략 세미나.

신경희 (2022). 라이프 스타일 의학 군자출판사

양승훈 (1999). 기독교적 세계관 1,7,9장. CUP

양승훈 (2021). "일부다처제를 생각한다_에스와티니 기독의과대학교 양승훈 총장" 크리스천신문.

    https://christiantimes.ca/christian-news/global/5938/.

American College of Lifestyle Medicine. Accessed August 17, 2024.

https://lifestylemedicine.org/.

Belle, Johanes A., and Nokuthula N. Gamedze. (2019) "Behavioral Factors Contributing to the Transmission of HIV and AIDS Amongst Young Women of Mbabane in Swaziland." African Health Sciences 19(3): 2302-2311.

Clayton, J., Shull, J., & Bonnet, J. (2023). Foundations of lifestyle medicine board review manual (4th ed.).

Eswatini Religions Affiliation (2015). Encyclopedia Britannica.

Frates, Beth, Jonathan P. Bonnet, Richard Joseph, James A. Peterson (2021). Lifestyle Medicine Handbook: An Introduction to the Power of Healthy Habits, (2nd ed.). Healthy Learning.

Geographical Distribution of HIV/AIDS in Africa (Ages 15-49 Years, 2017)." ResearchGate. Accessed August 17, 2024. https://www.researchgate.net/figure/Geographical-distribution-of-HIV-AIDS-in-Africa-ages-15-49-years-2017-Source-IHME_fig2_352923909.

Gioffre, Daryl (2021). Get Off Your Sugar: Burn the Fat, Crush Your Cravings, and Go From Stress Eating to Strength Eating, Hachette Go.

Global HIV, Hepatitis, and STIs Programmes: Populations - Sex Workers. World Health Organization. https://www.who.int/teams/global-hiv-hepatitis-and- stis-programmes/ populations/sex- workers#:~:text=Sex%20 workers%20face%20an%20increased,other%20women%20of%20 re

Global Nutrition Report (2024.9.30.): New analysis based on estimates of food intake from the Global Dietary Database, weight measurements from the NCD Risk Factor Collaboration, risk-disease relationships from the epidemiological literature and mortality and population estimates from the Global Burden of Disease project. https://globalnutritionreport.org/resources/nutrition-profiles/africa/southern-africa/eswatini/

Hlatshwayo, Sithembile (2024). "Most Learners Affected by STIs-teacher," Times of Eswatini.

Holborn, Lucy and Gail Eddy (2011). "Fractured families: A crisis for South Africa," First Steps to Healing the South African Family. South African Institute of Race Relations.

Katz, David L. et al (2018). "Lifestyle as Medicine: The Case for a True Health Initiative," Am J Health Promot. 2018 Jul; 32(6):1452-1458.

Leclerc-Madlala, Suzanne (2002). "On the virgin cleansing myth: gendered bodies, AIDS and ethnomedicine," Afr J AIDS Res. 1(2): 87-95.

Mamba, Thokozani (2024). "Tinyanga to hospitals: Refer some patients to us," Times of Eswatini. September 5, 2024.

National Emergency Response Council on HIV and AIDS. 1999. "His Majesty Declared HIV and AIDS a National Emergency,

Proclaiming that 'i-HIV neAIDS yindzaba yetfu sonkhe'."
Accessed August 17, 2024.
https://www.nercha.org.sz/focus-fight-against-aids-not-fright-
sibhekene-ngco-ne-aids-asiyesabi.

NCD Risk Factor Collaboration. "Values for 2000 to 2016 are Available
Online. Accessed November 16, 2022.
http://ncdrisc.org/data-downloads.html. Projected values for
2019 were provided directly to the Global Nutrition Report by
NCD Risk Factor Collaboration.

Ngoyani (2024). "The Burden of Cervical Cancer in Eswatini," The
3rd Eswatini International Medical Symposium: Proceedings.
Eswatini Medical Christian University.

Noncommunicable Diseases. World Health Organization. September
16, 2023. Accessed August 17, 2024.
https://www.who.int/news-room/fact-sheets/detail/
noncommunicable-diseases.

Park, Jae Hyung and Teluleko Maseko, editors (2024). "Application of
Modern Technology in Medicine," The 3rd Eswatini Int'l Medical
Symposium: Proceedings, Eswatini Medical Christian University
productive%20age.

Regional Mortality Factsheet. World Health Organization. Accessed
August 17, 2024.
https:// files.aho.afro.who.int/afahobckpcontainer/production/
files/iAHO_ Mortality_Regional- Factsheet.pdf.

Reza, Sejuti et al (2024). "Public health concern-driven insights and response of low- and middle-income nations to the World health Organization call for cervical cancer risk eradication," Gynecologic Oncology Reports, Volume 54.

Reza, Sejuti, Ramisa Anjum, Rubaiyat Zahan Khandoker, Saimur Rahman Khan, Md. Rabiul Islam, and Syed Masudur Rahman Dewan. August 2024. "Public Health Concern-Driven Insights and Response of Low- and Middle-Income Nations to the World Health Organization Call for Cervical Cancer Risk Eradication." Gynecologic Oncology Reports 54: 101460. https://www.sciencedirect.com/science/article/pii/S2352578924001395?ref=pdf_download&fr=RR-2&rr=8bfc0119f81973e0.

Sarah Avery. "HIV-1 Viruses transmitted at birth are resistant to antibodies in mother's blood" EurekAlert! 2018. https://www.eurekalert.org/news-releases/490482.

SDA 의사회 (2022). NEWSTART, 제1장 Nutrition, 제5장 Temperance, 시 조사

Simelane, Musa (2024). "Some UNESWA Students Admits to Sex-Work for Welfare," Saturday Observer.

Smith-Greenaway, Emily, and Shelley Clark. April (2007). "Variation in the Link Between Parental Divorce and Children's Health Disadvantage in Low and High Divorce Settings." Population Health 3(C).

https://www.researchgate.net/publication/316156126_Variation_
in_the_link_between_parental_divorce_and_children's_health_
disadvantage_in_low_and_high_divorce_settings.

South Africa religions affiliation (2015). Encyclopedia Britannica.

Statistics South Africa, General Household Survey (2019).
https://www.statssa/gov.za/publications/P0318/

Tanaka, Luana Fiengo, Dominik Stelzle, and Stefanie J. Klug. 2021.
"Cervical Cancer and HIV." HPV World, 179.
https://www.hpvworld.com/articles/cervical-cancer-and-hiv/.

World Bank (2024.9.30.):
https://ephconference.eu/repository/conference/2022/
LMICs%20classification%20World%20Bank%202022.pdf. World
Bank Classification of Low and Middle Income Countries (LMICs):
For the current year, low-income economies are defined as
those with a Gross National Income (GNI) per capita, calculated
using the World Bank Atlas method, of $1,085 or less in 2021;
lower middle income economies are those with a GNI per capita
between $1,086 and $4,255; upper middle income economies are
those with a GNI per capita between $4,256 and $13,205. -

World Health Organization: Eswatini Data. Accessed August 17, 2024.
https://data.who.int/ countries/748.

Yang, Paul Seung-Hun (2023). "Lifestyle Medicine and its implications
in Eswatini," Sub-Saharan Journal of Integrative Studies 2(1): 19-
33.

케이스
스터디

이동 신학교로 아프리카를 품은 '아바 신학교'(Team ABBA)

양승록

들어가는 말

하나님을 아는 지식과 바른 복음, 그리고 말씀에 대한 순종은 교회를 교회답게 만드는 힘이다(한홍, 2018). 그러나 교회라고 불리지만, 성경이 말하는 교회의 모습과는 다른 교회들이 있다. 교회의 목회자들은 목사, 선지자, 사도, 감독으로 불리지만, 참된 목회자의 모습을 가진 사람은 많지 않다. 이 이야기는 필자가 섬기고 있는 남아프리카공화국에 대한 이야기다.

남아공은 여러 가지 상반된 모습을 가지고 있다. 남부 아프리카 경제 공동체(SADC) 15개국 중 80%의 GDP를 차지하며, 아프리카 전체 54개국 중 27%의 GDP를 차지하는 경제 강국이지만, 빈부 격차가 세계에서 두 번째로 심각한 나라이며(weekly HK, 2016), 범죄율 또한 세계 5위에 속한다(worldpopulationreview, 2024). 이처럼 사회 전반에서 빛과 어둠이 공존하듯, 남아공의 기독교도 다양한 모습을 보이고 있다. 개혁주의 신앙과 조상신 숭배가 혼재된 혼합주의 신앙이 존재하며, 유수한 신학교가 있음에도 불구하고 많은 아프리카 독립교회와 현지인 목회자들은 신학적으로 개혁주의적 복음과 단절된 상태에 있다. 기독교 인구가 84%가 넘는다고 하지만, 복음적인 신앙을 가진 기독교인을 찾기는 쉽지 않다. 이러한 상황은 아프리카 독립교회의 출현과 아파르트헤이트(Apartheid)로 인한 교단 분열, 그리고 기독교 문화와 신학의 단절에서 비롯되었다. 결과적으로 이 현상은 남아공 기독교가 직면한 가장 큰 도전 중 하나가 되었다.

본 논고는 남아공 기독교의 가장 큰 도전인 바른 복음과 하나님을 아는 지식의 부재를 해결하기 위해 신학 교육의 중요성을 확인하고, 정규 신학교에서 접근할 수 없는 아프리카 독립교회 현지인 목회자들을 위한 신학 교육의 방안을 남아공 프레토리아에서 시작된 이동 신학교, 아바 신학교(ABBA: Africa Bible Based Academy) 사역의 초기 준비와 진행 과정, 도전과 그에 대한 대응을 다룸으로 찾아 보고자 한다.

오늘의 남아공을 살리고 내일의 남아공을 꿈꾸게 하는 신학교 사역을 통해 건강한 목회자, 건강한 교회가 세워지고 남아공이 아프리카 대륙을 책임지는 그 날을 기대해 본다.

1. 남아공 기독교, 선교가 필요한가?

남아공에서 기독교와 믿음은 중요한 부분을 차지하고 있다. 최근 남아공 통계(General Household Survey, 2013)에서는 84% 이상이 기독교인이라 밝혔고 2010년 퓨 리서치 센터(Pew Research Centre) 는 74%의 남아공 사람은 종교가 그들의 일상적인 결정, 가치 및 도덕적인 생활에 중요한 역할을 한다(Pondani Simbarashe, 2019)고 하였다.

남아공 기독교는 두 가지 큰 변곡점을 가지고 있는데, 첫째가 아프리카 독립교회의 출현이고 두번째는 아파르트헤이트(Apartheid)[1]라는 차별과 억눌림, 가난의 기간(1948-1994)이다. 이를 통해 교회는 분열을 맞이하게 되었다. 그리고 교회의 분열은 신학의 분열과 단절을 가져오게 되었다.

1996년 국가 통계자료를 시작으로 남아공 기독교는 지속적으로 성장해왔지만, 신학적 분열과 단절로 인해 개혁주의로 시작된 남아공 기독교는 은사주의와 혼합주의가 혼재하는 복잡한 형태로 확장되었다. 모두 기독교라는 범주 안에 있지만, 신앙과 실천, 교리가 너무도 다양해 마치 다른 종교를 보는 듯하다. 2001년 국가 통계청(Pocket guide to South Africa, 2011/12) 조사에서 기독교 관련 식별 번호만 54가지(Statistic South Africa, 2001)에 달하는데, 이는 남아공 기독교가 얼마나 다양한 교파로 구성되어 있는지를 보여준다.

남아공은 5년마다 인구조사를 시행하지만, 2011년 이후 종교 관련 항목이 제외되었다. 2006년 조사에서도 2001년 자료를 참고한 것을 보면, 1996년과 2001년 인구조사가 마지막 종교 관련 조사가 된 셈이다. 1996년과 2001년의 기독교인구 변동을 살펴보면, 백인 중심의 주류 교단(Mainline Christian[2])은 감소하는 반면, 흑인 중심의 아프리카 독립교회는 증가한 것을 알 수 있다.

아프리카 독립교회[3](AICs: African Independent Churches)는 종종 아프리카인에 의해 시작된 교회 (African Initiated Churches) 또는 아프리카 토착교회 (African

---

1) 아파르트헤이트(Apartheid)는 남아프리카 공화국 국민당 극우 백인 정권에 의하여 1948년 법률로 공식화된 인종분리 정책을 말한다. 즉 백인정권의 유색인종에 대한 차별 정책을 말한다. 1994년 4월 24일 민주적 선거에 의해 넬슨 만델라 대통령 당선과 함께 폐지가 선언되었다.
2) 주류 교단은 개혁교회, 성공회, 감리교, 장로교, 카톨릭, 정교회, 연합 회중교회 등을 지칭하는 표현이다.
3) 아프리카 독립교회는 주류 교단과 상관없이 아프리카인에 의해 세워진 교회와 교단을 지칭하며, 아프리카 독립교회 속에는 복음주의적인 교회들과 전통신앙과 혼합된 혼합주의 교회들이 함께 포함되어 있다.

Indigenous Church), 아프리카인에 의해 설립된 교회 (African Instituted Churches)로 불려지는데 주요한 교단으로는 (1) 시온기독교회(ZCC: Zion Christian Church) (2) 아이반들라 라마나사렛, 이사야 셈베교회(Ibandla lamaNazaretha of Isaiah Shembe) (3) 국제 오순절교회(IPCC: International Pentecostal Church-Modise (4) 사도 믿음 선교교회(AFM: St John's Apostolic Faith Mission)가 있다. 아프리카 독립교회의 특징은 정도의 차이는 있지만 전통신앙과 접목한 혼합주의 형태라 할 수 있다.

2001년 기독교 인구 79.7%중에서 유사 기독교 (10.9%), 그리고 여러 다양한 독립교회 (47.1%)를 제외하면 21.7%만 남는데 여기에 복음주의적인 아프리카 독립교회를 더한다면 남아공의 복음적인 기독교는 최고 35%정도로 추정할 수 있으며, 반면, 보수주의, 근본주의 관점으로 보면, 남아공 기독교는 15% 내외로 추정해 볼 수 있다.

아프리카 독립교회는 자신들을 가리켜 "아마반들라 오모야" (Amabandla OMoya, 성령에 의한 교회들; churches of the Holy Spirit) (James Kenokeno Mashabela, 2023) 부르는데, 이러한 정신은 아프리카 독립교회가 계속 성장하는 동력이 되고 있다.

아프리카 독립교회는 남아공 기독교의 큰 축이지만, 신학의 단절로 교리적, 실천적 위기속에 있다. 아프리카 문화와 전통신앙으로 어우러져 성장하는 아프리카 독립교회를 바른 복음으로 무장시킨다면 남아공을 넘어 아프리카 대륙을 영적으로 섬길 자원이 되리라 확신한다. 여러 이유가 있겠지만 이것이 남아공에 신학교육 선교가 절대적으로 필요한 이유 중의 하나다.

2. 남아공 신학교와 아프리카 독립교회 목회자의 상관관계

남아공에는 유수한 신학 교육기관이 많이 있다. 그럼에도 불구하고 한인 선교사들이 신학교 사역에 협력하는 이유, 더 나아가, 비인가 신학교를 직접 운영하며 신학 교육을 하는 이유는 무엇인가?

신학교는 크게 특정 교단의 신학교와 초교파적인 신학교로 구분되는데, 남아공 기독교실행위원회 (ACRP: Association of Christian Religious Practitioners)에서는 등록처에 따라 아래 네 범주로(ACRP, SAQA, 2024) 신학교를 나누고 있다.

직업 기술위원회(QCTO: Institutions Registered With The Quality Council For Trades And Occupations)-37개 신학교

고등교육위원회(CHE: Institutions Accredited With The Council for Higher Education, 국공립 대학교 산하 신학과) - 7개 신학교

사립대학협회 (Private Tertiary Institutions) - 22개 신학교

남아공 학력인정협회가 인정하는 외국 교육기관(Foreign Institutions with SAQA recognized qualifications) - 1개 신학교

그 외에도 공식적으로 등록되지 않은 많은 비인가 신학교, 외국 학교로부터 학위 연계 프로그램을 진행하는 학교들이 다양하게 있으며, 남아공 한인 선교사들이 직접 운영하는 신학교, 협력하는 신학교도 아래와 같이 많이 있다.

1) Africa Bible Based Academy

2) Africa Theological

3) African Tyrannus Bible College

4) Biblical Leadership College

5) Bible Training Centre for Pastor in South Africa

6) Immanuel International Bible college

7) Good Hope Theological Seminary

8) Grace Theological Academy

9) Hesed Bible College

10) Mukhanyo Cape Town Centre

11) The School of the Holy Spirit

12) World Association Theological Seminary in South Africa

13) World Mission Theological college and Graduation School of Divinity

아프리카 독립교회(AICs)는 아프리카인의 토양 속에서 성장이라는 순풍을 달고 있다. 그러나 유명한 정규신학교에서는 영향을 미치지 못하고 있기에 신학적으로 방치되어 있다고 할 수 있다. 남아공 기독교의 큰 도전은 정규 신학교와 아프리카 독립교회와의 단절이다. 한국 선교사들의 신학교 사역이 어느 정도 아프리카 독립교회와 목회자를 대상으로 진행되지만 그 영향력이 크다고 볼 수는 없는 상황이다.

그러나, 아프리카 독립교회의 다수를 차지하는 대표적인 네 개 교단을 포함한 이단화 된 아프리카 독립교회와 목회자들을 돕는 신학교 사역은 남아공 뿐만 아니라 아프리카 대륙을 복음으로 세우는 큰 영향력이 있는 사역이 될 것이기에 더 많은 고민과 전략이 필요하다.

신학교에 이어 남아공 목회자에 대해 알아보고자 한다. 학자들과 통계에 의해 추정되는 남아공에서 활동 중인 기독교 목사는 약 20만 명 (Phillip

De wet, Mail & Guardian, 2017) 정도라고 한다. 기독교 목사는 교회를 시무하는 것과 더불어 사회의 리더로 실제적인 상담, 장례, 인생 지도 등의 역할을 하고 있으며, 이는 미래에도 변하지 않으리라고 예측하고 있다.

여기서 제기되는 문제가 있다. 2만 명의 사회복지사는 국가 공인 자격을 갖추고 있지만 상담이나 인생 지도에서 목사 다음 순위이며, 상담하는 목사 중에는 어떤 종류의 신학 교육이나 상담 교육을 제공받은 비율은 5%에 (Phillip De Wet, Mail & Guardian, 2017)불과하다는 것이다.

남아공의 목회자는 다음과 같이 나눌 수 있는데, 신학교를 졸업하고 교단의 안수를 받은 자, 신학 교육없이 섬기는 교회에서 목사로 인정 받는 자, 신학 교육없이 스스로 목사로 활동하는 자이다. 아프리카 독립교회는 두번째, 세번째에 속하는 목회자를 주로 두고 있으며, 목사 직함 외에도 스스로를 사도, 선지자, 감독(Bishop) 등으로도 호칭하고 있다.

아프리카 독립교회가 신학교육을 받은 목회자를 세울 수 없었던 이유는 첫째, 인종차별 정책으로 인해 교육의 기회를 제공받지 못한 현지인들이 인종차별 후에도 연장교육에 제한을 받게 되었고, 둘째, 자생한 아프리카 독립교회는 신학적인 토대나 신학교육에 초점을 두지 않았기 때문이라 할 수 있다.

이런 신학의 부재는 살충제를 뿌리며 치유사역을 하는 목사(Mhathi Yolanda, 2018), 성도의 구별을 설교하며 잔디와 기름을 먹이는 목사(Meyer Jason, 2014), 치유 사역 중 뱀을 먹게 하는 목사(Cilliers Charles, 2018), 부활을 꾸며내고 치유와 예언을 연출하는 목사(Nonyane Mduduzi, 2019), 성도의 재산을 가로채는 목사, 성적 착취를 일삼는 목사, 술과 함께 하는 교회(Herrmannsen Kyla, 2020)를 세운 목사 등의 출현을 낳았으며, 그 외에도 사회의 큰 부작용을 일으키는 수많은 사이비와 이단적인 목회자와 교회가 발생하는 이유가 되었다.

이것이 남아공에 바른 신학교육을 통한 건강한 목회자, 건강한 교회를
세우는 사역이 더욱 필요한 이유이다.

3. 이동 신학교로 아프리카를 품은 '아바 신학교'

아바 신학교는 선교지의 요구와 상황에 맞게 찾아가는 신학교, 이동 신
학교의 형태를 가지고 하나님 아버지의 마음을 신학교 이름에 담아서 아
프리카 독립교회 목회자들을 섬기기로 하였다.

1) 팀(Team) 아바 (ABBA; Africa Bible Based Academy)

선교의 주체, 삼위 하나님께서 주관하시는 선교를 위해 팀으로 협력하
는 것이 꼭 필요한가?

팀으로 사역할 때는 여러 장점이 있다. 첫째, 각 개인의 달란트에 맞게
사역할 수 있고, 둘째, 삶과 사역이 서로에게 노출되기에 영적인 보호를
받을 수 있으며, 셋째, 협업을 통해 포괄적인 사역을 할 가능성이 높다는
것이다. 특히 신학교 사역이라면 각자의 전공을 전문적으로 가르칠 수 있
으니 더더욱 팀 사역이 필요하다고 본다.

아프리카 속담에 "빨리 가려면 혼자 가고, 멀리 가려면 함께 가라 (If you
want to go fast, go alone. If you want to go far, go together.)"는 말이 있다. 팀사역이 효
과적이지 못할 때는 단독 사역보다 부족한 사역의 열매를 맺을 수도 있겠
지만, 팀사역 가운데서 주님의 형상으로 빚어지는 은혜와 사역의 방향성

에 있어서 정도를 향하는데 큰 유익이 있을 것이다. 아바는 삼위 하나님의 연합을 본받아 그리스도와 동역자들과 연합을 위해 팀 사역을 선택하였다.

2) 아바(ABBA)의 시작 배경과 연합을 위한 핵심 가치 (Core Value)

아바(ABBA)는 신학교육의 기회를 갖지 못하고 하나님의 부르심만으로 사역하는 현지 목회자를 돕고자 "성경이 성경 되게 하자 (Let the Bible be the Bible)"라는 표어를 세우고 찾아가는 신학교로 이동 신학교를 시작하였다. 이동 신학교는 학생들의 등하교에 대한 시간적, 재정적 부담의 해결 방안이 되었고, 아바의 낮은 입학 문턱은 초,중,고 졸업장의 부재로 인해 교육에 제한받는 목회자들에게 신학교육의 기회를 제공하게 되었다.

김경열, 송진영, 박진호 선교사가 준비위원으로 수고 하였고, 그 결과, 선교사, 유학생 8명이[4] 협력하는 연합체로 팀 아바(Team ABBA)가 출항하게 되었다.

2008년 1월, 데니스 목(Dennis J. Mock)목사가 저술한 목회자를 위한 성경 훈련 (BTCP: Bible Training Centre for Pastors) 강의교재 10권을 교과목으로 선정하고 프레토리아 근교 4개 지역에 클래스를 열었다. 강사들의 뜨거운 열정과 전공에 맞춰 강의를 나눠서 가르치는 양질의 교육, 평일을 직장에서 보낼 수밖에 목회자의 상황을 충족해 주는 토요일 집중 강의는 아바 신학교의 큰 장점이 되었다.

---

4) 송진영(현 르완다 아바 학장), 박진호(현 나미비아), 김경열(현 한국 교수사역), 손바울(현 남아공 아바 강사), 박훈(현 남아공 아바 강사), 김창길(현 모잠비크 사역), 오종택(현 인천 만수제일교회 담임), 김호윤(현 충주 세광교회 담임)

아바 신학교는 연합의 지속을 위해 다섯 가지 기본 정신을 다음과 같이 수립했다.

(1) 수평적 리더십 (Horizontal Leadership)

모든 회원은 나이, 선교 연차와 관계없이 동일한 지위가 인정되기에, 대표(학장과 캠퍼스 교장)를 세울 때는 순환적으로 맡는 시스템을 갖는다.

(2) 느슨한 관계 (Elastic Relationship)

아바 회원은 각자의 개인 사역을 진행하면서 아바의 연합에 동참할 수 있다. 각자의 달란트에 맞게 아바 사역의 일부에 헌신하며 함께 세워가는 연합을 한다.

(3) 책임감 (Accountability, Responsibility)

아바의 회원이 되었을 때는 분명하게 자신의 정체성과 아바의 사명을 따라 헌신과 희생을 다 할 책임이 있다. 아바에서 담당하는 분량에 따른 기득권이나 소외감 없이 각자의 분량에 따라 책임을 다한다. "한쪽 발만 담가도 되지만 담근 발은 확실히 담그자"라는 우스개 말 속에 아바 공동체의 조화와 균형, 책임있는 사역에 대한 요구가 담겨 있다.

(4) 정직, 진실 (Integrity)

아바는 돈 중심으로 진행하는 사역을 지양한다. 최소의 비용으로 최고의 효과를 고려하여 이동신학교로 운영하며, 신학생들 교회의 건축이나 물질 지원은 지양하고, 교육적, 영적 지원에만 집중하도록 한다.

(5) 조화로움 (Harmony)

아바는 의견 조율시 상대방의 의견을 존중하고 경청하는 겸손함과 모두가 이해하고 찬성할 때까지 시간을 두고 기다려 주는 성숙함으로 연합을 이룬다. 특히 새로운 멤버를 영입할 때는 전 회원의 동의를 얻어야 하며 공개 투표로 결정한다.

3) 아바(ABBA)의 성장과 변화

아바는 17년을 지나면서 많은 변화와 성장, 도전을 경험하였다.

(1) 회원들의 유동성이다. 초창기 회원들 중 다수를 차지했던 유학생 목사들이 학위를 마치고 귀국하면서 멤버십을 떠나게 되었고, 비자(VISA) 문제와 사역지 이동도 멤버십을 떠나는 계기가 되었다.

(2) 2015년에는 신학교육의 특성상 교리적 통일성이 필요함을 인지하고 아바 공동 신앙 고백문을 발표하여 최소한의 신학적 기준을 마련하려고 하였다. 아바 신앙 고백문은 별지로 첨부한다.

(3) 남아공에서 시작된 아바가 또 다른 5개국[5]에서 진행중에 있다. 8가정으로 시작된 회원이 24가정으로 확장 되었고, 현지인 강사 7가정이 강사로 협력하고 있다. 2019년에는 남아공에서 제 1회 아바 국제 연합집회(ABBA International Conference)를 통해 4개국 아바 졸업생과 재학생 276명이 함께하는 시간을 가졌으며, 2024년 10월에는 2회 아바 국제 연합집회가 준

---

5) 2008년 남아공에서 시작된 아바는 2012년 짐바브웨 하라레와 인근지역 두 곳에서 송진영 선교사가 학장으로 섬기며 개강, 2016년 보츠와나 굿 호프(Good Hope)에서 김종암 선교사가 학장으로 섬기며 개강, 2017년 잠비아 리빙스톤(Livingstone)에 김홍규 선교사가 학장으로 섬기며 개강, 2023년 에스와티니에 박성원선교사가 학장이 되며 개강, 2024년에는 짐바브웨를 섬기던 송진영 선교사가 르완다로 사역지 이동 후 아바 개강함.

비되고 있다.

(4) 2년 과정으로 진행되는 아바에서는 매년 졸업식이 진행되고 있다. 2024년 현재 남아공에서는 14회 졸업식을 통해 524명이 졸업을 했으며, 짐바브웨는 7회 졸업식을 통해 287명, 보츠와나는 5회 졸업식을 통해 106명, 잠비아는 2회 졸업식을 통해 29명, 총 946명이 졸업을 하였다. 에스와티니, 르완다에서는 2025년 첫 졸업생을 배출할 예정이다.

(5) 아바는 2018년 9월 아바선교회(ABBA MISSION)를 남아공 정부에 비영리 단체(NPO)로 등록을 하였다. 비영리 단체 등록은 아바 소속 선교사들의 비자 문제를 해결을 위할 뿐 아니라 사역을 한 단계 올리기 위한 계획도 포함되어 있었다.

(6) 아바는 초창기부터 요구되어진 매주 4시간 강의를 2024년부터 매주 5시간 강의로 확대하였으며, 원거리 캠퍼스의 경우 강사들의 이동을 고려하여 격주 집중 강의로 진행하고 있다. 기본적인 학사 일정은 남아공 정부의 공립학교 일정을 따른다.

(7) 아바는 강의 외에도 매 분기마다 특별 프로그램을 진행하고 있다. 1분기에는 오리엔테이션을 겸한 개강 세미나가 '부흥캠프(Revival Camp)'라는 이름으로 3박 4일 진행되고 있으며, 2분기에는 주제별 세미나로 주일학교 사역 포함 다양한 주제 특강이 제공되고, 3분기에는 설교대회 및 설교세미나가 있다. 매년 학생들은 신약 1회 구약 1회 성경고사가 있으며 졸업전까지 4회의 성경고사를 통해 전체 성경을 공부하게 한다. 또한 각 과목 고사와 졸업 고사가 시행되고 있다.

그 외에도 성경통독, 사모 세미나, 체육대회 등이 진행되었다.

(8) 2024년 10월 아바를 섬기는 한인 선교사들은 다음과 같다.

(남아공 아바) 학장: 양승록, 디플로마 원장: 정회묵, 총무: 김보근, 서기: 최진

우, 회계: 김성은, 강사: 김병삼, 김종현, 손바울, 이의규, 박성원, 박훈, 홍관호. 세미나 강사: 남광우, 현지인 강사: 은냐띠, 음펠라, 모엥, 발로이. 사역후원회원: 이경하, 명정인

(짐바브웨 아바) 학장: 전동찬, 회계: 문현식, 강사: 김문식

(보츠와나 아바) 학장: 김종암, 부학장: 김현모, 회계: 홍종순, 현지인강사: 목하이, 헨리.

(잠비아 아바) 학장: 김홍규, 강사: 김요한, 이효준, 회계: 김명애, 현지인 강사: 리차드, 반다

(에스와티니 아바) 학장: 박성원, 강사: 황아론, 박현철

(르완다 아바) 학장: 송진영

4) 아바가 직면하는 도전들 (Challenges)과 대안

(1) 제한된 강의 시간으로 인한 제자화 교육의 한계

(대안) 학생들 대부분은 직업을 가지고 있기에 시간의 제한을 가지고 있다. 주말 강의 시간에도 교회의 장례나 결혼 등 많은 목회 일정으로 수업에 차질을 빚기도 하는 상황에서 개강과 함께 진행되는 부흥캠프, 분기별 특별 세미나를 통해 부족한 부분을 채우려고 하고 있으며, 강사와 학생들의 하나됨을 위해 일일캠프, 전도 여행 등도 계획하고 있다.

(2) 신학 훈련 교재(BTCP: Bible Training Centre for Pastors)의 부족한 점

(대안) BTCP는 데니스 목 목사(Rev. Dennis J. Mock[6])에 의해 저술된 10권의

---

6) Dr. Dennis J. Mock 은 1984 -1995 까지 Frist Baptist Church, Atlanta, Georgia 에서 섬겼으며, Genesis Bible Church에서 23년을 목사로 섬기다가 2018년에 은퇴를 하였다. 1989년 부터는

교재로 많은 선교지에서 사용되고 있고, 선교현장의 목회자들을 세우는데 큰 공헌을 하고 있다. 그러나 몇 가지 교리적인 부분과 내용의 중복 수정이 필요하고, 아프리카 교회사의 추가할 필요를 보게 되었다. 2020년부터 송진영선교사를 교재 편찬위원장으로 선임하고 편집위원들을 세워 과목별로 편찬을 시작하였다. 현재 몇 과목은 편찬을 마쳤지만 다수의 과목은 여전히 지지부진한 상황으로 어려움을 겪고 있다.

(3) 더 많은 캠퍼스 개설을 위한 강사의 부족

(대안) 남아공에는 8개의 클래스와 1개의 디플로마가 운영 중이다. 산술적으로 선교사 9명이 필요하지만, 주중 야간 강의와 격주 집중 강의 클래스가 있고 4명의 현지인 강사들의 협력으로 운영해 나가고 있다. 그러나 하우텡 주를 벗어난 다른 주에서 여전히 아바를 요청하고 있어 새로운 선교사 강사를 확보하는 것은 너무나 중요하다. 아바는 목회자를 섬기고자 하는 선교사에게 항상 열려 있으며, 주변의 역량 있는 선교사에겐 아바가 먼저 다가가 초청하는 시스템도 만들어 놓았다.

(4) 팀사역의 단점이 될 수 있는 사역의 더딘 진행

(대안) 연합 사역은 모두 함께 가야 한다. 함께 모여야 하고, 함께 의결해야 새로운 일을 진행할 수 있다. 그러다 보니 때때로 늦어지는 모임 때문에, 늦어지는 결의 때문에 사역이 더디 진행된다. "돌다리도 두들겨 보고 건너라"는 속담처럼 심사숙고하여 진행하는 사역은 실패의 위험을 낮추는 장점이 있지만, 전진하지 못하는 사역은 고인물처럼 썩을 수 있는 위험도

BTCP(Bible Training Centre for Pastors) 사역에 초점을 두기 시작하였다.

배제할 수 없다. 다수결 결의가 대안이 될 수도 있지만 연합을 헤칠 우려가 있기에 아바는 조금 더 규칙적인 모임을 가져 학사일정 관리, 학적 관리 뿐만 아니라 의견 수렴, 의견 조율의 시간을 가지려고 한다. 모든 멤버가 한 곳을 바라보고 같은 꿈을 꾸고 간다면 사역의 더딘 진행은 더 이상 문제가 아니라 본다.

(5) 정부의 비인가 신학교의 규제 움직임과 학위를 원하는 학생들의 요구

(대안) 남아공에서 신학교 인가를 받는다는 것은 쉽지 않다. 그렇기 때문에 남아공 기존 신학교의 학위 프로그램이나 외국 신학교의 학위과정으로 연계하려는 움직임이 많다. 아바도 정부와 학생의 요구에 순응하기위해 학위과정 연계에 대해 고민하고 있다.

(6) 목회자 학생에서 목회자 후보생, 교회 리더들로 채워지는 강의실

(대안) 현재 다수의 캠퍼스는 약간의 강의실 이동이 있었지만 대부분 동일 지역내에서 초창기부터 진행되고 있다. 그동안 캠퍼스 주변의 많은 목회자들이 아바를 졸업하였고, 지금은 그 교회의 목회자 후보생과 교회의 리더들이 다수 등록하여 배우는 추세이다. 아바의 초창기 정신인 "훈련받지 못한 목회자에게 최소한의 신학교육을 제공한다."를 위해서 '찾아가는 신학교' 본연의 정신 회복이 필요하며 개척자 정신도 필요하다. 아직도 프레토리아(Pretoria)와 하우텡(Gauteng) 지역을 벗어나면 아바를 기다리고 오라고 손짓하는 마케도니아 사람 같은 목회자가 많이 있다. 그들을 향해 아바가 더욱 준비하고 달려갈 것이다.

(7) 건강한 목회자, 건강한 교회를 세우는데 아바가 얼마의 영향력을 끼치고 있는가?

(대안) 신학교의 꽃을 졸업식으로 생각하기 쉽지만, 아바가 그리는 신학교의 꽃은 졸업식, 졸업생 숫자가 아닌 건강한 목회자, 건강한 교회가 얼마나 세워져 가느냐 하는 것이다.

남아공 아바는 2년의 일반(Regular) 과정, 2년의 디플로마(Diploma) 과정을 제공하지만 여전히 신학적으로나 실제적으로 목회자를 세우고, 교회를 세우는데는 부족한 시간임을 자각하고 있다. 이 도전에 대한 대안으로 교단 설립 후 관리도 고민해 보았지만 너무나 분명한 장,단점으로 인해 결정을 내리지 못하였고 그 대안으로 시작된 것이 AAA 사역이다.

AAA는 ABBA Alumni Association for Pastor의 약자로 아바를 졸업하고 목회하는 사역자 동문회를 지칭한다. AAA는 목회자와 교회 사역의 협력 차원에서 시작하였기에 일반 신학교의 동문회 조직의 개념보다는 사역적인 면에서 교단의 개념에 가깝다.

AAA 사역에서는 첫째, 목회자 영성 관리, 목회자 세미나가 진행됨으로 졸업생 목회자들을 계속 깨우고 도전하는 일을 하게 될 것이다. 또한 졸업생 목회자들과 협업하여 지역교회와 다음 세대를 위한 프로그램을 진행하게 된다. 지역연합 예배자 학교, 리더 훈련, 남녀전도회 훈련, 주일학교 세우기 운동, 청소년, 주일학교 아이들을 대상으로 하는 비전캠프 등이 AAA의 주된 사역이다. AAA는 아바 신학교의 확장 프로그램이며 이를 통해 건강한 목회자, 건강한 교회가 세워지리라 기대한다.

5) 아바의 신학교 사역 평가와 전망

아바 신학교의 첫 번째 가치는 누구 한 사람에 의한 주도적 사역이 아닌 모든 회원이 각자의 역할을 감당함으로 이뤄내는 협업에 있다. 남아공을 포함 6개국, 10개의 초 교파적 교단과 선교단체, 그리고 23가정, 46명의 한인 선교사의 연합으로 진행되는 아바 신학교 자체평가를 위한 설문으로 확인된 네 가지 영역을 살펴봄으로 아바의 강점과 보완점을 확인하고자 한다.

(1) 멤버십 영역

아바는 서로를 존중하며 조화롭게 연합을 이루고 있으며 (82%)[7], 아바 신학교의 교육목적이 무엇인지 잘 인지(100%)한다고 답 했으며, 각자의 역할 담당에 관한 자기 만족도(68.5%)도 높은 편으로 나타났다. 새로운 멤버의 필요성 (91%)에 대해서도 매우 긍정적으로 열린 마음을 갖고 있는 것으로 나타났다.

(2) 조직과 운영 영역

아바는 목적과 비전을 따라 운영(64%)되고 있으며, 아바 행정 시스템(55%)과 수업진행(55%), 학사 관리(57.9%), 강의 관리 등에 대해서 과반수가 긍정적으로 이해하고 있지만, 여전히 발전하고 개선해야 할 부분이 있음을 인식하는 멤버들도 많았다. 특별히 캠퍼스별 하나됨을 위한 특별 캠프(91%), 외부의 재정지원 필요성(73%)에 대해 다수가 공감하고 있으며, 아바의 미래를 위한 교수의 강의 평가(64%), 학위과정 등록(64%) 내지는 연계가 필요

---

7) 매우 그렇다/ 그렇다/ 보통/ 아니다/ 매우 아니다/ 잘 모르겠다 항목으로 구성된 체크 항목 중 긍정적인 부분인 '매우 그렇다'와 '그렇다' 항목의 %를 더한 수치이다.

하다고 인식하고 있다. 효율적인 운영을 위해 64%가 주간미팅 또는 격주 미팅의 필요성에도 적극 공감하고 있다.

(3) 교육과 학생 영역

디플로마 과정의 필요성(82%)에 대해서는 긍정적이지만 커리큘럼과 운영에 대해서는 보완이 필요하다는 의견(45%)도 많았다. 현지인 강사를 위한 프로그램 개발(91%), 수업 이외의 영성훈련의 필요성(91%), 학생들과 함께 떠나는 전도여행 실행(91%), 현장 목회를 돕는 실제적인 커리큘럼 개발의 필요성(82%)등에 대부분이 공감하고 있었다. 신학교육이 학생들의 전인적인 삶에 끼치는 영향력 항목에 대해서 그렇다 45%, 보통과 그 이하 의견이 55%로, 제자 삼는 교육에 대한 부족함에 대해 인지하고 있었다.

어려운 환경속에서 졸업까지 완주한 학생들을 격려하고자 나름대로 성대하게 준비하는 졸업식에 대해서는 91%가 잘하고 있다고 답하였다.

(4) 졸업생 관리 영역

졸업생에 대해서 아바 사역의 동역자(100%)로 인식하고 있으며, 졸업생 목회자를 위한 프로그램 개발(100%)에 대해서도 적극적으로 동의하고 있다. 다만 그동안 졸업생 관리가 되지 않았기에 졸업생들의 지역사회에 끼치는 영향력 (46%), 건강한 목회를 하고 있는지에 대해(36%)서는 잘 모르겠다는 응답이 많이 나왔다.

동문회 관리 운영을 위해 설립된 AAA(ABBA Alumni Association for Pastors)를 아바 신학교의 부족을 채우는 보완 사역으로 91%가 이해하고 있고, 82%가 졸업생 목회자를 실제적으로 돕는 사역에 대해 매우 긍정적으로 이해하고 있으니 졸업생 관리 영역에서 많은 발전이 있을 것을 기대해 본다.

(5) 아바 신학교 사역의 전망

아바 신학교의 강점은 시간적 제약, 재정적 부담, 교육기회 상실이라는 3가지 도전 앞에 서 있는 교육을 받지 못한 현지 목회자를 찾아가서 가르치는 이동 신학교의 모습이지만 몇 년 전부터는 목회자 학생이 줄어드는 심각한 도전에 직면하고 있다.

그러나 여전히 긍정적인 것은, 대부분의 아바 멤버들이 비전에 대해 인지하고 있다는 것과 희생과 겸손으로 역할을 감당하려고 준비하고 있다는 것이다. 그리고 바울을 향해 손짓했던 마케도니아 사람 같이 교육받지 못한 현지 목회자가 여전히 아바를 찾고 있다는 것이다.

아바는 2020년에 2030 비전을 발표하면서 새로운 국가로의 확장, 새로운 캠퍼스 개설, 아바 졸업자 중 헌신된 현지인 강사 인준 등 외적인 면과 내적인 면에서 부흥과 발전을 목표로 세웠고 소기의 목적을 이뤄가고 있다. 약하면서도 강한 아름다운 연합, 부족함을 깨닫고 몸부림치는 열정이 현지 목회자와 교회를 세우는 계속적인 자양분이 될 것이다.

4. 아바의 신학교 사역을 통한 제언

1) 신학교 사역과 목회자 재교육 사역의 필요성을 인식하자 - 신학 없는 성경해석, 신학 없는 목회가 난무하는 AICs 교회와 목회자를 위한 신학교육은 너무나 중요하다. 바른 신학과 바른 복음 없이는 어떠한 부흥도 기대할 수 없기 때문이다.

2) 연합은 선택이 아닌 필수이다 - 신학교 사역은 혼자서 감당할 내용의 사역이 아니다. 전공과목을 강의하는 강사가 필요하며, 학생관리, 교무관

리를 위한 헌신자도 필요하다. 무엇보다 목회자를 세우고 다음세대 리더를 향한 필요성을 보아야 하고 열망을 품은 헌신된 자들의 연합이어야 한다. 헌신의 분량은 달라도 같은 비전을 품고 같은 곳을 바라보며 달려가는 연합이 필요하다. 연합은 서로를 향한 존중과 섬김이 기본이 되어야 하며 내려 놓음도 필요하다.

3) 신학교 사역의 목표를 건강한 목회자, 건강한 교회로 확대하라 - 신학교의 프로그램은 졸업에 초점을 두기보다는 제자화교육, 소명감과 사명감으로 충만한 주의 군사를 양육하는데 두어야 한다. 메마른 신학은 어떠한 역사도 일으킬 수 없음을 우리는 알기 때문이다. 이론과 실제를 겸비한 졸업자, 바른 복음을 외치고 무릎으로 목회를 감당하는 신실한 주의 종을 세우는 것이 목표가 되어야 한다.

4) 시대의 요청을 외면하지 말라 - 선교계에서 사용하는 상황화 (Contextualization)라는 단어가 있다. 복음의 본질은 변하지 않아야 하지만 시대와 상황에 따라 전달되는 복음의 옷은 바뀔 필요가 있다. 한국 교회의 부흥은 비인가 신학교에서 시작되었지만 지금은 대형교단과 인준된 신학교를 통해서 진행되고 있다. 남아공 국가의 비인가 신학교 규제 움직임과 별도로 학위를 요구하는 학생들의 요청, 체계적인 교육의 질 향상을 위해서 학위과정 등록이나 전문 신학대학교와 제휴를 통한 협업이 필요하다.

5) 사역 컨설팅, 비전 컨설팅을 받아 보자 - 선교사는 때때로 본인의 왕국을 건설하려는 유혹을 받는다. 그런 면에서 사역의 공개는 선교사를 보호하는 장치가 될 것이다. 더불어 컨설팅 기관을 통해 사역을 위한 자문, 평가 작업을 받는 것도 추천한다. 효율적이며 바른 영향력을 끼치는 사역인지를 돌아보는 기회가 될 것이다. 또한 비전은 멤버의 교체, 시대의 변화에 맞게 10년 주기로 조정될 필요가 있으니 비전 나눔, 비전 컨설팅도

제안해 본다.

나가는 말

남아공을 '화려함', '아픔', '잠재력'이라는 세 단어로 표현해 보고자 한다.

화려함속에는 수려한 자연환경, 아프리카 속의 경제 대국, 풍부한 지하자원, 높은 기독교 인구 등이 포함되어 있고, 아픔 속에는 아파르트헤이트, 높은 범죄율, 변형된 기독교의 모습, 목회자의 탈선, 교회의 세속화가 포함되어 있다. 그리고 마지막 단어인 잠재력에는 아프리카 대륙을 영적으로 책임지고 도울 수 있는 능력이 포함되어 있다.

잠재력은 미래적인 가능성이므로 드러나지 않고 소멸될 수도 있고, 표출되어 나타날 수도 있다. 신학의 부재, 교회성의 상실을 경험하는 아프리카 독립교회가 바른 복음과 신학으로 세워진다면 남아공의 경제력과 함께 아프리카 대륙을 책임질 수 있는 영적인 잠재력을 드러내리라 본다.

높은 기독교 인구와 함께 왜곡되어 이해되는 남아공의 기독교는 전통신앙과 혼합된 아프리카 독립교회(AICs)와 훈련되지 않은 목회자로 인해 큰 도전을 받고 있음을 보았다. 한국교회와 선교사들이 현지인 목회자 재교육 및 신학교육 사역에 더욱 힘써야 할 당위성이 여기에 있다.

아바 신학교는 신학교육의 기회를 갖지 못한 아프리카 독립교회 목회자를 위한 특화된 신학교로 세워져서 지금까지 달려왔고, 남아공, 짐바브웨, 보츠와나, 잠비아, 에스와티니, 르완다 6개국에 캠퍼스를 갖고 있다. 또한, 연합 속에서 역사하시는 하나님의 임재하심과 교훈하심을 맛보며, 철이 철을 날카롭게 하는 것 같이 사람이 그의 친구의 얼굴을 빛나게 하는(잠

27:17) 은혜를 경험하고 있다. 그리고 이제는 신학 교육뿐만이 아니라 졸업생 목회자 교회사역에도 협력함으로써 건강한 교회 세우기에도 동참하려고 한다.

아바 신학교가 남부 아프리카를, 그리고 남부 아프리카를 넘어 아프리카 대륙을 섬기는 팀 아바로 성장해 나가도록 동역자들과 한국교회가 응원해 주고 협력해 주길 바란다.

글 / 양승록

예장 대신교단(DMS)과 희망친구 기아대책(KFHI) 소속 선교사로 2000년부터 남아공에서 사역 중이며, 현재는 남아공 프레토리아(Pretoria)에서 아바 신학교와 아프리카 미션 허브(AMIHUB) 선교센터를 통해 현지 목회자와 교회를 돕는 사역을 하고 있다.

첨부 1.

아바 신앙고백문 (2015.01)

아바 신앙고백문은 신학교의 특성상 신학의 공통분모를 공유하고 그 범위 안에서 교수하기 위해 만들어졌다.

ABBA(Africa Bible Based Academy)는 예수 그리스도의 복음을 온 땅에 펼치는 개혁주의에 기초한 복음주의 신학 교육기관으로서 다음과 같은 고백을 우리의 공동 신앙고백으로 한다.

1) 우리는 신,구약 성경 66권이 영감된 오류 없는 하나님의 말씀이며, 신앙과 행위의 정확 무오한 유일의 법칙임을 믿는다.

2) 우리는 한 하나님이 영원토록 성부 성자 성령 삼위로 계심을 믿는다.

3) 우리는 하나님이 천지를 창조하시고 주권적으로 섭리하시며, 그리스도 안에서 죄인을 구원하시고, 공의로 심판하심을 믿는다.

4) 우리는 성육신하사 동정녀 마리아에게서 나신 예수 그리스도의 완전한 신성과 인성, 대속의 죽음, 육체적 부활 및 승천, 그리고 역사적 재림을 믿는다.

5) 우리는 하나님의 형상으로 창조된 인간의 존엄성, 죄로 인한 인간의 전적 부패, 오직 그리스도의 대속의 보혈을 통한 구속을 믿는다.

6) 우리는 성령의 중생하게 하시며, 회개하고 믿게 하시며, 내주하시며, 거룩하게 하시며, 충만하게 하시며, 복음을 증거하게 하시는 사역을 믿는다.

7) 우리는 하나의 거룩하고 보편적인 교회를 믿으며, 그리스도가 교회의 머리와 주되심을 믿는다.

8) 우리는 구원 받은 백성들로 구성된 교회의 근본적인 사명이 예배, 복음증거, 교육, 성도의 교제, 기도, 봉사, 그리고 선교이며, 이 세상에서 하나님의 나라를 실현하기 위한 교회의 문화적 및 사회적 책임을 믿는다.

9) 우리는 우리의 구주 예수 그리스도의 인격적이며 역사적인 재림, 공의로운 심판, 그리고 모든 인류의 부활(생명의 부활 또는 심판의 부활)을 믿는다.

10) 우리는 웨스트민스터 표준문서와 하이델베르크 요리문답에 나타난 전통적인 개혁신앙이 성경에 충실한 표현임을 믿는다.

　　　　20 년　　월　　일　　서약자 이름:　　　　　서명:

< 참고 문헌 >

McMullen M. D. (2020). 하나님의 영광과 존귀. (오광만, 역). 규장.

한홍. (2018). 내게 힘을 주는 교회. 규장.

Association of Christian Religious Practitioners (ACRP). (n.d.). Ministry training institutions presenting SAQA registered ministry qualifications. https://www.acrpafrica.co.za/qualifications/ministry-training-institutions-presenting-qualifications

Cilliers C. (2018). 'Snake pastor' now feeding the faithful frogs, worms and tentacled things. The Citizen. https://www.citizen.co.za/news/south-africa/snake-pastor-now-feeding-the-faithful-frogs-worms-and-tentacled-things/

De Wet, P. (2017). Christians close to 'regulation by reputation' for pastors. Mail & Guardian. https://mg.co.za/article/2017-06-06-00-christians-close-to-regulation-by-reputation-for-pastors/

De Wet, P. (2017, June 6). Christians close to 'regulation by reputation' for pastors. Mail & Guardian. https://mg.co.za/article/2017-06-06-00-christians-close-to-regulation-by-reputation-for-pastors/#:~:text=By%20the%20best%20available%20estimates,000%20in%20service%20by%202030

Forster, D. (2024). Christianity is changing in South Africa. Worldwide

Magazine.

https://www.worldwidemagazine.org/vol-34-no-4/christianity-is-changing-in-south-africa/#:~:text=SOUTH%20AFRICA%20is%20one%20of,adherence%20has%20once%20again%20increased

Government Communication and Information System (GCIS). (2011/2012). Pocket guide to South Africa: South Africa's people. http://www.gcis.gov.za/sites/default/files/doc/resourcentre/pockeguid/004_saspeople.pdf

Herrmannsen K. (2020). South Africa: Gabola church 'connects with God by drinking alcohol'. BBC. https://www.bbc.com/news/av/world-africa-53724453

Mashabela, J. K. (2023). Africa independent churches as Amabandla Omoya and syncretism in South Africa. University of KwaZulu-Natal.

Mever J. (2014). Pastor has congregation drink petrol. IOL. https://www.iol.co.za/news/south-africa/gauteng/pastor-has-congregation-drink-petrol-1755935

Mhlathi Yolanda. (2018). Doom pastor found guilty on five charges. SABC News. https://www.sabcnews.com/sabcnews/doom-pastor-found-guilty-five-charges/

Nonyane M. (2019). Resurrection pastor Alph Lukau and wife in Sars' crosshair over R20 million in tac debt. News24.

https://www.news24.com/citypress/news/resurrection-pastor-alph-lukau-and-wife-in-sars-crosshairs-over-r20-million-in-tax-debt-20240321

Pondani, S. (2019). Why South Africans are prone to falling for charlatans in the church. The Conversation. https://theconversation.com/why-south-africans-are-prone-to-falling-for-charlatans-in-the-church-112879

Statistics South Africa. (2011). Census 2011. http://www.statssa.gov.za/?page_id=3859

Statistics South Africa. (2001). Religion code lists. http://www.statssa.gov.za/?page_id=4516

WeeklyHK. (2016.10.28). 세계 소득 불평등지수 순위 부자들 1%가 세계 부의 절반 보유?. http://www.weeklyhk.com/news/view.php?idx=18392

Worldpopulationreview. (2024). Crime Rate by Country 2024. https://worldpopulationreview.com/country-rankings/crime-rate-by-country

남아공 ENM 캠퍼스 사역 현황
-프레토리아대학교를 중심으로-

박창식/박선희

들어가는 말

캠퍼스 사역의 의미와 중요성을 피력하기 위해 군이 역사적 배경을 나열하지 않으려 한다. "현대 교회사에 있어 모든 선교 운동과 각 세대에 일어난 교회 지도자 대다수는 대학 캠퍼스에서 일어난 부흥 운동의 산물이었다고 말하는 것은 결코 지나친 것이 아니다"는 게리 스트래튼(Gary Stratton)의 말에 우리 모두 공감할 것이다.

남아공의 경우 대학생은 전체인구의 1%에 불과한 초 엘리트 집단이라고 볼 수 있으므로 이들이 대학에 있는 시기에 예수님의 제자로 훈련된다면 국가와 사회의 건강한 변화를 주도할 것이며, 이상적이고 아름다운 성경적인 가정의 모델을 제시할 수 있을 것이다. 평신도사역자나 전임사역자로 헌신하여 전 생애 동안 교회사역뿐만 아니라 가정사역, 의료사역, 유아사역, 청소년사역 등 다양한 분야에서 그리스도인 지도자로서 영향력을 끼칠 것이다.

대학 캠퍼스는 대어로 성장할 수 있는 물고기들을 해마다 공급받아 2-4년동안 가두어 두었다가 방출하는 대형 수족관과 같다고 할 수 있다. 낚을 물고기는 그 속에 언제나 가득한데 일꾼은 너무나 적은 것이 가장 큰 문제이며 안타까운 현실이다. 김경래 선교사의 2024년 조사에 의하면 남부 아프리카 한인 선교사들 가운데 캠퍼스사역을 하고 있는 선교사의 비율은 1.6%(조사 인원 139명 중 7명)에 불과하다고 한다(Kim, 2024: 16).

1. 프레토리아대학교 사역 환경의 변화와 근황

2017년 남아공에서는 전국적으로 '등록금을 내려야 한다'(Fees Must Fall)라는 슬로건으로 대학생들의 시위가 있었다. 이 시위는 쉽게 사그라들지 않았고 점점 폭력적으로 변화되어갔으며 그로 말미암아 캠퍼스 사역환경은 엄청난 변화를 겪어야 했다. 그 전까지는 프레토리아대학은 학문의 전당으로서 모든 사람들에게 개방 되었었고 우리는 "ENMSA"라는 기독교 클럽을 학교에 등록하여 클럽룸을 배정받았다. 자유롭게 캠퍼스에서 전도하며 프레토리아 대학생들뿐만 아니라 남아프리카공화국대학교(UNISA)와 프레토리아공과대학(TUT) 학생들까지 프레토리아대학에 모여서 성경공부 등 다양한 활동을 할 수 있었다.

대학당국은 '캠퍼스 미니스트리 포럼(Campus Ministry Forum)'이라는 기독교 협의회에 정식으로 등록한 사역자들에게 대학을 자유롭게 드나들며 사역을 할 수 있도록 대학교 출입증을 발급해 주었고 선교활동을 적극적으로 지지해 주었다. 그러나 대학생들의 시위가 격렬해지자 그 원인을 외부세력의 개입으로 판단한 대학당국은 보안을 강화하여 외부인의 출입을 엄격히 통제하기 시작하였다. 대학교 내의 클럽룸들을 모두 폐쇄함으로 학생들의 자유로운 모임도 금지하였다. 그러다가 2020년 결코 잊을 수 없는 '코비드19'의 유행으로 팬데믹을 겪으며 캠퍼스와 기숙사가 다 폐쇄되었고 수업은 온라인으로 전환되었다.

힘겹게 2년 여를 보내고 2022년 후반기부터 캠퍼스 강의실이 열리기 시작하여 2023년 모든 학생들이 다시 캠퍼스와 기숙사로 돌아왔지만 사역 환경은 이전으로 돌아가지 못하였다. 2024년 현재까지도 사역자들에게 주어지던 학교출입증은 더 이상 주어지지 않으며 캠퍼스 내에서의 자유로운 모임은 여전히 차단되어 있다.

2. 남아공 이엔엠(ENMSA) 사역의 소개

1) 사역의 방식

(1) 전도와 양육: 전도와 양육은 기본적으로 '일대일 교제(Man to Man)'의 방식으로 이루어진다. 이는 한 사람을 개인적으로 만나 얼굴을 마주하며 삶과 사역에 대해 나누는 방식이다. 이를 통해 개인이 영적으로 성장하도록 돕고, 때로는 부모나 선생님으로서 개인적인 관계를 형성하여 사랑을 표현하며 필요를 채워준다. 개인교제나 소그룹교제에서 가르침이나 훈련의 방식으로는 3Ts를 적용한다. 가르침(Teaching), 훈련(Training), 전달(Transmitting) 세 단계의 첫 글자 T가 3번 반복되므로 '3Ts'라고 부른다.

 아이가 처음 자전거를 배울 때 아빠는 뒤에서 자전거를 붙잡아주며 함께 달린다. 아이가 균형을 잡고 스스로 페달을 밟아 달릴 수 있을 때까지 가르치고 본을 보여주고 실제로 해보게 하고 기다려주고 격려해 주는 인내와 관심, 사랑이 필요한 것이다. 우리가 전도한 사역대상자가 육신적으로는 성인일지라도 영적으로는 갓 태어난 한 영혼이기에 그가 스스로 확신을 가지고 그리스도의 제자의 삶을 살게 되기까지에는 이 3Ts가 많은 영역에서 계속 일어나야 한다. 이것을 사역의 현장성이라고 할 수 있을 것이다.

ENM 사역의 소개

맨투맨 (Man to Man)

사전적 의미: 두 사람 사이의 솔직하고 직접적인 대화를 설명하는데 사용됩니다.

전도와 양육에서 개인 대 개인으로 직접 만나 얼굴과 눈을 마주 보며 솔직하고 직접적인 대화를 통해 마음속의 필요를 길어내어 돕는다.
- 개인의 중요성
- 지속적인 인격적 만남과 관계

3Ts

- 가르침 (Teaching)
무엇을, 왜 하는지 말로 가르침, 어떻게 하는지 보여줌
(tell him what & why, show him how)
- 훈련 (Training)
스스로 시작하도록 돕고, 계속할 수 있도록 훈련함
(get him started, keep him going)
- 전달 (Transmitting)
다른 사람에게도 가르침, 교훈을 나누도록 도움
(help him pass on others)

(2) 그룹 및 팀 교제: 그룹 및 팀 교제에 참여하여 개인이 발견한 진리와 순종으로 얻은 축복을 나누는 기회를 가진다. 이를 위해 기도모임, 주일모임, 성경공부모임을 정기적으로 갖는다. 프레토리아대학에서 출입을 제

한하기 전까지 우리는 매일 아침 7시에 캠퍼스내 야외강당의 코너에서 십여년 동안 기도모임을 가졌다.

(3) 생활훈련관 및 선교관에서의 공동체훈련: 생활훈련관에서는 공동체훈련을 진행하며, 선교관에서도 개인 또는 소그룹으로 공동체훈련을 받을 기회를 제공한다.

(4) 수양회(Conference): 연간 두 차례의 수양회를 통해 은혜로운 교제의 시간을 가지며, 개인의 신앙생활을 돌아보고 새로운 결단을 할 수 있는 기회가 제공된다.

2) 사역의 커리큘럼(Park, 2013: 60)

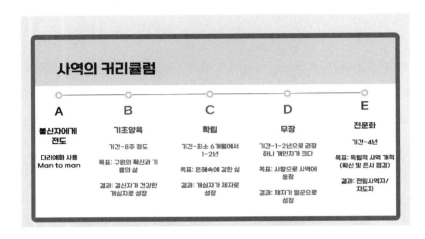

(1) 불신자를 결신자로(A): 불신자에게 전도하여 그가 예수님을 믿기로 결심하게 되면 결신자라고 한다. 불신자 또는 스스로 신자라고 주장하지만 구원의 확신이 없는 사람들에게 전도할 때는 다리 예화를 도구로 사용한다. 선교회 내에서는 누구나 이 예화를 통해서 예수님을 영접했으며 이것을 자신의 것으로 익혀 다시 전도의 도구로 사용한다.

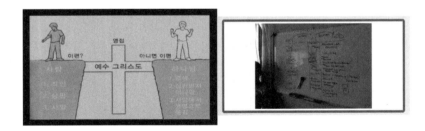

(2) 결신자를 개심자로(B): 결신자를 매주 한 번 이상 만나 기초 양육을

한다. 기본적으로 이 기간은 8주 정도의 과정으로 진행된다. 이 기간 동안은 예수님과 구원을 즐거워하고, 믿는 형제자매들과의 교제를 즐거워하도록 돕는 것이 양육의 목표이다. 결신자가 기초 양육의 과정에서 잘 성장하면 건강한 개심자로 거듭나게 된다. 이제 그가 그리스도인으로 태어난 것이라고 볼 수 있다.

(3) 개심자가 제자로(C): 죄사함을 받고, 새 생명을 얻어 기쁨이 넘치는 개심자가 영적으로 성장하여 은혜속에 강한 삶을 살 수 있도록, 개인에 따라 차이가 있지만 최소 6개월에서 1-2년까지 8가지 영역에서 세움을 받는 훈련을 받게 된다. 이 과정을 확립이라고 한다. 8가지 영역은 구원의 확신, 경건의 시간, 말씀의 중요성(암송 포함), 기도, 교제, 증거(전도), 그리스도의 주재권(Lordship of Christ), 세계비전이다.

확립 단계의 훈련을 통하여 이 8가지 영역에서 균형 있게 성장하게 되면 구원의 기쁨을 누리던 개심자가 은혜 속에 강한 삶을 사는 예수님의 제자로 인정 된다.

예수님의 제자는 그리스도를 첫 자리에 모시고 죄에서 떠나는 삶을 지속하고, 성경공부, 암송, 묵상, 적용을 통해 말씀을 사랑하고 지속적으로 말씀 속에 거하려고 하고, 기도의 삶을 발전시켜 나가며 매일 경건의 시간을 지속하게 되고, 그리스도의 사랑을 나타내고 섬김을 실천하려고 하고, 자신이 처한 환경 속에서 그리스도를 믿는 믿음을 적극적으로 나누는 사람이다.

모든 그리스도인이 여기까지 균형 있게 성장하는 데는 성령님의 도우심과 함께 영적 부모의 도움이 필요하다.

(4) 제자에서 일꾼으로(D): 제자로 성장한 그리스도인은 이제 불신자에게 전도를 하고 기초 양육을 할 수 있게 된다. 무장 과정은 사역의 기술을 전달하고 가르치는 과정이 아니다. 사역의 원리를 지식적으로 배우는 것은 너무나 쉽고 간단하다. 인격과 삶을 형성하는 과정이다. 이 과정에서는 영적 부모가 자신의 삶을 직접 보여주면서 가르치는 과정이다. 일꾼은 일대일 양육과 훈련을 통해서만 세워진다. 잘 무장된 제자를 일꾼이라고 부른다.

(5) 일꾼에서 지도자로(E): 하나님께서는 각 개인에게 각기 다른 영적은사와 재능을 주셨다. 자신을 위해서 사용하기 보다는 다른 사람과 하나님을 섬기도록 주신 것이다. 하나님께서 원하시는 지도자는 섬기는 리더십을 갖춘 자이다. 하나님은 하나님의 문화명령과 지상사명의 성취를 위해 이 은사가 계발되고 유용하게 사용되기를 원하신다. 이 은사를 전문적으로 계발시키는 것이 전문화과정이다. 하나님은 일꾼들이 모두 지도자가 되도록 부르지는 않으셨다. 예수님은 특별히 열두명을 세우고 집중하셨다. 지도자는 마음 및 의향과 생각을 공유하는 '동행의 원리'를 통해 세워진다. 말씀으로 받은 가르침보다는 직접 보면서 받은 가르침이 훨씬 더 많았을 것이다. 바울은 디모데라는 한 사람의 지도자를 세우기 위해 7년 반이나 함께 동행하였다. 우리는 이 한 사람의 디모데를 세우는 것에 사역의 많은 부분을 투자하고 있다(Kim, 2006: 120-123).

전문화과정 중에 자신의 진로를 바꾸어야 하는 경우도 많이 발생한다. 성숙된 지체로서 다른 지체와 세상을 향하여 담대히 나가야 한다. 공적인 파송인 경우도 있겠지만 그것에 얽매일 필요는 없다. 동역의 원리에 따라 훈련되고 무장된 사역자를 가정교회의 지도자로, 직장사역의 지도자로,

선교기관이나 교회의 평신도지도자로, 평신도선교사로 세워 다양한 사역지에서 일하게 할 수 있다. (Kim, 2006: 144,150)

기초양육 8주 계획 *가장 기초적인 계획안이며 대상에 따라 내용을 첨가할 수 있다

목표	Enjoy Salvation	Enjoy Jesus Christ	Enjoy Fellowship
I	① 생명을 얻은 구원 -요일5: 11,12 (풀꽃 예화)	-요1: 1-18까지 reading -focus: 나를 찾아오신 되신 예수님	
II	② 선물로 받은 구원 -엡2: 8,9 (값비싼 진주 예화)	-요1: 19-34 reading -focus: 어린양으로 오신 예수님	
III	③ 영접함으로 얻은 구원 -계3: 20 (진공병 예화)	-요1: 19-34 reading -focus: 격려하시고 소망 주시는 예수님	
IV	④ 하나님의 사랑 -롬5: 8 (어머니 예화)	-요2: 1-12 reading -focus: 나를 변화 시키시는 예수님	
V	⑤ 하나님의 자녀 됨 -요 1:12 (호적예화)	-요 2: 13-25 reading -focus: 내 마음 그리스도의 집	
VI	⑥ 빼앗길 수 없는 구원 -요10: 28,29 (악수 예화)	-요 3: 1-21 reading -focus: 예수 믿고 천국 가는 것	
VII	⑦ 완전한 죄사함 -히10: 17 (파일 삭제/휴지통 비우기 예화)	-요3: 22-36 reading -focus: 예수님을 믿지 않는 자	
VIII	⑧구원의 확신 -요일5: 14 (-삼각형 예화)	-요4: 1-26 reading -focus: 나의 진정한 만족되신 예수그리스도	

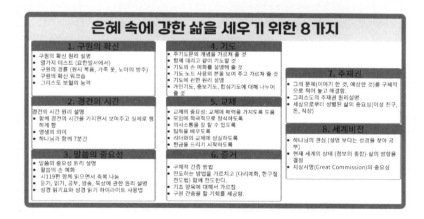

3) 실제 사역의 전개도

(1) 사역 전개도 1

전임사역자가 불신자에게 전도하여 결신자가 생김

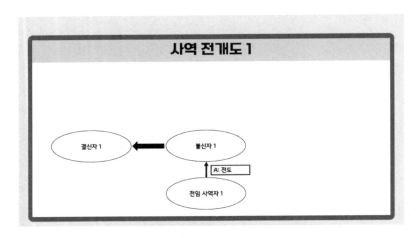

(2) 사역 전개도 2

결신자를 기초양육을 하였더니 개심자, 거듭난 그리스도인으로 성장함

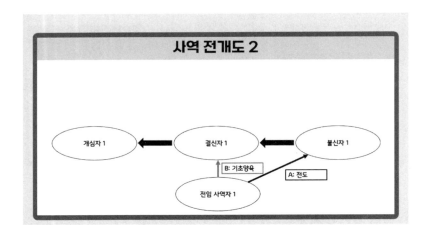

(3) 사역 전개도 3

개심자가 은혜 안에 강한 삶을 지속적으로 살게 하기 위해 8가지 영역에서 세워지도록 확립하여 제자가 됨

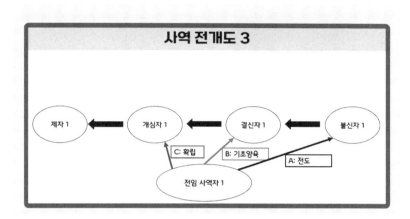

(4) 사역전개도 4

전임사역자가 불신자에게 전도하여 그가 결신을 했고 기초 양육을 통해 개심자가 된다. 그리스도인의 기본적인 삶을 확립하게 도와서 제자가 되고, 그

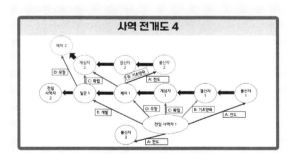

가 배우고 훈련 받은 대로 불신자를 만나 전도하여 새로운 결신자를 얻고, 기초 양육을 함으로 두번째 개심자가 태어난다. 이 첫번째 제자는 일꾼으로 성장하고 그는 자신이 도운 개심자를 확립하여 두번째 제자가 되고, 그

가 전도를 시작하는 동안 첫번째 전임사역자는 또 다른 불신자에게 전도하여 영적 세대가 이어져 간다.

4) 사역 가운데 형성된 영적 세대 지도

2005년 7월에 캠퍼스에 나가기 시작하여 2006년까지 꾸준히 전도하고 기초 양육을 하여 2007년 1월에 4명의 잠재적 제자들을 데리고 첫 수양회를 가졌다. 그로부터 현재에 이르기까지 우리 부부와 다수의 형제자매들이 영적인 세대들을 형성하는 사역을 해왔다. 그 중에서 대표적인 세명의 형제들을 통하여 형성된 영적 세대를 아래에 소개한다.

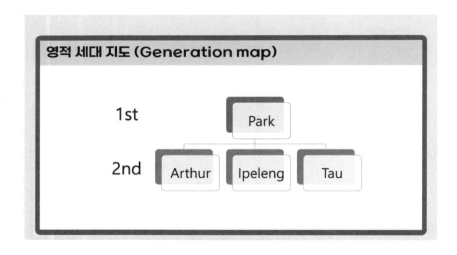

사진 속 왼쪽부터 타우, 입스, 빅터, 아서형제이다. 이들 가운데 세 형제의 영적 세대 지도는 다음과 같다.

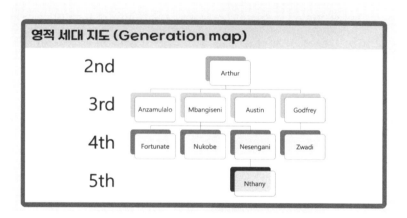

경찰공무원으로 과학수사대에서 근무하고 있는 아서형제의 영적 세대는 1세대 선교사로부터 5대로 이어지고 있다. 이들은 대부분 밴다부족 출신들로 구성되어있다.

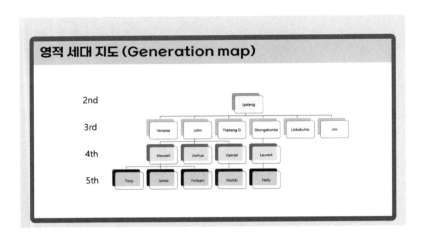

프레토리아대학에서 심리학을 전공했고 지금은 세 아이의 아버지요 가장이지만 전임사역자가 되기를 희망하며 매주 한 두차례 부부가 함께 캠퍼스에 나와서 전도하고 있는 입스형제도 5대를 형성했으며 아직 여기에 이름을 올리지 못한 기초 양육 중에 있는 다수의 어린 형제들도 있다.

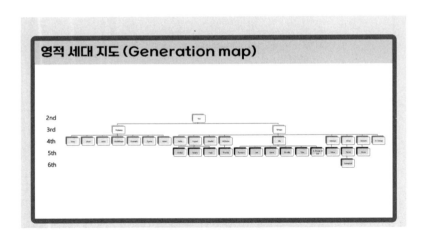

짐바브웨 유학생이었던 타우형제는 프레토리아대학 석사과정을 이수하던 중에 선교사로부터 전도및 양육과 훈련을 받고서 다음 세대인 타방과 체포형제에게 전도하여 양육하다가 본국인 짐바브웨로 돌아갔다. 그러나 그 다음세대에서 계속 이어져 내려와 현재까지 6대를 형성했다. 아시아 C국과 프랑스에서 각기 선교사로 섬기고 있는 형제들이 이 팀에서 나왔다.

5)국가별 분포

마음에 품고 있던 소원대로 사역 가운데 있던 형제 자매들이 해외로 흩어지면서 12개국으로 사역의 지경이 확장되었다.

남아공에서는 프레토리아대학에서 시작했지만 직장을 따라 케이프타운으로 진출한 형제들이 그곳에서도 일하면서 사역을 하고 있다.

아프리카에서는 남아공뿐만 아니라 레소토, 짐바브웨, 모잠비크, 탄자니아, DRC, 세이셸 등에서, 아시아의 한국, C국, 태국에서, 유럽의 프랑스와 영국까지 나아간 형제자매들이 그리스도의 제자로 작은 불꽃들이 되어 영향력을 행사하고 있다.

국가별 분포

나라이름	ENMers
남아공 (South Africa-Pretoria)	Park (선교사)
남아공 (South Africa-Cape Town)	Vuyani, Nicolas
짐바브웨 (Zimbabwe)	Tau, Tatenda
아시아 C국 (Asia C)	Tshepo
콩고 (DRC)	Jeremy
프랑스 (France)	Sila
영국 (UK)	Tunroyo
레소토 (Lesotho)	Ntheti, Mothebang
탄자니아 (Tanzania)	Zwanada, Kalinga
세이셸 (Seychelles)	Laurent, Nelly
모잠비크 (Mozambique)	Sameerah
한국 (South Korea)	YoungLim, DaEun, SungEun
태국 (Thailand)	Timothy

3. 캠퍼스 사역 현장의 특징

1) 짧은 사역주기: 남아공 대학의 경우 입학부터 졸업까지 일반적으로 3-4년이 걸린다. 졸업을 한 후에는 직장을 찾아 떠나기 때문에 캠퍼스에 머무는 기간 동안만 양육이 가능한 기간으로 간주해야 한다.

2) 제한된 대상과 장소: 대학생들이 대상인 캠퍼스사역은 캠퍼스와 그 주변으로 활동반경이 제한된다. 그러므로 캠퍼스에서 가까운 곳에 학생들이 모여 함께 지낼 수 있는 숙소를 마련하고 신앙공동체 훈련을 할 수 있다.

3) 말씀과 공부 중심의 지적인 사역: 사역 대상인 대학생들은 수준 높은 지적 활동이 가능한 엘리트들이므로 하나님의 말씀을 깊이 묵상하고 암송하며 공부하는 것이 가능하지만, 이렇게 습득한 하나님의 말씀이 체화되기까지 꾸준한 실천과 적용을 위한 격려가 필요하다.

4) 다양한 언어와 문화적 배경을 가진 사역대상자들: 캠퍼스에는 전국에서 다양한 언어와 문화를 가진 학생들이 모인다. 남아공에는 역사적으로 확립된 약 34개의 언어가 있으며 그 중에 11개가 공식언어로 지정되어 있다. 백인들의 영어와 아프리칸스어 외에 은데벨레, 페디, 수투, 스와지, 쫑가, 츠와나, 벤다, 코사 그리고 줄루족의 9개의 토속언어들이 여기에 포함된다. 이 종족들 사이에는 언어뿐만 아니라 의복, 음식, 관습, 등 다양한 문화적 차이가 있다. 아시안의 눈에는 비슷해 보일 수 있지만 각 종족은 서로 그 차이점을 잘 인식하고 있다. 이들을 동일 문화권으로 생각해서는

안 된다.

5) 캠퍼스사역을 위한 재정적 후원의 열세: 캠퍼스사역의 대상자인 대학생들 중 대부분은 정부의 학자금 대출에 의존하여 학비와 생활비를 충당하고 있다. 학자금 대출은 숙식과 학업에 필요한 최소한의 비용이 제공되지만 성적이 저평가되면 대출조차 거절될 수 있기 때문에 성적에 대한 압박이 크다. 이러한 압박은 실제로 공부에 집중하기보다 습관적으로 공부해야 한다는 스트레스를 더해주어 영적 활동을 의도적으로 회피하게 만들기도 한다.

남아공 대학생들의 열악한 재정적 형편에도 불구하고 한국이나 선진국에서는 대학생들이 재정적 도움의 대상이 아니라고 여겨지기에 캠퍼스 사역자들에 대한 재정적 후원이 쉽지 않다.

또한 캠퍼스사역에 대한 다음과 같은 부정적인 시각도 재정적 후원에 영향을 끼친다고 볼 수 있다 "캠퍼스사역은 선교적이지 않다. 이는 교회성장의 일환으로서, 그리스도의 제자를 삼는 것으로 교회선교를 제한하여 약하고 죄악에 빠진 사람들에게 다가서려는 톤이 아니다. 그들에 대한 아픔, 동정, 불의에 대한 더 많은 부분을 포함해야 예수님의 복음에 가깝다고 볼 수 있다." (CBS 뉴스, https://youtu.be/YRPR-mD2cvk?si=fsr5tBQdXWdxbpjJ)

4. 캠퍼스 사역의 위기와 기회

1) 캠퍼스 폐쇄로 인한 온라인 사역 개설

캠퍼스 폐쇄와 온라인 수업으로의 전환으로 말미암아 온라인 사역 개설이 불가피 했으나 시간이 지나 이제는 다시 오프라인으로 돌아오는 것이 도전이 되었다. 그러나 이를 계기로 하이브리드사역 모델을 받아들이게 되었고 적응해가고 있다. 하이브리드의 장점은 여러 나라에 흩어져 있거나 멀리 떨어져 있는 형제자매들이 온라인으로 개인교제나 그룹모임에 참여할 수 있다는 것이다. 재정적인 어려움으로 교통비를 감당하기 어려운 지역내의 형제자매들도 역시 온라인 교제에 참여할 수 있다.

2) 대학생들의 영적 훈련에 대한 집중력 저하

대학생들이 상대적으로 시간이 많다고 여겨졌지만 2017년 시위 이후에 학업에 대한 부담이 가중되어 사역대상자들의 영적 훈련에 대한 집중력이 떨어지는 것은 사역의 위기임이 분명했지만, 이로 인해 중고등학생을 대상으로 하는 사역의 필요성과 대학내에서도 사역 대상자를 교수나 직원 등으로 확대해야 함을 인식하는 기회가 되었다.

3) 캠퍼스 사역의 주 활동 장소의 제한

캠퍼스 출입이 용이하였을 때는 대부분의 모임과 활동이 캠퍼스 내에서 이루어졌다. 그러나 캠퍼스 내에서 다양한 대학들의 연합 모임이 어려워지면서, 캠퍼스 외부에 사역을 위한 공간 확보가 필요해졌고 이를 통해 사역이 캠퍼스 밖으로 확장될 가능성을 발견하게 되었다.

4) 캠퍼스 사역의 패러다임 전환

캠퍼스 사역의 패러다임이 대학생을 대상으로 한 개인 구원 중심에서 융합적 제자 양육 사역으로 전환해야 하는 과제를 얻게 됨으로 이는 위기가 우리를 새로운 기회로 인도해주는 도약의 출발점이 되었다.

5) 사역자들 간의 네트워크와 소통의 필요성

캠퍼스 사역의 전통적인 접근 방식은 주로 선교단체 중심으로 이루어졌고 그에 따라 전문성과 체계적인 접근이 중요한 역할을 했다. 시대가 변화하면서 이제는 단순한 전도나 성경 교육을 넘어 다양한 분야의 전문성을 갖춘 협력적 접근이 요구된다. 서로 다른 분야의 사역자들이 효과적으로 협력하기 위해서는 강력한 네트워크와 소통 채널이 필요하다. 이러한 네트워크는 정보공유, 자원 활용, 공동 프로젝트개발 등을 가능하게 하여 사역의 효과성을 높일 것이다.

5. 문화적 차이에서 오는 관계 개발과 훈련 상의 문제

1) 스니칭 (Snitching)

자신의 안위를 위해 권력기관에 동료의 죄를 밀고하는 것을 일반적으로 '스니칭'이라고 한다. 일제시대 우리에게는 같은 동족으로서 일본의 앞잡이 역할을 했던 매국노들이 있었던 것처럼 아프리카에서도 강대국의 지배를 받는 과정에서 이런 일들이 있었을 것이고 그에 대한 혐오가 여전히 남아 있다. 내 형제 내 동족의 잘못을 공적으로 말하는 것을 통틀어 '스니칭'이라고 확대 해석하여 지극히 꺼리고 있으며, 그렇게 하는 사람은 그 조직 안에서 계속 버티기 어렵도록 눈총을 준다. 사역 가운데서 나타나는 '스니칭'이 문제가 되는 경우는, 리더가 자신이 돕고 있는 형제 또는 자매의 잘못이나 죄의 문제를 자신의 상위 리더에게 말하지 못하게 되는 것이다. 사랑으로 그 잘못을 감싸주고 용서해서가 아니라 '스니칭'을 경계하여 관계가 깨어질까봐, 돌아올 원망이 두려워서 또는 공동체 내에서 받을 비난을 감수하고 싶지 않아서 차마 말하지 못하는 것이다. '스니칭'이 미친 영향으로 선교회 내에서 죄의 씨앗이 자라도록 방치되는 결과를 초래했다.

마태복음 18장 15-17절에서 제시된 죄를 지적하는 합당한 태도나, 사무엘하 12장 7-13절에서 다윗이 자신의 죄에 대한 나단의 지적을 받아들이는 태도들을 배우고 실천하는 데에 스니칭의 잘못된 적용은 큰 장애가 되었다.

이 때문에 말씀에 순종하여 합당한 태도를 취하고도 다른 멤버들이 주는 은근한 눈총을 견디지 못해서인지 결국 선교회를 떠나는 사람들이 있었다.

2) 어려움에 직면하는 자세

곤란한 일이나 어려운 일을 만날 경우에 맞서 싸우기 위해 도전하기보다 숙명으로 알고 포기하거나 그 이전으로 쉽게 돌아가 버린다. 그리스도인으로서 영적인 삶을 살아가는 과정에 일어나는 많은 도전들을 그 때마다 뚫고 앞으로 나아가기 보다 뒷걸음질을 해버린다. 도전을 만나기 전의 상태로 돌아가버리는 것이다. 그래서 많은 경우 남아공 사람들을 '생각이 없다'거나 '사람이 변하지 않는다'고 평가하는 원인이 여기에 있다. 도전이 없을 때는 잘 성장하는 것처럼 보이다가도 작은 난관이라도 부딪히면 처음으로 돌아가는 경우가 많았다.

3) 공동체 의식과 개인주의의 혼재

남아공의 대도시를 제외한 대다수 지역에서는 대가족 단위나 씨족, 부족과 같은 공동체를 형성하고 있으며, '추장'이라는 공동체 지도자를 중심으로 살아가고 있다. 대도시에서 생활하는 대학생들은 시골 공동체생활의 영향과 서구적 개인주의의 영향을 동시에 받음으로서 하나님의 사랑을 실천하는 삶을 훈련하는 데 장애가 되었다.

4) 성장과정에서 생긴 사랑의 결핍

남아공 가정에서는 흔히 일부다처제로 한 아버지 아래 여러 어머니와 많은 자녀들이 있음에도 아버지가 제대로 역할을 감당하지 못하므로 보호와 돌봄을 받지 못하고 성장한 자녀들이 많다. 또한 미혼모와 혼외 자녀도 많으며 이들은 대개 외조모나 친척집에 맡겨져 공동 육아의 대상이 되었다. 이러한 환경은 자녀들이 안정감과 사랑을 받지 못하고 성장하게 했으며, 성장 후에도 정서적 결핍을 초래했다. 우리가 사역 가운데 만난 80-90%의 청년들이 이처럼 개인적인 관심이나 사랑을 받지 못하고, 가정에서 기본적인 대인관계나 사회생활에 필요한 규범을 적절히 배우지 못한 것으로 파악되었다.

사역 중 대화와 관찰을 통해 알게 된 공통적인 내용들을 정리해 보면, 위탁이나 공동 양육을 받은 아이들에게 두드러지게 나타나는 점은 눈치를 많이 본다는 것이다. 자신의 생각이나 기분보다는 양육자의 기분이나 상황에 따라 행동을 결정해야 하는 어린아이들은 창의적인 생각을 하기 보다는 외부 자극에 적절히 반응하여 살아남기 위한 방식으로 훈련된다. 대표적인 반응 중 하나는 임기응변의 거짓말이다. 진실 여부보다 현재 위기에서 벗어나는 것이 더 중요한 상황이다. 거짓말을 심각한 죄로 여기지 않을 뿐 아니라, 자신의 잘못을 감추고 합리화 하기 위한 도구로 사용하기도 한다. 이는 자신의 잘못을 드러내고 인정할 때 받게 되는 불이익을 경험으로 체득하여 자신을 보호하려는 본능이 작용하기 때문인 것으로 보였다.

또한, 감정을 다양한 방법으로 표현하는 데는 미숙하지만, 노래와 춤을 통해 감정을 표현하는 데는 뛰어난 모습을 보인다. 이들과 함께 춤추고 노래할 수 있어야 그들의 감정을 공유할 수 있다. 예배에서도 노래와 춤은 그들의 마음을 표현하는 중요한 수단이 된다.

낮은 자존감과 비교의식, 열등감에서 비롯된 질투가 강하다. 선의의 나눔을 사랑으로 받지 못한다. 이런 정서적 결핍은 결과적으로 감사의 결핍으로 나타나며, 사랑을 담을 수 있는 그릇이 너무 작다. 반면, 부러움과 질투로 인한 우월감과 열등감이 그릇을 가득 채우고 있다. 이러한 정서적인 문제들은 하나님과 다른 사람들과의 관계 개발을 지연시킨다. 지속적으로 사랑을 주고, 자신들이 하나님과 사람에게 사랑받는 존재임을 인식하도록 훈련하는 것이 필요하다. 자신이 충분한 사랑을 받고 있음을 인식하면, 다른 사람을 사랑할 수 있는 능력도 향상된다.

5) 성적인 문란과 미혼모 출산

개인의 문제인 동시에 사회의 총체적인 병폐 현상으로, '잃어버리기에 너무 소중한 사람들'이 이 덫에 걸려 사라져갔다. 단지 개인의 문제만이 아니라 전통적인 남성 우월주의가 강하게 내포된 아프리카 특유의 문화에 그 원인이 있다. 사전예방을 위한 교육과 함께 미혼모들을 받아들여서 새로운 삶을 살 수 있도록 가르치고 훈련하는 전략이 장기적으로 너무나 절실히 필요하다.

나가는 말

캠퍼스 사역의 가장 큰 특징은 "현장성"에 있으며, 이미 출판된 커리큘럼, 교재, 훈련방법 등이 존재한다. 한국교회 내에는 더 세련되고 잘 구성된 교재와 커리큘럼, 관련 세미나도 많이 마련되어 있다. 캠퍼스 사역은 간략하게 제자, 제자도, 그리고 제자훈련으로 정의할 수 있다.

1980년대 이후 한국교회는 제자훈련 과정을 교회화하여 평신도들을 세우는 긍정적인 영향을 미쳤으나, 일부 지역교회는 프로그램 중심의 제자훈련을 채택했다. 이러한 삶과 훈련이 병행되지 않는 지적 훈련만으로는 궁극적인 변화를 이끌어내기 어려웠는데 이는 현장성을 상실한 결과였다.

사역현장으로서 캠퍼스는 투자한 것 이상으로 돌려 받을 수 있는 가능성과 잠재력을 가지고 있지만 캠퍼스와 그 현장 속의 세대는 지속적으로 변화하고 있다. 한국뿐만 아니라 아프리카에서도 MZ세대(20-30대)의 변화가 급격히 일어나고 있다. 이들은 개인주의와 이기주의로 대변되는 세속주의의 영향을 더 많이 받게 될 것이며, 복음과 진리에 대한 상대주의적 도전이 거세질 것으로 예상된다. 대학 캠퍼스는 사라지지 않겠지만, 사역현장으로서 큰 변화가 예상된다. 캠퍼스 세대의 변화, 대학당국의 정책변화, 정치환경의 변화는 시간이 흐를수록 캠퍼스 사역자들에게 더 큰 도전을 가져다 줄 것으로 예상된다. 변화에 적절히 대응하지 못하고 시기를 놓친다면 사역은 구심점을 잃게 되고, 중요한 사역지인 캠퍼스와 사역 대상자들을 잃게 될 것이다. 따라서 이러한 변화들이 사역을 제한하기 전에 더욱 공격적으로 캠퍼스 사역을 전개할 필요가 있다. 캠퍼스 사역의 중요성과 의미를 되새기면서, 더 많은 사역자들 특히 젊은 선교사들의 헌신이 요청되며, 이미 길러진 현지의 일꾼들이 전임사역자로 섬길 수 있도록 관심을 갖고 지원하는 것이 필요하다. '제자가 제자를 길러낸다'는 말처럼, 스스로 주님의 제자로서의 삶을 살아가고 있다면, 제자를 길러내는 캠퍼스 사역의 적임자가 될 수 있다.

글 / 박창식 박선희

ENM선교회 소속이며, 구리시 갈매 제자교회 파송선교사로 2005년부터 남아공의 주요대학 및 남부 아프리카에서 사역중이다. 네비게이토선교회 및 ENM선교회에서 간사로 활동하였다. ENM선교회는 한국네비게이토선교회에서 분립하여 2000년 대한민국에서 창립되었다. '예수그리스도를 본받고 그를 나타내자' 라는 모토로 국내에서 캠퍼스를 중심으로 사역을 하며, 23개국에 약 160명의 선교사를 파송하고 있다.

< 참고 문헌>

Park, C. (2013). Contribution of Every Nation Mission: Opportunities for ENM Missionaries in Africa. MA Thesis. University of Pretoria

CBS 크리스챤 노컷뉴스. (2023.9.26.). 제4차 로잔대회 '서울선언' 비판 목소리 커져…"근본주의로의 퇴행".
https://youtu.be/YRPR-mD2cvk?si=fsr5tBQdXWdxbpjJ

김건수. (2006). 제자훈련 그 이후의 사역. 서울: 예영커뮤니케이션

김경래. (2024). 남부아프리카 선교: 현황, 도전, 그리고 전략적 전환. 아프리카 선교 부흥을 위한 효율적인 선교 전략. 중아선 7회 선교 전략 세미나

윌리암 D. 테일러. (1998). 잃어버리기에는 너무나 소중한 사람들. 조이선 교회출판부

나미비아 유치원사역 사례발표

이성희

들어가는 말

모든 어린이들은 교육받을 권리가 있다. 국적과 출생지, 그리고 성별에 상관없이 모든 어린이들에게 교육받을 평등한 기회가 주어져야 한다. 유엔아동권리협약 제28조에서는 아동의 교육받을 권리에 대해 언급하고 있다. 하지만 아직도 세계 곳곳에서는 상당수의 어린이들이 교육받을 기회를 얻지 못하고 교육의 현장에서 배제되는 경우가 많다. 나미비아 하바나 (Havana) 지역에도 이런 교육의 혜택을 받지 못하는 아이들이 많고 이러한 교육의 문제들을 해결하고자 유치원 사역이 시작되었다.

본 발제문은 나미비아 수도 빈트후크에 위치한 빈민 지역(무허가 거주지역)에 세워진 유치원을 통해 어린이 사역의 행적들을 살펴 보고 현재 유치원 사역이 나아가고 있는 방향을 점검하는 데 그 목적이 있다. 더 나아가 유치원 사역의 근간이 되는 네 가지 핵심 요소들을 정리하여 이를 실제 유치원 사역의 발전과 성취도를 평가하는 데 규범적 기준으로 제시해 보고자 한다. 유치원 사역의 당면 과제들과 도전들을 명시하고 함께 그 대안을 고민해 봄으로써 유치원 사역의 발전에 한 걸음 더 다가가는 계기가 되기를 바란다.

1. 나미비아 개요와 하바나 지역의 특징

1) 나미비아 개요

나미비아는 남부 아프리카에 있는 나라이고 수도는 빈트후크이다. 북쪽에 앙골라와 잠비아, 동쪽에 보츠와나와 짐바브웨, 남쪽과 동쪽에 남아프리카 공화국을 접경으로 하고 있다. 오랫동안 나미비아는 남서아프리카로 알려졌었지만, 나미브 사막의 이름을 따서 국가명을 나미비아로 채택했다. 18세기 후반 동안 영국과 네덜란드 선교사들이 방문했지만 1884년 독일령 보호국이 되었다. 1920년 국제연맹은 남아프리카 공화국에 나미비아를 위임시켰고 1990년 3월 독립 전쟁을 통해 남아프리카 공화국으로부터 완전한 독립을 얻게 된다.

전체 면적은 825,418㎢로 한반도 크기의 8배 정도이며 세계에서 34번째로 큰 나라다. 2023년 인구조사에 따르면 나미비아 인구는 현재 300만 명이다. (Wikipedia: Namibia, 2024) 그 중 수도 빈트후크에 살고 있는 인구는 대략 50만명 그리고 이 중에서 하바나 빈민지역에 살고 있는 인구는 대략 35만 명으로 추정된다. 전 세계적으로 몽골에 이어 나미비아는 인구 밀도가 가장 낮은 나라 가운데 하나에 속한다.

종족 분포는 오밤보족이 약 50%, 카방고족이 9%, 다마라족이 7%, 헤레로족 7% 등 이고 흑인이 87.5%, 백인이 6.6%, 혼혈이 7.4%를 차지한다. 백인의 60%와 혼혈의 다수가 아프리칸스어를 모어로 사용한다.

법적 공용어가 영어지만, 아직도 많은 사람들이 아프리칸스어와 독일어를 사용하고 있고 각각의 부족 언어들도 영어와 함께 사용되고 있다.

한편, 독일의 식민지 영향으로 인해 아프리카에서는 드물게 루터교회가 다수인 나라이다. 현재 나미비아의 기독교인은 87.9%(개신교 60.7%, 로마 카톨릭 22.8%, 기타 기독교 4.4%), 민간 신앙 10.2%, 무종교1.6%, 기타종교 0.3%로 조사되고 있다.

2) 하바나 지역의 특징

하바나(Havana)는 수도 빈트후크 북서쪽에 위치한 미개발 빈민 지역을 일컫는다. 그리고 그 지명은 쿠바의 수도 이름에서 가져왔다. 하바나는 고용과 더 나은 삶을 위해 수도로 이주해 오는 사람들로 인한 도시화문제를 해결하기 위해 조성되었다. 이곳에는 나미비아 전국에서 도시로 이주해 온 사람들과 앙골라인, 짐바브웨인 등이 함께 살고 있다. 도로, 수도, 전기, 상하수도 시설이 아직 갖추어지지 않았고 주거 형태는 대부분 양철집 형태이다. 최근에는 시내에서 가장 가까운 지역부터 도로 및 전기 공급이 조금씩 진행되고 있다. 전기 공급의 진행이 점점 늦어짐에 따라 많은 집들과 가게들이 불법으로 전기를 가져와 사용하기도 한다. 이 지역에 위치한 공공시설로는 초등학교, 고등학교, 동사무소, 보건소 등이 있다. 인구 밀도가 높고 학교시설의 부족으로 인해 먼 거리로 통학하는 경우들이 빈번하다. 이러한 지역적 특성으로 인해 하바나 지역은 높은 범죄율을 기록하고 있다.

2. 유치원 사역의 핵심 요소들

유치원 사역은 기독교 세계관이라는 터 위에 교육이라는 건물을 짓는 것과같이 튼튼하고 흔들리지 않는 기초가 되는 신앙적 토대위에서 양질의 교육을 제공해야 한다. 유치원 사역을 성공적으로 이루어 가기 위해 꼭 필요한 핵심 요소를 4가지로 선정하고 이를 유치원 사역의 평가 요소로 제시하려고 한다.

1) 교육의 주체가 되는 교사

교육을 이루는 3요소는 교육의 주체가 되는 교사, 피교육자인 학생, 교육의 매체인 교육내용이라 하겠다. 이것을 기독교 교육의 측면에서 다시 서술하면 기독교 세계관을 가지고 교사로서 소명을 발견한 교사, 하나님의 귀한 백성인 학생, 진리의 말씀 곧 성경에 근거를 둔 교육 내용이라 정의할 수 있다. 교육의 성공과 실패는 교육을 이루는 3요소의 원활한 상호작용에 따라 그 결과가 확연히 달라질 수 있음을 간과해서는 안된다. 특별히 교육은 교육 목적이나 과정을 결정하는 사람들이 가진 신념, 혹은 세계관, 종교적 관점에 의해 결정되므로(Edlin, 2004), 기독교 교육에 있어 실행적인 교육 과정 자체가 되는 교사는 매우 중요하다. 훌륭한 교육 내용이 준비되어 있고 그 내용을 교육받을 피교육자가 있더라도, 만약 그 교육 내용을 전수하고 전달할 교사가 없거나 충분한 자질을 갖추지 못한 교사가 교육자의 자리에 있다면, 이는 성공적인 교육과는 거리가 먼 교육 현장이 될 것이 자명하다.

이처럼 교사의 역할이 교육 현장에서 미치는 영향이 매우 큼에도 불구하고, 선교지에서는 크리스천 교사로서 자격과 자질을 갖춘 교사를 만나기가 쉬운 일은 아니다. 교육에 있어 교사가 차지하는 비중이 크다고 할 때, 그러면 어떻게 훌륭한 교사를 만날 것인가? 어떻게 현재 교사들을 훌륭한 교사가 되도록 이끌어 줄 것인가? 훌륭한 교사의 조건은 무엇인가?

훌륭한 교사의 조건으로서 첫째는, 올바른 신앙관을 가지고 사랑으로 아이들을 교육하는 것이다. 사랑이 뒷받침되어 하나님의 사람으로 길러내지 못하는 교육은 아무리 완성도 높은 학업수준을 이끌어냈다 하여도 실패한 교육에 이르고 말 것이다. 둘째로는 교사의 책임과 의무를 다하는 것이다. 교사는 자신이 가르치고자 하는 교수내용에 대해 정확히 파악하고 있어야 하며, 성실하게 그 교육을 실행해야 한다. 마지막으로는 교사 자신이 교육내용을 몸소 실천하는 것이다. 사랑을 가르치는 교사는 교사 자신이 먼저 사랑해야 하고 용서를 가르치는 교사는 교사 자신이 먼저 용서하는 삶을 살아야 하는 것이다.

현재 위러브아프리카(WeLoveAfrica Foundation) 산하에는 7개의 유치원이 있고 7명의 원장들, 12명의 교사들이 함께 일하고 있다. 유치원의 원장과 교사들은 채용의 형태로 함께 일을 하는 것이 아닌 자원봉사자(volunteer)로서 일을 하고 있다. 교사들이 고용이 아닌 발런티어로 일을 하다 보니 잦은 교사의 교체가 있을 것 같지만 예상외로 오랫동안 일하는 교사들이 대부분이다. 그 이유는 지역사회의 일자리 부족이 가장 큰 이유라 하겠고, 다음으로는 낮은 학력 수준에도 불구하고 유치원 교사라는 직업이 현지인들의 생계 유지에 도움을 주고 있기 때문이라고 할 수 있다.

정기적인 교사 교육을 통해 크리스천 교사로서의 신앙훈련 및 유치원 교사들이 가져야 할 소양 교육, 영역별(언어, 사회, 과학, 수학, 미술, 음악) 교과 지도 및 교구재 개발을 하고 있다. 이러한 교사교육에 있어 가장 중요한 부분은 신앙훈련 및 소양교육이 되어야 한다. 각 유치원의 원장들과 교사들은 각각 다른 성장배경과 신앙의 배경을 가지고 있으며, 저마다 다른 교육관과 가치관을 지니고 있다. 따라서 교사 교육을 통해 하나의 신앙관을 정립하고 통일된 교육관을 세워 나가는 것이 교사교육의 가장 핵심적인 역할이자 목표라 하겠다.

2) 교육의 매개체로써의 커리큘럼

나미비아 정부의 커리큘럼은 어린이들의 인권 보호, 전인적이고 아동중심적인 발달, 놀이 중심의 학습, 긍정적이고 안전한 관계 형성, 건강과 복지 그리고 안전하고 따뜻한 보살핌이 있는 환경을 조성한다는 6가지 원리로 개발되었다.1) 아이들이 완전히 발달된 개인으로 성장하기 위해서는 신체적, 사회적, 정서적, 인지적 필요가 충족되어야 한다. 아이들은 영양,

---

1) Curriculum Framework for Children in Namibia / Aged 3 and 4 years

운동, 안전 뿐만 아니라 사랑과 일관성 있고 배려하는 환경에서 긍정적인 상호작용을 경험하고 지적 능력을 개발할 기회를 필요로 한다. 아이들의 발달을 위해서 설계된 학습기회는 전체 인격을 아우르며, 교육과정 설계와 수업 계획은 이러한 통합을 반영해야 한다. 따라서 프로그램과 활동은 발달의 모든 영역에서 영향을 미쳐야 한다.

또 교사들의 효과적인 교육지도와 수업에 도움을 주고자 나미비아 정부에서는 교사 매뉴얼과 워크북(유니세프 공동제작)을 제공하고 있다.

[그림 1] 5-6세용 워크북과 내용

워크북을 살펴보면서 무척 인상적이었던 부분은 기독교적 교육 내용이 포함되어 있어 자연스럽게 신앙 교육의 부분도 놓치지 않고 진행할 수 있도록 워크북이 만들어졌다는 점이다.

스마트키즈(SmartKids) 유치원의 교육과정과 교육계획은 나미비아 정부의 교육과정과 교육계획을 준수하여 시행하고 있다. 이에 더해 어린이들의 올바른 신앙교육 훈련 및 스토리텔링(storytelling)을 위해 스페셜미(Special Me 이현주 저) 프로그램을 2024년부터 2월부터 시행하였다. 스페셜미는 성경동화이면서 동시에 성품동화로서 세계적으로 가장 쉬운 영어 그림책이라 할 수 있다. 천지 창조를 시작으로 하나님이 누구인지, 우리는 이 세상에서 어떻게 살아야 하는지에 대한 주제들을 다루고 있다.2)2 또 해당 주제와 연계되는 동화책이 함께 소개되어 있어 아이들의 상상력을 자극하고 창의성을 길러줄 수 있는 훌륭한 교재라 하겠다.

　현대 사회를 흔히 정보의 홍수 시대라 말한다. 인터넷을 통해 제공되는 넘쳐나는 정보와 갖가지 소식들은 어느 것이 좋다 라고 판단할 틈도 주지 않고 다시 새로운 정보들을 쏟아낸다. 하지만 이러한 시대적 흐름이 선교지에서는 잠시 멈춘 듯하다. 교사들은 새로운 정보와 아이디어들을 검색할 스마트폰이 없다. 노트북은 더더욱 없다. 스마트폰이 있는 교사는 프린터가 없어서 아이디어들을 실행하기가 힘들다. 서점에 가서 책이라도 한 권 사서 참고하려면 그만한 투자를 할 형편이 안 된다. 선교지 유치원의 사정이 이렇다 보니 선교사는 지속적으로 새로운 아이디어를 찾아내야 하고 매주 수백장의 인쇄물을 출력해야 한다. 물론 이러한 임무가 유치원 사역을 하는 선교사의 주된 역할임은 틀림없다. 그러나 유치원의 자립과 교사들의 능동적 자기 개발을 위해서는 선교사의 소극적 참여와 한 발 물러남이 때로는 필요하다.

---

2) 2 https://www.joanneenglish.org/copy-of-special-me

3) 재정과 선교사의 지원

일반적인 유치원 사역의 시작부터 운영까지의 재정적인 부분을 그 영역과 세부사항으로 함께 정리하면 아래와 같이 구분할 수 있다.

영역	세부 내용
1. 시설비용	- 건물 임대료 또는 구입 비용 - 건물 유지 보수 및 관리 비용 - 안전 및 보안 시스템 설치 및 유지 보수
2. 교재 및 교육 자재	- 교과서 및 학습 자료 - 교구 및 교재
3. 인건비	- 교사 및 직원 급여 - 직원 복지 및 혜택 - 채용 및 훈련 비용
4. 운영 비용	- 유틸리티 비용(전기, 물, 가스 등) - 행정비용(문구, 사무용품) - 보험료
5. 식사 및 간식	- 학생 및 직원 식사제공 비용 - 간식 및 음료 제공 비용
6. 홍보 및 마케팅	- 광고비용 - 홍보 자료 제작비용
7. 기타	- 특별 행사 및 활동 비용 - 비상금

위와 같이 유치원 사역의 운영비를 정리함으로써 유치원사역에 필요한 예산을 좀 더 구체적으로 세워볼 수 있다. 그러나 실제 선교사가 사역하고 있는 나라와 지역에 따라 또는 유치원의 규모에 따라 운영비의 규모와 영역별 비율이 달라질 수 있음을 고려해야 한다.

아래 표는 하바나 지역 오함보(Ohambo) 유치원(원장 1명, 교사 3명, 유치원생 90명)을 샘플로 하여 1년 예산의 운영비를 항목별로 나타낸 것이다.

영역	세부 내용
1. 시설비용(23.3%)	- 건물 유지보수 및 관리 비용
2. 교재 및 교육 자재(5.9%)	- 교과서 및 학습 자료 - 교구 및 교재
3. 인건비(56.1%)	- 교사 급여 - 직원 복지 및 혜택 - 채용 및 훈련비용
4. 운영 비용(8.8%)	- 유틸리티 비용(전기, 물, 가스 등) - 행정비용(문구, 사무용품, 가방, 티셔츠)
5. 기타(5.9%)	- 특별 행사(생일축하, 졸업식) - 비상금(12월 교사급여 등)

운영비 중 가장 많은 비율을 차지하는 영역은 교사들의 인건비로서 유치원생들의 원비로 100% 충당하고 있다. 여기서 한 가지 짚어볼 문제는 유치원이 운영되고 있는 지역이 경제적으로 어려운 사람들이 살고 있는 동네라는 것이다. 이로 인해 유치원비를 높게 책정할 수가 없고 낮은 유치원비로 유치원을 운영하다 보니 교사들의 기본 급여를 보장하기가 쉽지 않다. 물론 낮은 유치원비는 형편이 어려운 이들에게 교육의 문턱을 낮추고 교육의 기회를 골고루 제공한다는 측면에서 지역 사회의 공익을 추구하는 것임은 분명하다 이 현실 속에서 유치원 교사들의 최저임금 문제를 해결할 수 있는 방안은 유치원이 수용할 수 있는 최대한의 학생들을 모집/운영하는 것이다.

인건비를 제외한 나머지 영역에 대한 지출은 선교사가 95% 정도를 담당하고 있다. 운영비 항목에서 아쉬운 부분은 교재 및 교육 자재 영역의 운영비가 현저히 낮다는 점이다. 교재 및 교육 자재 영역이 5.9%를 차지하고 있다는 것은 교수 매체 즉 교사가 학습 과정에 있어 교사와 학습자 간에 서로 정보를 전달하는 매개체가 되는 인쇄 매체, 실물, 표본, 게시판, 놀잇감, 교사 계획에 의한 활동자료, 실내외 교육환경자료("어린이 교재,교구의 개념과 중요성", 2024) 등이 매우 부족하다는 것을 말해준다. 쾌적하고 편안한 환경 속에서 훌륭한 교사가 가르치는 유치원, 그리고 잘 구성된 교재로 아이들을 교육하고 싶은 바램은 어린이 사역을 하고 있는 모든 선교사들의 바람일 것이다.

4) 쾌적하고 안전한 환경

어린이들은 누구나 쾌적하고 안전한 환경에서 놀고 교육받을 권리가 있다. 하지만 하바나(Havana) 지역에 살고 있는 대다수의 어린이들은 이러한 소중한 권리들을 누리지 못하고 있다. 쾌적함과 안전이 보장되지 못하는 주거 환경이 대부분이고 집 근처나 동네에도 마음껏 뛰어 놀 수 있는 운동장이나 놀이 시설 등이 터무니없이 부족하다. 가정과 사회 그리고 국가가 함께 쾌적하고 안전한 교육시설을 제공해야 하지만 이러한 혜택이 미치지 못하는 지역에서는 구호 단체나 비정부 기구, 선교 단체 혹은 선교사가 교육 환경 및 시설, 교육 프로그램을 제공하기도 한다. 안전한 유치원이 되기 위해서는 기본적으로 교실, 울타리, 게이트, 수도, 전기, 화장실 등을 갖추어야 하고 놀이터가 있어야 한다.

5) 핵심 요소별 평가 질문들

앞서 언급한 4가지 유치원 사역의 핵심요소들을 점검하고 평가할 수 있는 질문들을 만들어 내부평가의 기준으로 제시하고자 한다. 실제 유치원들은 이러한 평가 과정을 통해 앞으로 개선되고 보충되어야 할 부분들을 가시화하는데 도움을 받을 수 있다.

교육의 주체가 되는 교사
1. 유치원 교사라는 일(직업)에 만족하는가?
2. 더 좋은 교사가 되기 위해 자기개발을 하고 있는가?
3. 동료 교사들과의 관계에 만족하는가?
4. 학부모들과 소통을 잘 하고 있는가?
5. 아이들을 사랑하는 마음으로 가르치고 있는가?
6. 아이들의 질문에 따뜻하게 대답하는가?
7. 교사로서 적절한 복장을 입으려고 노력하는가?

교육의 매개체로서의 커리큘럼
1. 교사는 교육과정과 커리큘럼에 대해 충분한 이해, 숙지를 하고 있는가?
2. 매 달 / 매 주 교육 계획안을 세우고 있는가?
3. 수업을 통해 의사소통 영역(Language Development)이 잘 진행되고 있는가?
4. 수업을 통해 자연탐구 영역(Preparatory Mathematics and Environmental Learning)이 잘 진행되고 있는가?
5. 수업을 통해 사회관계 영역(Religious and Moral Education)이 잘 진행되고 있는가?
6. 수업을 통해 예술경험 영역(Art)이 잘 진행되고 있는가?
7. 수업을 통해 신체운동건강 영역(Physical Development)이 잘 진행되고 있는가?
8. 주기적인 신앙교육을 진행하고 있는가(바이블스토리, 기도문 등등)?
9. 우리 유치원의 교육에 대해 학부모들은 만족하는가?

재정과 선교사의 지원
1. 현재 책정된 유치원비가 적절하다고 생각하는가 / 적절하지 않다면 적정 원비를 얼마로 해야 한다고 생각하는가?
2. 선교사의 재정적 지원에 만족하는가?
3. 현재 받고 있는 월급에 만족하는가 / 만족하고 있지 않다면 적절한 월급이 얼마라고 생각하는가?
4. 유치원 재정의 사용이 투명하다고 생각하는가?
5. 수입,지출 내역을 정리하고 있는가?

쾌적하고 안전한 환경
1. 우리 교실은(교실 환경은) 쾌적하고 안전한가?
2. 우리 유치원은 쾌적하고 안전한가?
3. 학부모가 유치원 시설에 대해 만족하는가?
4. 교사는 항상 쾌적하고 안전한 환경을 만들기 위해 노력하고 있는가?
5. 아이들에게 위생 교육을 주기적으로 가르치고 있는가?
6. 비상약품이 준비되어 있는가?
7. 방과 후에 교실과 유치원 시설은 안전하게 관리되고 있는가?

3. 당면한 문제들과 도전들

1) 유치원 등록과 소유권

수도와 전기가 공급되지 않는 미개발 지역에 위치한 유치원은 정식 등록이 어렵다. 땅의 소유권도 매매가 가능한 곳이 아니기 때문에 부지를 구입하고 벽돌로 건물을 세우기가 어려운 상황이다. 하바나 지역에서는 양철로 된 가건물만 건축을 허락하고 있다.

2) 교사들의 역량

교사들이 자신들의 역량을 백분 발휘할 수 있도록 하려면 어떤 제도적 뒷받침이 있어야 할까? 유치원이 '단순한 직장이 아닌 그 이상의 책임감과 소명을 가지고 일을 해야 하는 중요한 교육의 현장이다' 라는 명제를 어떻게 교사들과 공유할 수 있을까?

3) 질투 그리고 오해

유치원 사역이 선한 목적과 공익을 위한 일임에도 불구하고 질투와 오해가 생기는 것은 피할 수 없는 문제인 듯 하다. 한국인 선교사가 운영하는 유치원에 다니면 매우 큰 혜택이 있을 것이라는 오해. 또 한국인 선교사가 운영하는 유치원은 막대한 이익을 창출할 것이라는 오해들이 쌓여 근거 없는 소문들을 만들어 낸다.

4) 부모교육과 지역사회 참여를 위한 프로그램 개발

지금까지는 별도의 부모교육이나 부모 참여수업을 진행하지는 못했다. 사역지의 특성상 교육에 대해 열성이나 관심이 있는 부모들이 많지 않다. 하지만 교육이라는 것이 유치원의 노력 만으로는 그 효과를 극대화하기는 어렵다. 가정이 함께 변하고 가정이 함께 성장해 나가야 한다. 아이들이 속해 있는 가정, 유치원 그리고 지역사회가 함께 변화와 발전의 과정을 거치지 않고서는 진정한 의미의 성장을 바라볼 수 없을 것이다.

5) 유치원 자립

유치원의 자립적 운영을 위해서는 재정적 자립, 교육체계 및 프로그램의 자립, 부지 및 시설적 자립이 기본 조건이라 할 수 있다. 이런 자립의 조건과 시기는 누가 결정하고 판단하는 것인가?

나가는 말

유치원 사역에 대한 본 발표를 준비하며 현재 유치원 사역이 서 있는 위치와 단계 및 상황을 짚어보는 계기가 되었다. 유치원이 세워질 때 그 시작은 모두 비슷하였지만 그 이후에 유치원 성장에 영향을 미치는 요인은 지역마다 다르게 나타났다. 외부적 요인(부대시설, 주변 유치원의 개수)과 내부적 요인(교사들의 역량, 단합, 열정, 소명, 갈등)이 함께 작용하여 각기 다른 발전과 침체를 나타냈다. 이러한 다양한 요인들을 파악하고 앞으로의 발전을 위한 전략이 필요한 시점이다.

더 나아가 기독교 세계관으로 운영되는 유치원이 하나님 나라의 일꾼을 기른다는 목표를 넘어 유치원사역을 통해 지역사회를 섬기고 지역사회 복음화에 이바지 할 수 있는 다양하고 폭 넓은 사역의 통로로 사용되어 지기를 바란다.

글 / 이성희
GMS 소속 선교사로 나미비아 빈트후크 빈민가 지역에서 주일학교 사역, 유치원 사역을 하고 있다.

< 참고 문헌>

방승미, & 정희영. (2014). 기독교 유아교사의 전문적 자질강화를 위한 재교육 프로그램 개발. 기독교교육정보, 34(4), 227-249.

배정희. (2014). 스토리텔링 수업이 유아의 어휘력과 흥미도에 미치는 영향, 부경대학교교육대학원, 석사학위 논문

정윤 , 정희영 (2015). 기독교 세계관에 기초한 유아교육과정 실행 경험에 대한 사례연구. 신앙과 학문, 20(3), 171 - 205.

정윤. (2014). 기독교 세계관으로 유아교육과정을 실행한 교사의 경험에 대한 질적 연구. 기독학문, (31), 발행 기관: 기독학문학회.

남아공 타운십에서 유치원 사역에 관한 소고

김영애

들어가는 말

이 글은 남아공 흑인 거주지역(Township)에 적용되는 법과 관례들을 기반으로 유치원 사역을 위한 전반적인 가이드라인을 제시하고자 한다. 남아공 정부에서 흑인 거주지역에 난립한 양철 유치원들을 하루아침에 철거해도 항거할 수 없는 것은 법과 관례를 지키지 않았기 때문이다. 법과 관례들을 알고 지켜야 유치원 사역의 시행착오를 줄이고 풍성한 열매를 맺을 수 있을 것이다.

1. 유치원 사역의 동기

필자는 1987년 고신 총회 선교 부 파송으로 필리핀 9년, 영국 옥스포드 1년 그리고 1998년부터 남아공 웨스턴 케이프에서 사역하고 있다. 안식년 동안 웨스턴 케이프 대학교에서 교육학 석사를 하던 중 빈곤 (Poverty)에 대한 강의를 들었는데 쓰레기 하치장 방문이 수업에 포함되어 있었다. 하치장은 규모가 방대했고 숨을 쉴 수 없을 만큼 지독한 악취와 벌레들로 역겨웠는데 그곳에 사람들이 살고 있었다. 깊이조차 가늠할 수 없는 가난에 방치되어 있는 사람들을 보며 충격을 받았다. 이후로 마음 한 켠에 자리잡은 어떤 울분과 슬픔이 치솟곤 했다. 그러던 어느 날 흑인 거주지역에서 반인륜적인 사건을 목도하였는데 5세 정도의 여아가 성폭행으로 장기가 파열되어 생명을 잃었다. 필자는 그 아이를 안고 포효하듯 처절하게 울부짖는 어머니의 모습을 보며 공포와 슬픔과 울분으로 온 몸을 떨면서 서있었다. 이런 천인공노할 일들이 흑인 거주지에서 종종 발생하고 있다는 것에 경악을 금치 못하였다. 동시에 선교사가 해야 할 일이 보였고 선교의 방향을 설정하게 되었다. 부모가 일터로 가면서 자녀들을 안심하고 맡길 수 있는 탁아 개념의 유치원 설립이었다. 그 마음을 유지하기 위해 매일같이 어린이들을 사랑하신 예수님의 모습을 그림처럼 떠올리며 가슴에 새겼다. 절실하게 필요한 아동 보호와 전인적인 기독교 교육이 이루어지는 유치원을 꿈꾸었다. 그리고 남아공의 현실과 역사에 깊은 관심을 가지고 살피며 공부하게 되었다.

2. 왜 이토록 참담한 일이 일어나고 있는가?

타운십은 가정이 무너져 있고 강간과 유아 성폭행 그리고 유괴와 인신매매가 성행하고 있는데 이렇게 된 주요한 원인 3가지를 간략하게 언급하고자 한다.

1) 로볼라(Lobola) 제도

　로볼라는 신랑이 신부 측에 결혼 전 제공해야 하는 지참금 제도로 전통적 관례는 소 11마리로 알려져 있다. 소 11마리를 기준으로 양가 친인척들이 조정에 참여하여 합의하게 되는데 신부는 소를 많이 받을수록 가치가 높다고 평가를 받는 것이 통상적이다. 이 제도는 현재까지도 결혼의 최대 장애 요인이 되고 있다. ("Lobola")

2) 아파르트헤이트(Apartheid: 남아공 인종차별 정책)

　당시 혹독한 차별을 받던 흑인 사회의 한 단면으로 인구 증가를 통해 아파르트헤이트에 저항하고자 했다. 흑인 사회의 지도자였던 마을의 추장들이 가임 기 여성들의 출산을 장려하였는데 이것은 성적인 방종과 무질서를 한층 더 가속화하는 요인이 되었다. 현 사회의 화두인 10대들의 임신과 출산 그리고 생물학적 아버지가 다른 자녀들의 양육을 여성홀로 감당해야 하는 부작용을 낳았다.

3) 에이즈(HIV/AIDS)의 만연

　성적인 방종이 낳은 또 다른 문제는 에이즈 환자들의 급증과 더불어 치료를 위한 민간요법이나 낭설들이다. 성관계가 처음인 여성과 관계하면 치유된다는 낭설로 인해 어린이 유괴와 강간 그리고 아동 인신매매가 성행하고 있으며 심지어 친부와 계부에게 성폭행 당하는 아동들의 실태 또한 심각하다. 미신적인 낭설이 오늘날 큰 사회 문제로 대두되었고 남아공 정부에서는 이런 낭설에 대해 공식적으로 어떤 표명을 하고 있는지는 선교사들을 위해 원문을 기재한다.

"Myth: Having sex with a virgin can cure HIV/Aids.

Fact: This is absolutely not true. This myth predates HIV/Aids and is thought to have originated in the Victorian era where it was believed that having sex with a virgin would cure one of venereal diseases, like syphilis and gonorrhea. This has become a more popular trend in South Africa but there is no cure for HIV/AIDS. ("Myths and Facts About HIV/AIDS")

3. 유치원 사역의 과정

1) 기존 유치원 방문

흑인 거주지에 한국 선교사들이 지은 유치원을 포함하여 여러 곳을 방문하였는데 대부분 양철로 지어져 있었다. 자재가 저렴하여 쉽게 여러 곳에 지을 수 있는 장점은 있으나 여름에 뜨겁고 겨울에는 춥고 비가 오면 소음이 심하고 위생에 있어서도 열악했다. 일례로 백선, 이 등의 전염에 노출되어 있었고 매트리스와 담요의 세탁과 보관에 있어서도 위생의 결여가 여실히 드러났다. 필자가 유치원들을 방문하면서 종종 벼룩에 물려 오랜 시간 고생을 하면서 환경의 열악함을 몸소 체험하였다. 이런 유치원들은 인가를 받을 수 있는 형편이 아니라 안타까웠다. 한 유치원은 선교사의 헌신과 파송 교회의 지속적인 후원으로 환경과 시설이 좋았는데 문제는 선교사가 본국으로 귀국 후 후원이 단절되어 어려움을 겪고 있었다. 백인 거주 지역 유치원들도 방문하였는데 여러가지로 롤 모델이 될만한 요소들을 발견하였다.

2) 실제적인 사역의 준비

소경이 소경을 인도할 수 없다는 소신으로 케이프타운 칼리지(Cape Town College)에서 토요 집중 수업 (Saturday module class)을 선택하여 유아 교육을 수료하였는데 지금도 유치원 사역을 위한 탁월한 선택이었다고 생각한다.

3) 건축을 위한 장소 물색

유치원 지을 장소를 찾기 시작했는데 흑인 거주지역의 땅들이 독특하면서도 전혀 경험하지 못한 형태라는 것을 알고 당혹스러웠다. 당시 제대로 알려주는 사람을 찾을 수 없어 미로를 헤매는 것 같이 답답하였다. 간절한 마음으로 매일같이 관공서를 들락거려도 제대로 답을 주는 사람이 없어 이상하기도 했고 화가 나기도 했다. 이런 반복의 피곤함으로 관공서를 보는 순간 구토증을 느끼며 집으로 발길을 돌려야 할 때도 많았다. 어렴풋이 관공서 책임자들이 무언가 원하는 것이 있다는 것을 짐작은 했지만 그렇게 선교를 시작할 수는 없었다. 1년 6개월의 고진감래 끝에 관공서 책임자가 도와주기 시작했고 타운십관련 법과 관례에 해박한 건축 설계사와 전문가들을 만날 수 있었다. 첫 유치원을 건축한 후로는 비교적 수월하게 유치원들을 건축할 수 있는 길이 열리기 시작했다.

4. 흑인 거주지역의 부지 형태와 건축 방법

1) 부지 매수

매수가 가능한 땅은 구입 후 부동산 문서를(Title deed) 변호사에게 받으면 소유권 이전이 된다. 전문 설계사에게 설계를 의뢰하고 건축 허가를 받아야 한다. 구입한 부지가 주거지이거나 다른 용도이면 주거 관장 부처 (Human Settlement Department)에서 부지 용도 변경을 신청(appeal) 할 수 있다.

2) 커뮤니티 (Community: 흑인 지역 사회) 부지

커뮤니티의 동의를 얻어 사용권 승인이 나면 유치원을 건축할 수 있다. 소유권 이전은 불가하며 여전히 커뮤니티 소유의 땅이다. 건축 방식에 유념해야 하는데 영구적인 건물이 아닌 지면에서 들어 올리는 형식으로 지어야 한다. 건축 자재는 통나무나 인공 자재(Artificial material) 일례로 한국에서 샌드위치 패널로 불리는 종류들을 사용할 수 있다. 철물 구조(Steel structure) 형식으로 지을 때에도 전문 엔지니어가 원하는 바닥 공사를 한 후 알루미늄 패널이나 샌드위치 패널 또는 목재로 건축해야 한다.

3) 교육 부지

주로 초등학교나 중고등학교를 위한 부지인데 Grade R (1학년 이전 유치원 과정)을 중심으로 연령별 유치원 건축 제안서를 제출하고 허가를 받으면 영구적 또는 반영구적인 형태의 건축이 가능하다. 초등학교 어린이 사역을 위한 길을 열 수 있는 장점이 있다.

4) 무허가 거주 지역 (informal settlements) 부지

이 지역은 구체적이고 상세한 설명이 필요하다. 부지 매수는 기존 거주하고 있는 사람에게 거주권을 사는 형태라고 이해하면 쉽다. Erf No(지번)도 없고 땅의 소유권도 주장할 수 없는 여전히 뮤니시팔리티 소유다. 반드시 거주하고 있던 사람과의 매매 증거를 남기고 기존 거주자가 떠나는 즉시 울타리를 만들어야 한다. 잠시라도 비워 둔 사이 양철 집이 들어서거나 노숙자들이 자리를 잡으면 생각지도 못한 어려움을 겪을 수 있다.

5. 건축의 진행

1) 담장 공사

커뮤니티 부지와 무허가 거주 지역 부지는 바이브라크리트(Vibracrete: 한국에는 없는 자재), 철조망, Clear view fencing 등이 가능하고 벽돌은 불가하다. 매수한 부지와 교육부지는 법정 높이만 지키면 어떤 종류의 담장이라도 가능하다.

2) 무허가 거주 지역의 건축 전 선행 요건

땅 상태 분석 리포트(Site Analysis Report)를 전문가(Qualified Landscape Architectural

Technologist) 에게 의뢰해야 한다. 분석을 의뢰하는 이유는 무허가 거주 지역은 쓰레기 매립지였거나 침수 지역인 경우가 많아 매립된 쓰레기들 가운데 방치할 수 없는 것들을 구별하여 정리하고 우기를 대비하여 건축할 수 있는 땅으로 만드는 작업이 선행되어야 하기 때문이다. 최근 무허가 거주지역에 교회를 건축하기 위해 받은 리포트를 참조 자료로 제시하는데 자료를 보면 꼭 필요한 과정임을 알 수 있다. (참조 자료 1)

3) 건축 설계

무허가 거주 지역에 대한 관례와 법에 해박한 건축 설계사에게 설계를 의뢰해야 한다. 건폐율 제한이 있는지를 고려하고 전기와 하수 시설이 없는 까닭에 1년 강수량을 고려하여 기초 공사 높이를 지정하되 도로 보다 높게 할 수 없는 규정을 따라 높이를 명시해 주고 정화조 공사를 위해 지방 지자체(Municipality) 지적도를 따라 표기해 주며 기존 정화조 시설이 있는 경우는 파이프 연결점 표기가 명시되므로 반드시 설계도가 필요하다. 철제 구조(Steel structure)로 건축할 때도 기초 공사는 같은 과정을 거쳐야 한다. 유치원이나 교회를 규정대로 건축한 후 전기회사(에스콤)에 전기 연결을 신청할 수 있다.

4) 건축 시 고려해야 할 사항

(1) 유치원 교실 출입문은 소방법에 의거 2개가 되어야 하며 소화기 구비가 필수다.
(2) 화장실은 어린이 변기(Junior toilet)을 시공하여 배변 훈련과 안전성을

갖춘다.

(3) 건축하는 동안 자재 보관을 위해 컨테이너를 대여하거나 구입하는 것이 편리하다. 구입하였을 경우 사용 후 사무실이나 부엌으로 개조 가능하다. 자재 보관 시 매일 입출고를 기록하고 공사업자의 사인을 받아 관리하면 자재 소실을 막을 수 있다. 컨테이너를 대여하거나 매수할 경우 인터넷을 보고 거래하면 사기를 당하기 쉽다. 직접 방문하여 원하는 크기의 컨테이너를 결정하고 대여 계약이나 매매 계약을 체결해야 한다. 참고로 Topshell 또는 Bigbox처럼 신뢰할 수 있는 회사를 선택하는 것이 안전하다.

(4) 범죄율이 높고 위험한 지역일수록 안전을 고려해야 한다. 담장에 전기 펜스를 두르고 방범 시설을 한 후 경비 업체와 계약을 하고 출입문과 교실에 비상벨을 설치하는 것이 필수다. 유치원 정문은 차가 들어오는 문과 출입문을 따로 만들고 바깥에서 문을 열수 없도록 유념해서 건축해야 한다.

6. 유치원 등록과 인가를 위한 절차

1) 유치원을 위한 점검 리스트

유치원을 위한 체크 목록 (Checklist for ECD Centers)을 참고 자료로 제시한다
(참고 자료 2)

2) 비영리 조직(NPO) 인증서 받기

NPO 등록을 위한 서류는 사회복지과(Department of Social)에 신청한다. 등록 시 필요한 사항은 아래와 같다.

(1) 6명의 임원(board members)

(2) 회장, 부회장, 총무, 회계

(3) 조직책

(4) 추가 6명의 임원

(5) 직인 (Rubber Stamp)

(6) 책임자 서한 (Head teacher)

(7) 로고(Logo)는 디자인하면 된다. 아래 이미지는 참조용으로 카피는 불가하다.

(8) 정관(Constitution)

정관이 까다로울 수 있는데 제대로 작성하여야 NPO 서류 심사를 통과할 수 있다. 2달 정도면 NPO 등록이 가능한데 정관 때문에 서류 심사를 통과하지 못하여 오랜 시간 고생하는 경우가 많다. 필자가 내년에 개원 준비 중인 유치원의 NPO 인증을 위해 제출한 정관을 참조하면 도움이 될 것 같아 참조 자료로 제시한다. (참조 자료3)

7. NPO 등록 후 얻게 되는 혜택들

1) 은행 구좌 개설

NPO 인증서(참조 4)를 받아 은행에 제시하면 NPO 명의의 은행 구좌를 개설을 할 수 있다. 이 구좌를 통해 사회적 기금을 비롯하여 공식적인 후원금을 받게 된다.

2) 사회적 기금(Social Development funding)

사회 부서(Social Department)에 유치원 교사의 월급과 어린이 급식 지원을 신청할 수 있다. NPO 은행 구좌 개설이 선행되어 있어야 한다.

3) 유치원의 자립 운영

유치원을 건축하고 NPO 등록이 되면 유치원은 자립이 가능하다. 이 방법을 몰라 선교사가 한국에서 지속적인 후원을 받아 운영하게 되면 선교사가 본국으로 간 후부터 유치원이 어려움을 당하게 된다. 여러 후원 단체들을 알아보고 도움을 주고받을 수 있도록 지역 사회와 긴밀하면서 친밀한 관계를 형성하는 것이 중요하다.

4) 현지 교사 양성

유아 교육과가 있는 칼리지(College)에 예비 교사를 보내면 무상으로 교육받을 수 있다. 인턴 교사로 근무하면서 토요일이나 주중 집중코스(module class)를 수강하면 효율적인데 예비 교사는 적어도 3명이상을 양성해야 교사 수급이 원활하다. 중도에 포기하는 교사가 있을 수 있고 개인 사정으로 사임하는 경우와 교실과 원아들이 늘어나는 경우 등을 고려해야 한다.

8. 유치원 개원 후 받을 수 있는 서비스들

1) 소방 교육

소방관이 직접 방문하여 화재 발생 시 대피하는 법과 소화기 사용법을 실제 상황처럼 훈련을 시켜 준다. 이 교육은 선생님과 원아들이 함께 받으며 실제 상황처럼 여러 번 연습을 할 수 있어 유익하다.

2) 응급 처치 교육 (First Aid for teachers)

선생님들은 응급 처치 교육과 훈련을 받고 관련 자격증을 취득할 수 있다.

3) 어린이 건강 체크

공중보건 담당 간호 과(Department of Health Nurses)에서 정기적으로 원아들의 키, 몸무게, 치아, 신체 균형 등을 체크하고 구충제 제공과 복용을 지도한다.

4) 안전과 위생 검사 (Health Inspection)

유치원이 갖추어야 할 안전 시설과 장비와 물품들을 체크하고 위생에 관련된 사항들을 점검하고 알려준다.

9 유치원 교육에 대한 제언

1) 교육 커리큘럼

유아 교육을 전공한 교사는 정규 커리큘럼에 대한 내용을 알고 있다. 지적, 정서적, 사회적, 언어적, 신체적 발달을 구비한 정규 유아 교육 커리큘럼으로 그에 따른 교구와 도구, 동화책, 학용품, 장난감들과 놀이시설 그리고 놀이터를 갖추어야 한다.

2) 기독교 교육

기독교 교육은 자연스럽게 숨을 쉬듯 매일의 커리큘럼 속에 있어야 한다. 하루의 시작을 기도로 열고 생활 규범과 예절 교육 속에도 말씀이 기본이 되도록 한다. 성경을 어린 시절부터 친밀하게 접할 수 있도록 구약의 인물을 중심으로 스토리텔링을 하면서 재미있고 흥미로운 학습 방법들을 개발해야 한다. 또한 천지창조를 중심으로 이 세상의 창조주가 하나님이심을 담화와 작업놀이를 통해 가르치고 매일 정한 분량의 성경말씀을 읽어 주면 도움이 된다. 이러한 교육 내용을 담아 내기 위해 필자가 현지 유치원에서 사용하고 있는 교재 2권과 어린이 성경을 소개한다.

성경에 있는 위대한 사람들(The Great people in the Bible): 구약의 인물 중심으로 구성되어 있다. 성경에 나오는 인물들의 스토리를 중심으로 공동 작업과 이야기하기 등 다양하게 교육 내용을 구성할 수 있다.

하나님께서 천지를 창조하셨어요(God created the heavens and the earth): 천지 창조를 바탕으로 자연계에 대한 담화와 그리기, 색칠하기, 만들기 작업들을 한다.

The Beginner's Bible: Timeless Children's Stories

The Illustrated Children's Bible

두 권의 어린이 성경은 나이 그룹에 맞춘 것이다.

3) 유치원 사역을 위해 선교사가 받아야 할 교육

(1) 유아 교육과를 현지 대학이나 전문 대학에서 수료할 것을 적극 권유한다. 유치원 커리큘럼과 현지 교사 양성 그리고 네트워킹을 통해 필요한 도움들을 광범위하게 받을 수 있다.

(2) 놀이치료와 훈련(Play Therapy and Training)도 특별히 권유하는데 서론에서 언급했던 흑인 거주지역에서 자라는 어린이들이 성폭행을 비롯하여 알콜 중독의 부모나 폭력적인 가정에서 정서적, 정신적인 학대와 어려움에 노출되어 있을 때 도울 수 있다. 이 코스는 교육비 부담은 있으나 깊이 있는 이론과 흑인 거주지역의 실제 사례들과 아동들을 관찰하고 진단하는 방법과 상담과 치료 기법까지 배울 수 있어 도움이 된다. 수료하게 되면 자격증을 받을 수 있고 전문 치료 기관이나 치료사 와도 연결할 수 있는 자격 요건을 갖추게 되는 이점이 있다.

나가는 말

16개의 유치원을 건축하여 개원하는 과정은 적잖은 시행착오와 흙탕물에 뒹구는 개척자의 길이었지만 보람과 기쁨과 감사도 이루 말로 할 수 없는 여정이다. 16개 유치원 중 3개는 코로나 시기를 거치면서 보안 문제와 시설 보충이 필요해 유치원 대신 교회와 교육관으로 사용 중이라 현재 유치원은 13개이다.

개인적으로 남아공에서 선교의 출발을 유치원 사역으로 방향을 잡은 것은 큰 은총이라고 생각한다. 교회를 개척해야 할 시기가 되었을 때 유치원 교실에서 예배를 드렸다. 그렇게 시작한 교회들은 현재까지 9개 교회가 현지 성도들의 헌금과 헌신 그리고 열방 가운데 허락하신 후원자들과 함께 건축하였고 현재 2개의 교회가 더 건축 중이다. 교회를 개척하면서 현지 사역자들의 올바른 신학 교육의 절실함을 느껴 BISA (Bible Institute of South Africa) 닐 교수님과 CLP (Christian Leadership Program)를 개설하고 동역자가 되었다. CLP는 3년 신학 과정으로 정식 학위 과정을 할 수 없는 사역자들에게 신학 교육의 기회를 주어 수료하도록 만들어졌다. BISA 교수들과 미국 선교사 그리고 은퇴 교수들과 함께 팀 사역을 하고 있다. CLP는 야간수업으로 여섯 지역은 우리 유치원 교실들을 강의실로 사용하였다. 코로나 기간을 지나고 2023년부터 준비하여 2024년 2월부터 무깐뇨(MUKHANYO) 신학대학 케이프타운 분교를 개설하여 이전 CLP 보다 더 체계적인 신학 교육의 장을 열게 되었다. 무깐뇨 케이프 타운 분교는 신학 석, 박사까지 가능하고 본교의 여러가지 지원과 동역으로 큰 힘을 얻고 있다. 개척된 교회들과 사역자들이 성장하면서 10대 들을 위한 청소년 연합 사역을 시작하였는데 매년 3박4일간 청소년 컨퍼런스를 개최하여 말씀으로 은혜 받고 건강한 가정과 성경적인 결혼에 대해 가르쳐 현지 사역자들이 건강한 목회를 할 수 있도록 협력하고 있다. 유치원에서 출발한 선교 사역이 교회 개척과 건축, 청소년 사역, 신학교 사역으로 자연스럽게 모두가 한 우산 아래 있는 구조를 갖게 된 것이다.

13개 유치원들은 재정적 자립과 정규 교육 과정이 안착되어 현지 교사들에 의해 운영되고 있다. 직업을 가지고 일을 하러 가는 부모의 자녀들 입학을 우선적으로 하고 원비는 유치원마다 조정하여 받고 현지에서 받을 수 있는 NGO, NPO funding을 개발하며 운영하고 있다.

마지막으로 선교지에서 36년을 사역하고 있는 선교사가 꼭 권고하고 싶은 것은 유치원과 교회를 건축하고 재정 보고하는 것이 은혜라고 말하고 싶다. 선교사를 믿지 못하고 재정 보고를 요구한다고 언쟁하는 것은 어리석은 것이다. 정직하고 선명한 재정 내역을 제시할 수 있는 것은 선교사의 의무이고 특권이다.

필자는 16개의 유치원과 9개의 교회 건축 그리고 현재 진행되는 2개의 교회건축을 위해서 단 한번도 모금을 목적으로 한국에 나간 적이 없다. 2013년 이후로는 주 후원교회도 물질로 후원해 주는 파송 단체도 없는 선교사이지만 하나님께서 그저 도구로 사용해 주시고 당신의 일을 성실하게 해 오셨음이 전부이다. 에벤에셀 하나님! 영광과 찬송을 올려 드리며 글을 맺는다.

글 / 김영애

[더조은 세상] 소속 선교사로 남아공 웨스턴 케이프 지역에서 유치원, 교회 개척, 청소년 사역을 하고 있으며, 현지 사역자 신학교육을 위해서 무깐뇨 신학대학 분교와 협력 하고 있다.

< 참고 문헌>

"Lobola." Britannica Kids. Accessed August 17, 2024. https://kids.
    britannica.com/kids/article/lobola/602112.

"Myths and Facts About HIV/AIDS." Western Cape Government.
    Accessed Augus 17, 2024.

http://www.westerncape.gov.za/general-publication/myths-and-facts-
    about-hiv-aids.

Word Restoration Bible Church – Site Analysis Report

Compiled by: Paballo Setioboko (Qualified Landscape Architectural Technologist)

23 April 2024

GEOLOGY, SOIL/LAND

Information:

- Soil Types
- Symbol: ED
- Class: Soils with limited pedological development
- Description: Greyish, sandy excessively drained soils
- Depth: >= 750 mm
- Clay: < 15%
- With a high erodibility level of about 0.65
- Geology: Mainly Quaternary calcareous coastal dune sand of the Witzand Formation covering Quaternary quartz sand of the Springfontein Formation.
- The site is currently covered in rubble.

Design response:

- Upon site establishment or begining of earthworks it is advised to clear the rubble completely off the site.
- Grading or levelling is advised & filling with gravel or excellent compaction soils to maximise stability of the structure/building.
- Slab foundation thickness to be in line with existing road (Old Foure Road)
- Paving or landscaping with plants will help reduce the erodibility rate and prolong the durability of the building.

TOPOGRAPHY

Information:

- Site is established on the 30m contour, the same level as the nearby wetland.

Design response:

- Proper foundation/elevation is advised.

CLIMATE & RISKS

Information:

- The prevailing Spring winds and early Summer wind referred to as South-Easter (SE) and have very high velocity and posed a stress to structures.
- No windbreakers around site
- Veldfire risks or shack fire risks.
- Erosion & flooding
- (see rainfall information under hidrology)

Design response:

- Landscaping will have hedges to screen the South-Easter winds and to minimise possible damage by wind.
- Stormwater management or runoff channels will be designed to minimise flooding/erosion.

HYDROLOGY

Information:

- The site is established within the floodplain wetland.
- Mean Annual Rainfall expected: 506 mm/year (see the monthly schedule)

Design response:

- Elevate the base of the building to align with the existing road (Old Faure Road).
- Create runoff system to channel the water off the building & to prevent waterlog within site.
- Capturing rainwater in tanks is advised, as it could be repurposed for the restrooms, possible garden or as an extinguisher during fire emergency.

Checklist for ECD Centres

This checklist provides a list of the forms, policies and Municipal clearances that you need to complete or obtain in order to register your ECD centre. Please email us a copy of these documents as you complete or receive them.

	Requirements	Yes	No	Comments
1.	**Form 11 and 16**			
1.1	**Certified ID copies for all Staff Members**			
1.2	**Qualifications of all Staff Members** (provide a copy of the highest qualification for each staff member)			
2.	**Business plan** that covers: • Daily Activity Plan • Fees Structure • Hours of Operation • Staff Composition and Qualifications of Staff • Disciplinary Policy			
3.	**Lease Rental Agreement/ Title Deed/ Deed of Transfer** (depending on type of ownership) **Constitution, containing:** • Name of centre • Type of services provided • Composition, powers and duties of management board • Procedure for amending the constitution • Commitment from management to ensure compliance with the norms and standards. (Children's Act 38/2005)			
4.	**Approved Building Plan** *(Approved by local municipality with a visible stamp)* If you do not have a copy of the building plan, these can applied for online here: https://www.capetown.gov.za/City-Connect/Apply/Planning-building-and-development/Building-plan-applications/Apply-for-copies-of-building-plans			
5.	There is a R300 fee to obtain a copy of building plan. Or you can apply in person at the relevant District Office (depends which area your centre is in – either the office in Athlone, Plumstead, Mitchell's Plain)			
6.	**Emergency Evacuation Plan and Procedures**			
7.	**Land Use Clearance: Zoning/Consent Use** (indicating that the centre has permission to operate from this premises. This can be zoning (ie. the building is zoned correctly for an ECD centre, community use, place of instruction) or it can be zoned as residential with Consent to operate an ECD centre)			
8.	**Clearance Certificate for all staff against the National Child Protection Register** Completed Form 29 & 30 and certified IDs for all staff members should be posted and emailed to DSD. Principal to complete			
	Form 30 for herself and should complete form 29 for each staff member, including the cook, driver, gardener etc.			
	These should be posted via registered mail to the address in Pretoria (on the form) AND a copy of the completed forms and certified IDs should be email together with a copy of the registered mail slip to the following email addresses: JulianaM@dsd.gov.za SelemaM@dsd.gov.za – 012 312 7554 RobinM@dsd.gov.za – 012 312 7371			
9.	**Fire and Safety Certificate**			
10.	**Environmental Health Clearance Certificate** (Confirming the clearance of environmental health and safety risks. Provide the most recent Environmental Health Report in addition to your Clearance Certificate).			
11.	**Food Premises Certificate** (Applicable to Partial Care Facilities where food is being prepared).			
12.	A copy of your **ECD Programme Registration** (if registered previously)			
13.	A copy of your **previous Registration Certificate** (if registered previously)			
14.	Copies of **any other applicable Registration certificates** (NPO, NPC, PBO, etc.)			
	Additional Documents			
15.	Staff Recruitment Criteria, indicating your process for recruiting new staff members			
16.	Menu (if provide food)			
17.	Child Abuse Policy and Procedures			
18.	Admission Policy			
19.	Health Policy			
20.	HIV/AIDS Policy			
21.	Disability Policy			
22.	Summary of Learning Programme			

LEGAL DOCUMENT

CONSTITUTION

1.Name

1.1 The organization here by constituted will be called Sunray Educare Center

1.2. The shortened name will be SEC(herein after referred to as the organization)

1.3 The organization shall:

Body Corporate

1.3.1 Continue to exist even when its membership changes and there are different office bearers

1.3.2 Be able to own property and other possessions

1.3.3 Be able to sue and be sued in its name

2. The organization's main objectives are

● To ensure protection of children aged 6 months to 6 years on daily basis

● To provide high-quality education and care services to children within the community, focusing on their holistic development

● To foster the holistic development of children, encompassing their cognitive, emotional, social, and physical growth, ensuring they are well-prepared for future challenges

● To prioritize ongoing training and professional development for educators and staff members to ensure they are equipped with the necessary skills and knowledge to provide high-quality care and education

● To advocate for policies and practices that support early childhood education and raise awareness about its importance in child development and

societal well-being

● To develop sustainable funding sources and strategies to ensure the long-term viability and growth of the Educare centre, enabling it to serve more children and families effectively

The organisation's ancillary objectives will be to:

● To promote health and nutrition initiatives to ensure the overall well-being of children attending the Educare Centre

● To encourage parental involvement in their children's education through workshops, support groups, and other activities aimed at enhancing the parent-child relationship and supporting learning at home

● To celebrate and respect the cultural and linguistic diversity of the community served by the Educare Centre, incorporating culturally relevant practices and materials into the curriculum

● To integrate principles of environmental sustainability into the operation of the Educare Centre, promoting practices such as recycling, energy conservation, and nature-based learning experiences

● To encourage research and innovation in the field of early childhood education, collaborating with academic institutions and experts to stay abreast of best practices and emerging trends

● To be in partnerships with government agencies, NGOs, businesses, and other stakeholders to leverage resources and expertise in support of the Educare center's mission and objectives

3. Income and property

3.1. The organization will keep a record of everything it owns

3.2. The organization may not give any of its money or property to its members or office bearers. The only time it can do this is when it pays for the work that a member or office bearer has done for the organization.

The payment must be a reasonable amount for the work that has been done.

3.3. A member of the organization can only get money back from the organization for expenses that he/she has paid for on behalf of the organization.

3.4. Members or office bearers of the organization do not have any rights over things that belong to the organization.

4. Membership and General Meetings

4.1 Community members can be elected to the board members

4.2 The parent with the child in the Educare Centre can be elected to be a board member

4.3 Guidelines for appointing the board members

4.3.1. The board members are to be appointed by the Chairperson, assisted by the school governing body

4.3.2 The board member should be as stated in 4.1&4.2 of this constitution

4.3.3. The Chairperson should consider what skills are needed within the board

4.3.4. Keep a list of optional candidates and the skills they can bring to the board

4.3.5. Meet the candidates on his/her list of potential board members

4.4 Board members must attend its annual general meeting

5. Management

5.1 The Chairperson will manage the organization with the help of the board. The board should be made up of not less than 6 members

5.2 They are the office-bearers of the organization

5.3 The office bearers will serve in respective office for as long as they can render the needed service in the board

5.4 If the member of the board does not attend three consecutive board meetings without any communication, then the Chairperson has to appoint another suitable candidate in the office.

5.5 Minutes will be taken at every meeting to record the board's decisions.

5.6 The organization has the right to form sub-committees. The decisions that sub-committee take must be given to the board. The board must decide whether to agree or disagree with them at its next meeting. This meeting should take place soon after the sub-committee's meeting. By agreeing to the decisions, the board ratifies them.

5.7 All the members of the organization have to abide by the decisions that are taken by the board.

5.8 Duties of the office-bearers within the board:

1) Chairperson
- Provides leadership to the board
- Develop an agenda for board meetings
- Monitor financial planning and financial reports
- Negotiates on behalf of the organisation if given the mandate
- Performs other duties as assigned by the board, such as representing the organization at formal functions etc.
- Evaluates the performance of the board on a regular basis

2) Vice-chairperson
- Performs chairman responsibilities in the absence of the chairperson.
- Reports to the chairperson
- Works closely with the chairperson and the board members
- Performs other responsibilities as assigned by the board

11. Dissolution / Winding-up

11.1. The organization may close down if at least two-thirds of the board members present and voting at the meeting convened for the purpose of considering such matter, are in favour of closing down.

11.2. When the organization closes down, it has to pay off all its debts. After doing this, if there is money left over, it should not be paid or given to members of the organization, but to an organization that has similar objectives.

The organization's general meeting can decide which organization this should be.

Adoption of the constitution

This constitution was approved and accepted by the members SUNRAY EDUCARE CENTRE at a special general meeting held on 28 August 2023.

....
Chairperson

....
Vice-Chairperson

....
Secretary

O.P.S. 061.022

CERTIFICATE OF REGISTRATION OF NONPROFIT ORGANIZATION

In terms of the Nonprofit Organisation Act, 1997, I am satisfied that

....
Sunray Educare Centre

(name of the organisation)

meets the requirements for registration.

The organisation's name was entered into the register on   12 August 2024

(date)

Registration number   310-080 NPO

Director's signature

Department of Social Development